PUHUA BOOKS

我
们
一
起
解
决
问
题

精益实践译丛

CRC Press
Taylor & Francis Group

THE PROCESS MIND
New Thoughtware® For Designing Your Business On Purpose

流程思维

企业可持续改进实践指南

[美] 菲利普·科比（Philip Kirby）著

肖舒芸 译

人民邮电出版社

北 京

图书在版编目（CIP）数据

流程思维：企业可持续改进实践指南 ／（美）菲利普·科比（Philip Kirby）著；肖舒芸 译. -- 北京：人民邮电出版社，2018.3（2023.12重印）
（精益实践译丛）
ISBN 978-7-115-47931-0

Ⅰ．①流… Ⅱ．①菲… ②肖… Ⅲ．①企业管理
Ⅳ．①F272

中国版本图书馆CIP数据核字(2018)第029104号

内 容 提 要

丰田生产系统和精益生产实践无疑是成功的生产体系，但是一些应用精益生产工具的企业却渐渐失去了优势，究竟原因何在？本书作者根据其数十年来在全球多家企业成功实施流程改进的经验，提出了流程思维的理念、工具和实践指南，以引导越来越多的企业采用以流程为重心的商业模式。

本书要强调的是流程、员工、组织结构和企业文化应该共同为用户增加价值，这是一种全新的思维件（Thoughtware），旨在促使企业实现由职能导向型向流程导向型的根本转变，从而达到工作流程和生产率的最优化，实现绩效的飞跃。

新思维件是一种思维体系，其主旨就是企业在执行商业战略和业务流程时需要具备流程思维。

企业若不改革商业流程设计，持续改进是不可能实现的。本书适合所有渴望企业实现精益的、健康的持续改进的管理者和创业者阅读，也可作为相关咨询和研究机构的参考读物。

- ◆ 著 [美]菲利普·科比（Philip Kirby）
      译 肖舒芸
      责任编辑 陈 宏
      责任印制 焦志炜
- ◆ 人民邮电出版社出版发行　北京市丰台区成寿寺路 11 号
      邮编 100164　电子邮件 315@ptpress.com.cn
      网址 http://www.ptpress.com.cn
      北京虎彩文化传播有限公司印刷
- ◆ 开本：700×1000　1/16
      印张：18.5　　　　　　　2018 年 3 月第 1 版
      字数：200 千字　　　　　2023 年 12 月北京第 26 次印刷
      著作权合同登记号　图字：01-2016-4635 号

定价：79.00 元
读者服务热线：(010) 81055656　印装质量热线：(010) 81055316
反盗版热线：(010) 81055315
广告经营许可证：京东市监广登字 20170147 号

菲利普·科比为波士胶公司在美国的业务所做的贡献具有变革性意义，他以极具洞察力的视角证实了流程思维的重要性。本书提及的商业模式能够帮助企业扩大产能、减少生产周期、提升质量、改善客户服务、强化安全环境。令人难以置信的是，我们几乎没有花费成本，就发现员工对工作更加投入了。

——鲍勃·马凯特（Bob Marquette），波士胶公司（Bostik）首席执行官

我与科比在多家公司合作了数年，在他的帮助下，我们连续数年实现了财务增长、改善了工作环境。如果你重视组织变革，就必须改变思维方式。这本书会告诉你该如何做。

——埃里克·塞加内尔（Eric Sejourne），亚萨合莱公司（Assa Abloy）副总裁

如果你想在竞争中占领制高点，实现生产率翻倍，那么，菲利普·科比的商业流程模式正是为你准备的。

——彼得·普西乔吉奥（Peter Psichogio），CSI 国际创始人

本书详细阐述了什么是流程思维。通过应用这本书里的原则和方法，我们实现了更有效的、更有弹性的流程，以极好的表现满足了消费者需求，而成本却比以往更低了。

——加里·哈利（Gary Haley），Vantage Foods 首席执行官

我曾经和科比合作，共同探求如何改进招聘流程。我们获得了显著的成效——为某个职位找到合适人选的时间减少了25%、招聘所需时间减半、离职率下降、更多的新员工成功度过了至关重要的前90天、雇用每一名员工的成本下降了34%。为了你的员工，这本书值得一读。

——莉莎·普罗文萨诺（Liza Provenzano），思拜克管理咨询有限公司（SparkHR Inc.）人力资源部主管

菲利普·科比是实施持续改进计划的优秀人才，他在清除流程浪费、激发员工工作热情、改变行为等方面有着丰富的经验。科比在三家不同的公司帮助我创造、实施了计划和架构，改造了企业运营方式，获得了切实的商业成果。在这本书中，他将有效的方法都记录了下来。

——克里斯·莫斯比（Chris Mosby），切斯特顿公司（A.W.Chesterton）运营副总裁

在这本书中，科比教会我们如何真正地了解企业的集体思维。他以事实为依据，用战略性的方式帮助企业改进商业模式。对任何一位正在寻求如何改变企业现状的人来说，这都是一本必读之书。

——玛丽-凯·利佩特（Mary-Kay Lippert），富鲁达（Fluidigm）加拿大公司运营副总裁

我们都想继续提高西捷航空公司的准点率，对航空业来说，这一点十分关键。菲利普·科比提出的全新的流程思维帮助我们取得了更佳的绩效。对所有

想实现商业可持续改进的人来说，这是一本必读之书。

——布里吉得·佩里欧（Brigid Pelino），西捷航空公司

（WestJet Airlines）副总裁

这本书给出了宝贵的思维模式，使你能够革新组织，令其更有活力。关了你的团队，开始阅读这本书吧！

——托尼·索玛斯（Tony Soumas），蒂姆霍顿（Tim Hortons Inc.）

分销业务和企业形象战略主管

2011 年 8 月，波二胶公司（Bostik）正面临一场危机：公司按时足额交付率低至 10%，库存量不断攀升，订货至交付期增加至 21 天，而行业标准仅仅为 5 天；公司客服解决问题的能力受到严重质疑。我们面临的困境不仅仅是失去几份订单，而是被行业淘汰出局。我在公司的一家主要工厂度过了心力交瘁的一天后，回到酒店立刻给一个人打了电话，我知道他能帮上忙，他就是菲利普·科比。

我和菲利普是老朋友了，早在 1994 年，他就帮我发起了一场企业流程重组活动。当时，我的公司是一家传统的、智能化的企业，虽然实力雄厚，前景乐观，但我们对于扁平化工作流程和流程思维却一无所知。我们请菲利普前往公司，希望他能引领公司开启一场变革，以提升我们在多重细分市场上的竞争力。在菲利普的指导下，我们取得了显著成效，大部分目标得以实现。但是，与大多数行动计划执行后的效果一样，之后有那么几年时间，我们走了下坡路。2001 年，美国经济衰退时我们再一次向菲利普寻求帮助。菲利普通过激发新思维、革新流程及开展新的绩效改进工作，帮助我们继续保持良好的运行态势。于是，我们又一次扭转了颓势。直到 2011 年，黑暗时期再次来临。我明白，这一次仅靠几个月的渐进式改进将于事无补，从短期看来，我们急需快速解决方案，而从长期考虑，我们需要进行转型。这些都是颠覆性的。

在波士胶，我们管菲利普叫"颠覆大师"，他的思维是颠覆性的，他的方法很有效。他不是一位揣着一袋子工具试着给企业做些微调的普通变革者；他深入流程，让所有人自曝其短，真正地改变了思维，而且是持续地改变。在最近一次的复苏之路上，我们再次需要菲利普的方法和商业模式，即围绕迅速且持续的"实验、学习和适应"设计的方法。我们制定了关键流程，使员工能最大程度地理解并全身心投入工作，由此形成了最佳解决方案—我们的一线员工。我已经学到，成功源于了解和应用菲利普的指导要点：第一，尊重你的员工，他们是减少浪费，使价值不受破坏的关键；第二，相信你的员工能够暴露问题；第三，要了解流程思维，必须观察整个组织来实现可持续的绩效改进。除此之外，任何其他的方法都只是短期的"苟延残喘"。

就在拨出第一通电话后的几周内，我们的工作流程产出超越了任何一个标准，到 2011 年 11 月，本土团队开发出了新的指标，他们利用视觉管理工具，激励销售人员，敦促增加订单。这一次，我们没有半途而废，在过去的 20 多年里，菲利普始终是我们的北美公司最受信赖的顾问，我们的改革范围已经超越了单个工厂的单条生产线。有了菲利普的监督、支持和指导，我们打碎了条块分割的职能体系，持续地提升商业绩效。我们还改变了思维方式，使组织内的全体员工更加投入工作，组织也在进行自我变革，可能性无限大。尽管如此，从许多方面来说，这段旅程才刚刚开始。很大程度上，我们感谢菲利普·科比的商业模式和变革性思维—卓越的流程思维。他愿意和大家一同分享这本洞见深刻、细节丰富、亲力亲为的书。

鲍勃·马奎特（Bob Marquette）
波士胶股份有限公司总裁兼首席执行官

目　录

流程视角

> 在面对改变自己的想法和证明没有必要这么做的时候，几乎所有人都会选择后者。
>
> ——约翰·肯尼斯·加尔布雷思（John Kenneth Galbraith）
>
> （1908—2006 年）

根本性的误解

1990 年，两本具有划时代意义的书籍出版了，虽然读者众多，但知音略少，之后这两本书逐渐被遗忘了。不幸的是，尽管在一些案例中，书中理念得到了认可，但却从未持续地应用下去。而在更多案例中，这些书所建议的思维方式从未被采用过。在《第五项修练》（*The Fifth Discipline*）一书中，彼得·圣吉（Peter Senge）介绍了"学习型组织"这一理论，该理论强调通过系统的思考方法将企业转变为学习型组织，进而解决企业所面临的问题。圣吉注意到："商业活动和人类活动都具有系统性……我们倾向于将系统中彼此隔绝的各个单元相关联，并疑惑为什么我们从未解决最根本的问题。"在《改变世界的机器》（*The Machine that Changed the World*）一书中，作者首次提出"精益生产"（Lean Production）这一概念，它所指的是丰田生产系统（Toyota Production System）。该系统成为了制造业的全新典范，也是一种新的思维方式，作者称其"改变世界……精益生产的应用将不可避免地跨越汽车行业，改变几乎所有行业—影响消费者选择、工作性质、企业财富，乃至国家命运。"自此以后，精益生产成为组织重构的蓝图；同时，作为一种商业运营系统，它的实用性早已超越汽车行业，遍布所有类型的行业和组织，从化学加工到药品供应链、从银行业到保险行业，等等。然而，在这些书籍出版后的 25 年，"流程是商业的重心"依然是非主流，而非惯例。《工业周刊》（*Industry Week*）杂志曾进行过一项大型调查，结果发现，在开展精益项目的公司中，只有 2% 实现了它们所设定的目标。

越来越多的相关书籍陆续出版，以帮助人们学会如何应用系统性思维。之后，圣吉于 1994 年出版了《第五项修练：实践篇》（*The Fifth Discipline Fieldbook*）。作为指导手册，该书试图回答一个现实问题：一个学习型组织在周一上午应该做些什么？ 2006 年，杰弗瑞·莱克（Jeffery Liker）和大卫·梅勒（David Meier）合作出版了《丰田模式手册》（*The Toyata Way Handbook*），这本书详细介绍了精益生产。同一时期，大卫·休斯（David Hughes）和我于 1997 年完成了《思维件：改变思维，企业将实现自我变革》（*Thoughtware: Change the Thinking and Organization Will Change Itself*）一书。我们要解决的是同样的问题，并且提出了一个运营概念：若一个组织能够改变集体思维，那么这个组织就能实现自我革新。我们假设必须用一个新框架来代替组织思维的旧框架，于是提出了新思维件理论。这是一个全新的企业设计理念，针对如何协作、如何释放企业潜能和人力优势等问题，思维件理论 1 提供了崭新的视角。我们认为，在精益方面的诸多概念，如六西格玛（Six Sigma）、全面质量管理（Total

---

1 思维件理论强调的是，企业在执行商业战略和业务流程时所要求的思维过程和模式。——译者注

Quality Management）、准时化生产（Just-In-Time）、质量管理小组（Quality Circles）以及其他的业务改进计划之所以失败，原因在于人们从根本上误解了丰田生产系统所激发的流程革命。我们认为，任何持续改进计划要想维持成功，必须重视流程思维和功能交叉。从长远看，工具和技巧的成功运用则不足为道。

企业失去优势

思维件是一种一体化模式，它能够帮助企业将思维模式从当前基于劳动分工、部门化和权力集中的模式转向以流程为重心的强大的组织体系。这需要一个以知识、计量、行动时间和分配为基础的新环境。简而言之，它促使企业以水平化，而非垂直化的方式进行思考和行动。除此之外，我们还提出了"八步走"的应用模式，该模式是在全球各个行业的应用基础上总结形成的，即按照绩效、生产率、衡量结果、财务改善等指标来衡量，凡是应用该模式的企业，均成效斐然。然而，时至今日，仍然很少有人关注流程方法在提升绩效方面所蕴含的价值，大多数的企业依旧继续忽视丰田生产方式、精益生产和思维件背后潜藏的系统性思维。这是因为采用持续改善的技术和工具带来了许多成功经验，至少在绩效上获得了暂时的成果，而只有少量证据能够说明，人类思维件和核心流程的转变才是这些实践成功的关键。

1988 年，犹他州州立大学（Utah State University）设立"新乡卓越制造奖"（Shinzo Prize for Operational Excellence），该奖项每年颁发一次，颁奖对象是来自全球任一行业、在任何时间、在任何地点达到世界级卓越运营水平的企业。新乡奖被《商业周刊》（*Business Week*）杂志誉为"制造业的诺贝尔奖"，它被视作应用普遍认可的卓越运营原则、校正管理体系、巧妙运用改进的最高奖。新乡奖执行董事罗伯特·米勒（*Robert Millar*）对获奖企业开展了一次意义重大的研究之后，他这么说道：

"我们感到惊讶，甚至失望，因为绝大多数得到此奖的企业失去了优势……我们对这些公司进行了研究，发现大多数被评估的对象曾经是应用精益生产工具的专业性组织，但它们却未能把这些工具很好地融入到企业文化中。"

看来，企业忽视了最重要的经验—将新思维融入企业血液。于是，一个更大的问题由此产生：为什么这么多企业都忽视了这一点？本书旨在对该问题进行解答，并提供必要的思维理念、导航工具和实用措施，以最终实现（但愿如此）越来越多的企业采用以流程为重心的模式。

在本书中，我将企业架构的相互依存性视作商业流程，通过大量借用系统性思维和精益思维这两个概念的内涵，有针对性地扩展了原有的思维件理论，其主要内容是通过运营能力的厚积薄发来构建一个以流程为重心的商业模式。流程思维的原则便是这种模式和系统性思维的主导力量，它适用于所有端对端商业流程。从本质上看，若工作流程中的问题没解决好，那么任何系统问题都不得其解，任何可持续的绩效改进也都难以实现。工作流程中，着重于资源分组或零碎的细节将无一例外地导致流程绩效不尽如人意。因此，企业只有重视整个价值流程，才有望实现可持续改进。

股东价值是场道德风险

该理论的核心是假设持续的绩效改进等同于边做边学、边试验边学、边适应边学。

本书要强调的是，流程、员工和企业的集体智慧应该共同为用户增加价值，这是一种全新的思维件，在其适用过程中，绝大多数人会遇到很多麻烦。虽然实现流程持续改进的步骤和方法不胜枚举，例如"如何做"工具包，包括看板（Kanban）、快速换模、防误措施、均衡化（Heijunka）、5S 管理和方差分析等，但出现异常问题时，却很少有人能想到这些方法。"如何做"工具包为企业提供了具体工具，然而流程思维认为工具只是航行过程中的里程碑，是在持续改进之旅中的一夜宿营。的确，工具不是解决方案，它们只是寻求解决方案过程中的帮手（如看板是一种可视化的工具，用来监督各个流程之间的生产过程，但对流程思维来说，它是发现问题的手段），仅仅用于暴露流程中的问题。

流程思维要求企业对现有思维件进行根本性革新，它要求企业改变其根深蒂固的模式——根据短期财务目标而非长期发展理念作决策，因为企业的最终目标应该是发展、维持自身以及下属机构的发展。这要求高层领导勇于承担其行为后果和责任，并且能够应对短期挫折（如未实现月末目标）。

我认为，当前这种以实现股东价值最大化为目标的思维模式是一场道德风险，虽然这么做并不会损害领导者的自身利益，但这种思维会导致他们为了短期利益，将企业的长期运营能力置于风险之中。这种理念以或明或暗的方式融入管理模式及奖惩制度中——没有什么比月末或季度末的业绩更有信服力了。因此，当竞争成本的压力来袭，管理层更倾向于选择裁员这种轻而易举的措施，而不是费心费力地确定问题、消除损害。道德风险不仅仅融入了股东价值观模式，也变成一个用来拒绝面对和培养流程思维的借口。这是一项艰巨的任务。

用户价值与股东价值

流程思维旨在强调，流程的主要目的是为用户而非股东创造价值。如果企业能够通过了解用户不断获得价值，并持续地采取对策消除任何干扰流程的问题，那么企业为用户创造的价值就会不断增加。与掩盖问题相比，或许没有什么能比鼓励暴露问题这一过程更能说明流程思维悖论了。采用流程思维的企业管理者会面临诸多窘境，例如管理者是应该鼓励揭露妨碍价值流程的问题，还是维持现有措施、做法和流程以隐藏问题，然后将问题深埋，让它永不被发现或解决。之所以会出现这样的窘境，是因为在实施流程思维的过程中存在许多相互制约的因素，例如用户价值与股东价值。当新思维件开始替代旧思维件时，这些因素就会立刻呈现，挑战流程思维的计划，企业里的每一位成员也都将面对这些矛盾和悖论。不可否认的是，短期财务成功与长期增长之间的悖论十分重要，尽管如此，企业管理者也要看到，更多的矛盾深植于一项基础性的需求——暴露问题还是隐藏问题。例如，控制需求与弹性需求；指导需求与适应需求；员工主动承担责任与员工听从指挥；试验和失败的需求与循规蹈矩、但求无过。改变思维需要解决这些矛盾，其中的艰难之处正是以流程为重心的企业之所以数量屈指可数的原因。

在第 1 章中，我以举例的方式说明了这些内在矛盾，并把它们称作金奈悖论（Chennai Paradox），因为这个术语是我完成在金奈的工作之后发明的。金奈悖论指的是管理层面临的实质问题，是暴露问题还是隐藏问题，一旦问题暴露，企业则需要找出根本原因，通过资产配置的方式永久性地阻止问题复发，可目前的管理层面临着绩效压力，这种解决问题的方法显得耗时、昂贵，且费资源。我在金奈时，发现了古老而贫穷与方兴未艾的都市繁华之间纠缠不清的矛盾，它们并肩而存，逐步改变，向前发展。只有古老的问题暴露于阳光之下，问题才能得以解决。对我来说，暴露问题的触目惊心伴随着前进成长的微弱光芒正能说明企业所面临的困境，虽然程度并不那么剧烈，但这是改变过程的必经之路。可他们没有发现，也没有处理问题，我想这是出于他们的自然反应：他们不是暴露问题，庆幸发现问题，处理问题并遏制问题，然后预防问题再次发生，而是选择忽视问题。可在金奈，问题是无法被忽视的。因此，以流程思维为重心的企业不能忽略暴露出的问题。

两个支柱

流程思维关注两个支柱：第一是减少消耗，明确是什么妨碍了工作的开展，降低了从用户利益出发而进行的价值创造；第二是流程思维本身包含充分利用人才、尊重人才的理念。如果运用得好，这两个支柱将产生无与伦比的、旷日持久的价值。在流程中，价值能够撬动员工的知识、经验和创造力。虽然这个道理简单易懂，但实现起来却不轻松，它要求企业管理者作出重大的思维改变，这也正是我在本书中阐述的内容。例如，流程思维强调员工应当成功地完成每项本职工作，其履行职责的艺术在于发现问题并寻求改进。如果管理者想要员工成功地实现改进，他们有义务提供相应的方法。他们必须使发现问题、解决问题和汲取失败经验变得更加容易。这是尊重员工的本质。而当今的管理思维中已经不存在这个思维件了，这是悖论的核心问题，恰恰也是流程思维的基石：设计流程以暴露问题，使员工愿意并能够在问题发生时将其解决。

未来的流程

第 2 章通过介绍苹果公司的成功案例，说明了战胜悖论的可行性。我把苹果公司成功的主要原因归于我所称之为的小秘密：流程思维，它来自于史蒂夫·乔布斯（Steve Jobs）和蒂姆·库克（Tim Cook）与生俱来对流程思维的深刻理解。

第 3 章是探究历史，介绍了马基雅维利（Machiavelli）、福特（Ford）、戴明（Deming）和汉莫（Deming）的案例，告诉我们是如何一步一步走到今天的。就像我早些时候写的一本书的标题《未来，不是从这里出发就能抵达》（*The Future: You Can't Get There From Here*），我相信旧思维件无法帮助我们抵达终点。

第 4 章讨论传统企业里根深蒂固的两大思维：垂直思维和水平思维。

第 5 章强调尊重员工的必要性，这里强调的尊重不是所谓的"赋权"于员工，这个话题已经是老生常谈了。这里要说的是比"赋权"更具基础性（必要性）的问题，没有它，则没有绩效改进，也没有改变。

第 6 章讨论了战略和流程思维之间的重要联系，以及失去其一的后果——处于中庸水平和不称职之间，这说明目标和财务绩效的关联性是难以割裂的。

本书后半部分专注于讨论如何完成所有目标。在第 7 章、第 8 章和第 9 章中，我描述了旧思维件转型成为新思维件的模式，并给该模式命名为"目标—衡量—行动"，它详细指明了如何确定和实现流程目标。即有一个衡量体系，它能根据流程表现来持续提供反馈，从而实现目标，如此一来，企业就能够实现在流程中开展激励行动，从而离目标更进一步。从这里开始，我会说明如何开展实践，毕竟我已经在全世界众多组织内开展了超过 1600 次"寻宝"活动。

在第 10 章，"寻宝之旅"即将开始，一些埋藏已久的、令人惊喜的"宝物"（问题）将会成为收获。同时，"寻宝"活动也为企业提供了一些目前看来难以想象的却能够改进绩效的机会。

　　我在本书的最后将对流程思维的两个基本原则进行总结：第11章列举出创立一家注重流程的企业所需的八个步骤；第12章讲述了"胡萝卜节食法"，告诉你消灭所有损害，成为精益的、健康的、持续改进的、业绩突出的企业所要付出的代价。

　　本书关注流程的关键地位与目标，即实现用户价值。起点的关键永远在于价值，从用户的角度来说，价值虽然由生产者创造，却只能通过用户确定。这是因为生产者缺乏看清价值流向用户的过程的能力——流程视角，这将导致生产者很难确定并看清价值。掌握流程思维是为了确保企业里的每个成员都能看清价值流向用户的过程，并保障价值抵达用户的旅途中不出现意外。

第 1 章

金奈悖论

直面流程，直面问题

2008 年的一天清晨，我身处印度金奈市，正透过窗户眺望着一座被朝霞渲染得熠熠发光的写字楼，诧异于这座"印度南部的文化之都"所展现出的多面生活。竞争力研究所（Institute of Competitiveness）将金奈评为印度最宜居的城市。然而，目光俯视而下，我看到阿迪尔河岸边有一排厚木板杂乱无章地排列着，厚木板上用硬纸板搭成的小棚屋在水面上摇摇晃晃，这些厚木板就像一排突兀的牙签，从这些小屋里延伸出来，在这里，无家可归的人们开始了又一天的赤贫生活。差异是如此真实：一边是贫穷、污秽、剥夺感，另一边是现代化，以及教堂尖顶、清真寺、佛寺、四星级酒店和亮堂堂的写字楼衬映下的都市天际线。如此强烈的对比足以触发剧烈的情感冲击。同时，我也看到崭新且美好的未来正与古老的生活方式所暴露出的问题比肩而立。这样的冲突来自于这座城市固有的矛盾。

　　值得庆幸的是，新的解决方案正酝酿于远处那一幢耀眼明亮的写字楼中，这些现象促使我开始思考。面对剥夺感带来的震撼，旧与新之间的纠结冲突，我的流程思维感受到"目睹"问题的实际好处，即只要我愿意试着前往暴露问题的地方亲眼观察，问题就无法被忽视，因为在问题发生的地方，它是显而易见的。当我漫步在金奈的大街上，体会着这个城市所蕴藏的深度和广度时，我直接意识到了问题的严重性。显然，一张金奈市貌的照片无法代表金奈，关于金奈的统计数据无法代表金奈，一张金奈地图也无法代表金奈，它们仅仅是表象而已。"真相"则藏于大街。

　　同样，在一家企业中，一张企业结构图不能代表企业，一份财务报表不能代表企业，一幅价值流程图也不能代表整个流程。一个人只有逛逛企业的"大街"，并直接观察流程的实时运行进程，真实情况才即刻可见。只有在这个时候，真实的问题才能暴露出来。对我来说，在那一刻，金奈悖论明确指出了过去25年我在改进企业绩效方面所面临的挑战——企业并不愿意暴露问题，因为这会对它们的运营体系和信念产生冲击。这种想法会导致企业不愿意面对现实，因而逃避现实，最终惨败。通常，企业之所以无法实现绩效改进的预期目标，背后的原因就在于它们并没有设计出能够暴露问题的商业流程，它们设计流程只是为了隐藏问题，而只有在解决了这些问题后，绩效才能改进。通常情况下，企业因为没有发现问题，所以问题无法解决，没有发现问题，是因为那些身处闪闪发光的写字楼里的人们并未朝窗外远眺，他们只是坐在会议室里，埋头分析手中的电子数据表、数据化财务报表、绩效衡量计分卡，以及其他管理信息工厂所提供的推演和结论，在会议室里就阐释了企业中问题的症结所在。事实上，坐在舒适的会议室里是无法实现改进的，在这里你只能提出抽象假设，却无法发现问题；相反，实现改进需要走到"大街"上，走进流程中，这样做才能发现企业亏损背后的真相。问题存在于"大街"，并且已经嵌入企业的商业流程内部，如果我们能够深入流程"大街"探访，怀着极大的尊重观察和倾听员工在"大街"上的生活和工作情况，目标才能实现。我们无法想象坐在会议室里，发起一场持续改进计划就可以实现绩效的大幅度提升；只有亲自前往价值创造之地，并亲眼观察，问题才会清晰可见。

　　至少在金奈，问题无一例外地展现于眼前，矛盾置于聚光灯下；而在大多数企业中，矛盾是隐藏着的。

深入探究流程

　　只有完全浸入流程"大街"才能实现持续的流程改进，而不是依靠抽象的数据分析和拥有专才却各自为政的各个部门。因为持续的绩效改进发生在实际的工作地点，以及价值创造的核心流程中，光凭工程部、人力资源部或财务部，甚至是管理层的抽象规划，是无法实现目标的；而流程改进是必须深入工作流程的，而不是通过数据收集、电子数据表和工作图表来了解一个被"清洗消毒"后的流程。我认为，严谨地遵循基本的商业流程或企业运营体系就能实现持续的流程改进，它与职能、部门和管理结构这些流程的破坏性因素无关。

　　流程思维之所以能够大幅地改进商业绩效，是因为它充分体现了流程的重要性，强调了倾听员工意见的重要性。员工能够帮助企业确定和清除那些阻碍用户获得价值的因素。同时，流程思维需要员工具备顺利完成各项任务的权利，便于员工在工作中发现问题并作出改进，这也是员工工作的艺术，企业有义务为此提供帮助。这些都需要一个以流程为重心的运营体系。

　　这里要说明一下，我并不是想把印度的经济和文化差异归因于一种运营体系，但正是在那个时刻，金奈给我上了一堂意味深长的课。这个城市，以及它所包含的截然相反的两种现实，展示着"新"的承诺和"旧"的不妥协，以及持续改进的显著证明。虽然长路漫漫，但是一种全新的经济模式正一步一步地产生和发展。从某种程度上来说，金奈悖论反映的正是当企业尝试将新的商业运营模式融入旧文化时所面临的冲突——新事物公然挑战旧事物，进而代替旧事物，这也是我们每天都需要经历的痛苦挣扎。在我的工作中，约定俗成的方法在垂直性结构的企业中已经根深蒂固，这种结构包括许多部门，对它们而言，以流程为重心的商业模式是一个陌生的新事物。尽管旧的思维模式是 100 多年历史的沉淀，它关注通过员工的思考和行动来优化各自为政的部门，可这已不再适合 21 世纪，因为 21 世纪强调的是速度、灵活性、多样性和日新月异。为了实现绩效改进所要求的大幅度改进，我认为企业必须采取以流程为重心的模式，这个模式将整个系统视作一个自然的、扁平化的价值流动过程。这表明我们应该停止对股东价值的过度关注，着手改进古老的、过时的组织层级结构，构建一种全新的模式，这种全新的模式关注用户价值，并且重视以水平视角观察价值的创造过程。

悖论无处不在

　　和印度的许多城市一样，金奈虽身处矛盾之中，却在努力寻求改善之道。金奈市市区有 470 万人，如果加上郊区的人数，这座城市的人口数量高达 890 万，是印度人口数量排名第四的城市，同时它也是世界城市面积排名第 31 位的城市。金奈是印度主要的商业、文化、经济和教育中心之一，自 1644 年英国东印度公司在此建立圣乔治堡起，浓厚的商业传统便根植于这座城市的历史文化中。如今，金奈在汽车、计算机、科技、电信制造业和医疗保健行业等领域，享有广泛的工业基础，其最大的商业部门便是电子制造业，诺基亚（Nokia）、伟创力（Flextronics）、摩托罗拉（Motorala）、索尼（Sony）、爱立信（Ericsson）、三星（Samsung）、思科（Cisco）和戴尔（Dell）等电信业巨头都选择金奈作为它们在南亚的制造业中心。金奈也是印度第二大业务流程外包出口城市。这正是我此行的原因。业务流程外包指的就是将具体的业务流程外包给金奈的第三方服务提供商。外包种类主要有：后勤业务外包，即人力资源、财务、会计等内部业务职能的外包；前台业务外包，这部分通常与客服相关，即呼叫中心。业务流程外包行业的主要目的是满足西方跨国企业的需求，并负责挑选像印度这样工资水平低且拥有受过良好教育的、能说英语的青年人才的地区。在印度，约有 280 万人从事外包行业，该行业每年收益约 110 亿美元，占印度国内生产总值的 1%。根据国际数据公司（International Data Corporation）的统计，2009 年全球外包市场规模接近 1640 亿美元，以 5% 的年复合增长率计算，预计到 2014 年可达到 2080 亿美元。目前，在美国和某些欧洲国家的跨国企业中，有 75% 的企业使用外包服务或共享服务，以支持企业的财务职能，29% 的企业希望增加财务职能外包服务，如果按此计算，预计在这方面的花费将在当前水平的基础上上涨 16%。我曾经合作过的一家业务流程外包公司，财富 500 强企业中有半数都是它的客户。公司每年要为几家保健品供应商处理 1800 万项医疗理赔。它的客户之一是一家大型医疗保健品公司，这家公司的业务是为大型公司提供医疗保健服务。作为它的客户，每一家公司至少拥有 3000 名员工。该公司的服务对象是 7000 万美国人、7.2 万名内科医生和 8 万名牙医，他们来自 6.56 万家医院和药品优惠计划的覆盖范围（对象是 1300 万人）。这些公司除了对研发进行巨额投入以外，对技术投入也是大手笔——过去 5 年的投资总额达到近 30 亿美元。这些数字所代表的是新兴趋势，与过往旧事物形成鲜明对比。

如果我们仔细观察传统企业的模式，并把它与以流程为重心的模式对比，差异显而易见。一个不言自明的事实就是，要将以扁平化流程为基础的新商业模式应用在一个古老的、垂直化结构的企业中是不可能的。

流程思维制造悖论，从旧模式和新模式之间难以跨越的冲突到最细小的企业元素，无一幸免，我在随后的章节中会具体说明。但是，为了让读者有一个明确的概念，明白什么样的悖论会持续困扰流程思维的全过程，我提供了一些新思维件和旧思维件之间存在的悖论：

- 从慢到快；
- 流程经济与规模经济；
- 一次处理一件产品比规模化经营更能盈利（例如批量生产与排队供应）；
- 测量流程偏差比测量结果更优；
- 忽视问题不如寻找问题；
- 拉弓比推弓更有效果；
- 关注现金流而不是总利润；
- 关注实验和学习而不是可控性和可靠性；
- 使用来自于流程或融入流程中的信息，而不是与流程分离的信息；
- 管理分散的资源导致成本上升，管理整个工作流程将无一例外地降低成本；

· 关注流程，而不是绩效目标（通常体现在财务上）；

· 如果你没有一个能够实现目标的流程，目标便失去价值（股票分析师们，听见了吗）；

· 关注用户价值，因为用户价值能够提升股东价值，而不是关注股东价值，因为股东价值并不会增加用户价值。

批量思维是万恶之源。

无效时间占据流程的 95%

在金奈时，我和一位老客户当时要处理的正是所有悖论的根源：是采用批量、排队思维，还是采用流程思维。前者广泛存在于当今的企业结构之中，为使相互孤立的各个部门的利益最大化，企业的整体利益成为了牺牲品；同时，大量信息或资料由一个专门职能部门处理，完毕后继续向下一个专门职能部门传递，不管是否有这个必要，它们都要开始"排队"。流程思维则要求一份信息或资料，或数量小且持续的批量生产和转移同时进行，即各个职能部门尽可能地持续进行。我曾在美国和加勒比海地区的一些国家为同一家业务流程外包公司实现了流程和绩效改进，工作对象是七家大型医疗费用理赔处理中心的外包服务。这家业务流程外包公司和其他一些大公司合作，帮助那些大公司更好地为员工和退休员工提供高效的医疗保健福利。公司的首席执行官汤姆（Tom）邀请我前往公司工作，汤姆也曾是我在航空航天业工作时的合作对象。在那次合作中，我们针对具体情况采用了以用户为重心的思维件，大幅度地减少了部件和组件到达原始设备制造商（OEM）的时间。汤姆亲眼目睹了流程思维带给制造业的力量，也明白了流程就是流程，无关乎它交付的是什么产品（可以是某项小装置或某项服务）。可以说，有信息交换的地方，就有流程，和工作自身相比，流程为工作进展所带来的阻碍要多得多（见图 1-1），根据汤姆的个人经验，这个比例在航天业是 10:1（用精益语言来说，是浪费因素和附加值的比值）。

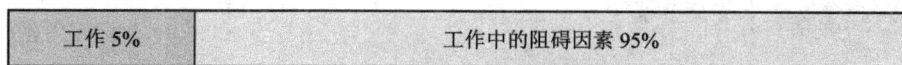

工作 5%	工作中的阻碍因素 95%

图 1-1 浪费因素和附加值

在商业活动的全程，实现一项服务、下一份订单、生产或交付一件产品所需的时间比价值传递体系所需的实际时间少得多。

事实上，在价值传递体系中，产品或服务仅仅吸纳了 0.05% ~ 5% 的时间产出的价值（工作），在剩余的 95% ~ 99.95% 的时间里，产品或服务处于等待状态（处理工作中出现的问题）。不幸的是，企业并没有设立一个等待部门，因此，大量的闲置时间被视而不见，进而导致没有人着手解决这个问题。在这个问题中，等待时长通常是由完成一定批量处理所需的时间决定的，批量处理完成后才能继续下一个流程，而不管这次批量处理是否真的需要这么长的时间。在这段时间里，产品或服务通常在另一个队列里等待。

汤姆认识到，无论是在航天工业还是医疗保健业，绩效的改进均取决于基础流程的改变（即工作和阻碍因素的比值）。以流程为重心的模式是他在航天业成功的基础，他相信，在医疗保健领域，这种模式的表现同样不会逊色。他说，这算是个 "医疗保健服务工厂"，工厂的具体任务是确定工作中所面临的阻碍因素（即浪费），通过渐进减少批量规模来暴露问题，使批量生产成为一个可持续的流程（见图 1-2）。

汤姆的公司是一家大型医疗保健公司的分公司，他希望公司运营成本越少越好，取得的效益越大越好。这种想法在行业内很普遍，每个人都竭尽全力获得合同，力求为财富 500 强企业提供医疗保健规划。他们能否获胜，主要取决于两个指标：第一个指标是周转时间，即他们能够以多快的速度将报销款返还给用户的雇员。一位患者在看完牙科医生后，其实就开始等待医疗保健供应商提供的报销费用了。当牙医治好病人，填写表格、提交表格后，等待过程正式开始。直至某一天，报销款的支票躺在了患者的邮箱里时，漫长的等待期才算结束了。这就是一次医疗保健服务时间的耗费。第二个指标是成本，具体说来，每一次交易的成本就是度量标准。汤姆的公司所做的就是将这部分业务流程外包给专业公司。在金奈，这些专业公司负责处理医疗费用理赔，但这几乎算是医疗保健公司所有的业务了。

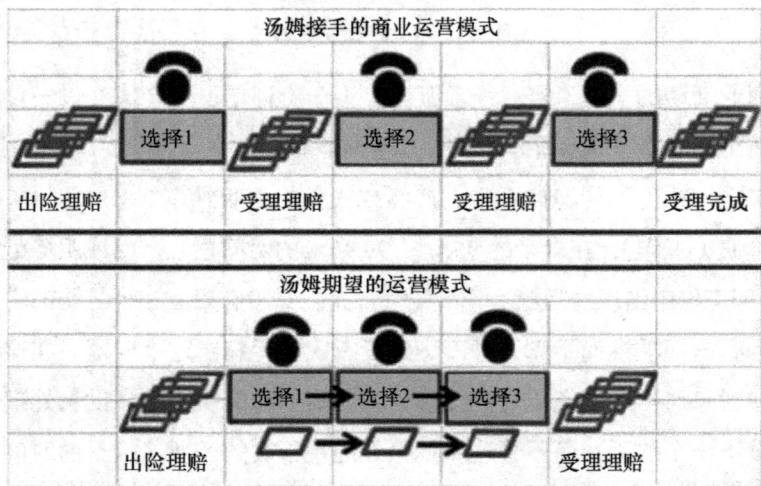

图 1-2　批量与流程

　　在业务流程外包中，价值主张是用较少的成本、以更高的效率完成更多的理赔。由于业务流程外包地点分散在世界各地，医疗保健公司支付给理赔运营机构的劳务费是根据非熟练劳动率——通常指的是最低工资水平计算的，这样无疑降低了医疗保健公司的运营成本。汤姆之所以选择印度的业务流程外包公司，原因就是印度的劳务费比美国低得多（低 70% ~ 90%）。然而，这种成本观不过是功用性思维带来的虚假承诺，也是一个悖论。功用性思维认为劳务费（劳动成本）差异不同于总成本差异，前者可以大有可为，其最大的机会是能够通过消除实际工作中的阻碍因素来显著地改进整体流程。业务流程一旦搬迁到印度，业务流程外包的直接工资只占外包总成本的 35%，仅凭劳务费套利，业务流程外包就能节省 20% 的费用。虽然将低效流程转移至低成本国家意味着转移了低效性，但这样做给企业带来了其他的麻烦，即基础设施的不便。因此，虽然在印度这样的离岸地区，劳务费成本能够减少 70% ~ 90%，但是大多数企业

在全球外包环节只能节省 25% ~ 50% 的费用。汤姆想节省更多，他希望生产率
能够提高 200%，就像我们曾经在他的国家所达成的目标一样，即每个工时处理
的理赔量是原来的 210%。

流程思维的应用

在汤姆的美国公司中，我们应用了流程思维，并采用相应方法进行工作部署，
结果成效显著（见表 1-1）。

表 1-1　汤姆的业务流程外包理赔处理结果（美国公司）

衡量成功的标准	衡量标准定义	改进程度
产量	每天处理的理赔量	200%
	每小时平均产量	190%
时间	24 小时内处理的理赔比重	91%
成本	每份已动用资本处理的理赔量	235%
	每人每工时处理的理赔量	210%
质量	每 1000 件理赔失误率	8.3% ~ 2.4%

在一家以流程为重心的企业内，以上提及的三种措施（产量、时间和成本）
确保流程和用户价值始终是重点，这可以在账目上得到体现，由此保证和提升
财务业绩，这些我将继续在后文中仔细说明。

我问汤姆："为什么你不试着在印度达到同样的改进程度？"要知道在印度，
投诉的数量可是不断地上升的。他觉得这个主意不错，于是我给了他一个报价。
很明显，这个报价比我们在美国合作的那次花费要多。可他担心的是在截然不
同的国家和文化中，我们能否达到同样的成果。我告诉他，行业或国家都无所谓，
流程就是流程。

为了证明我的观点，我们约定：如果根据常规标准，我们能够实现流程和
绩效 50% 的改进（劳动力优势不计在内），他会付给我之前提到的报价；如果我
们没有做到，他就只付给我在美国公司所支付的报价。然后，他开始着手进行

安排。最终，我们取得了期待的结果。他很高兴地"输"给了我。同样，我也证明了无论是在金奈，还是在复杂的美国城市，流程和绩效改进所应用的基本原则都是适用的。

虽然汤姆输给了我，但他的企业却迎来了大丰收的成果（见表1-2）。通过应用流程思维的悖论之一，我们实现了目标。我们可以把这次的成功归纳为一句话——大道至简。一次处理一件投诉比批量处理50件投诉的效果更优，流程经济打败了规模经济（见表1-3和图1-3）。本质上，我们需要解决的是工作效率问题，并非个体的资源利用效率，即通过减少批量，进而减少等待时间，实现流程经济。

表1-2　汤姆的业务流程外包理赔处理结果（金奈公司）

衡量成功的标准	衡量标准定义	改进程度
产量	每天处理的理赔量	160%
	每小时平均产量	148%
时间	24小时内处理的理赔比重	90%
成本	每份已动用资本处理的理赔量	137%
	每人每工时处理的理赔量	171%
质量	每1000件理赔失误率	10.0%～3.3%

虽然采取一次一件的方式（即一个批次一件）处理完100件理赔的时间需要2小时52分（第一件理赔在初次提起后的4分12秒就完成了），但是劳动力成本是6小时56分。而处理完两份批量50件理赔花费的时间是4小时58分（处理完第一批的50件理赔花费3小时2分），可劳动力成本仅为6小时5分（减少了14%）。

表1-3　批量与流程（一次一件）结果（金奈公司）

措施	批量50件	一次一件	差距
第1件理赔完成	3小时2分	4分12秒	2小时57分
			效率提高97%
第100件理赔完成	4小时58分	2小时52分	2小时6分
			效率提高42%

（续表）

措施	批量 50 件	一次一件	差距
动手劳动时间（处理时间）	6 小时 5 分	6 小时 56 分	51 分
			多 14% 的时间

注：通过一次处理一件理赔，理赔完成速度较之前提高了 42%，但实际上人工处理时间（劳动力成本）比之前多出 14%，原因是每位操作员是按件依次上传申诉信息。既然劳动力是绩效决策的基础，那么相较于一次一件，批量处理 50 件的效率反而高出 14%。

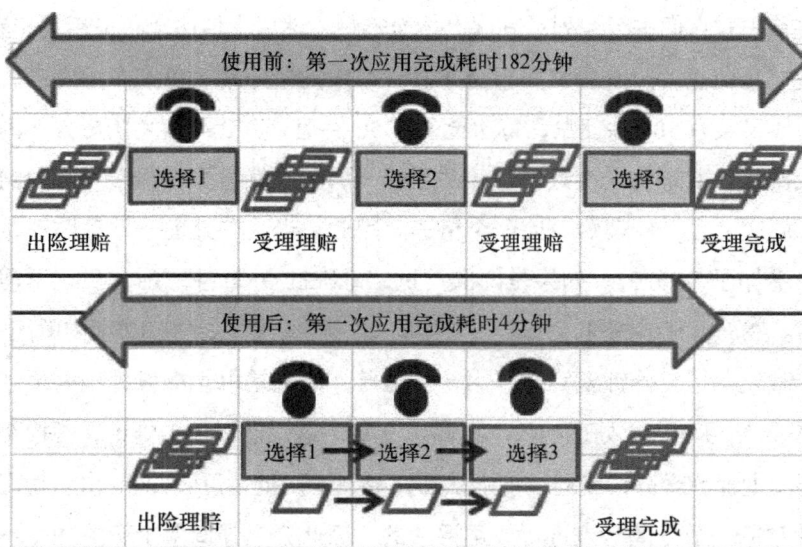

图 1-3　处理时间前后对比（金奈公司）

　　传统的"批量和排队"商业模式追求的是让流程内的所有分散元素（操作员或机器）保持忙碌的使用状态，我称之为"劳动力成本压倒一切的模式"，这个模式关注所有重要的系数，例如究竟是一次处理 50 件理赔，还是等待 9 秒上传一件理赔后再接着处理下一批。这是对分散资源的利用，但却忽略了对流程的关注，因此，流程中耗费的时间也被忽视了。处理一件理赔需要 5 秒进行编列（收集数据），9 秒上传密钥，13 秒上传比较，4 秒输出存档（见图 1-4）。批量处理 50 件可节省 31.49 秒（25 分钟的劳动时间），批量处理 250 件可节省 2 小时 24 分的劳动时间。悖论就在于批量处理方式通过增加批量处理数量，减少了显性成本（Average Unit Cost，平均单位成本），换句话说，旧思维件让我们降低了工作时长与等待时长的比值（或实际总成本）。如果我们把注意力放在时间或迈向下一个工作点的流程上（将有效能力与开工能力视作对立面），那么我们就实现了绩效改进，这被视作新思维件。这种流程思维是矛盾的，因为潜在的工作量是通过一次性批量处理 50 件理赔完成的，而非一次一件、总共 50 次的工作量。

　　图 1-4 中，不管每次批量处理的理赔件数是多少，每一个理赔小组都需要经历每一个阴影方格。换言之，不管批量处理的理赔件数是一件还是 250 件，我都需要首先对它们进行编列；其次上传至密钥，然后上传比较；最后输出存档。在垂直化企业里，传统思维要求企业试着每次批量处理尽可能多的任务。举个例子，如果共有 100 件理赔，每次批量有 50 件理赔，我需要将阴影方格内的任务完成两次。如果我一次只处理一件理赔，那么我就需要将阴影方格内的任务完成 100 次，且一件理赔对应一个格子。因此，当我在处理一件理赔时，劳动力成本增加了 14 分钟，如果是两次批量，每次批量 50 件的话，我就不需要这么做了。然而，有趣的是，如果一次处理一件理赔，那么 4 分 12 秒内就能完成。因此，我仅花了 4 分钟就完成了第一件理赔，而不是每份批量处理需要的 3 小时 50 分，结果是一次处理的效率提高了 97%。这说明了一个悖论，规模经济会说，要"批量 50 件"；流程经济则认为，要"一次批量仅一件"。由于功用性组织是针对每一个分散节点进行效用评估的，因此，它强调单个职能的（不顾对整个流程造成的影响）"利用"或"劳动效率"，传统的垂直化组织在面对一次处理 50 件还是一件这个悖论上束手无策。这个悖论来自于当今组织的会计架构，这种架构的重点是"单位平均成本"。然而，这是个抽象概念——在流程中每一个分散的节点生产过剩的量——的确会拉升总成本。总成本是看得见摸得着的。生产越来越多的产品以减少平均单位成本是一种长久不衰的方法，它导致超长延时和异常偏差，这些因素都将抬高总成本。

编列	上传至密钥	密钥 -1	密钥 -2	上传比较	比较	输出存档	总时长
5 秒	9 秒	99 秒	102 秒	13 秒	18 秒	4 秒	250 秒

图 1-4　处理一件理赔的步骤

观察表 1-3，我们可以看到运行过程中的平均单位成本。在批量 50 件中，我们花了 4 小时 58 分完成第 100 件理赔；但当我们采取 "一次一件" 方法时，只花了 2 小时 52 分钟就完成了第 100 件理赔。由此可见，工作流程改进了42%。然而，传统的 "优化功用" 组织不会意识到这一点，它们只关注劳动力消耗或总处理时间。在这个案例中，一次处理 50 件理赔共花了 6 小时 5 分，一次处理一件理赔共花了 6 小时 56 分，前者节省了 14% 的时间。虽然我们提高了对员工或资源的利用程度，但是我们并没有改进流程。所以，企业在以流程为重心时，成本下降；企业在关注分散的资源时，成本却没有下降。这就是悖论。

在金奈，我看见类似情况发生在真实生活中，它更好地解释了我们努力克服的企业文化问题，并试着了解和实施流程和绩效改进。它是一个范例，足以说明当你面对两种截然不同的文化现象，尤其是其中一种与你现有的思维方式截然不同时，你感受到的震撼。传统思维关注我们的工作内容，但流程思维关注工作中的阻碍因素（见图 1-5）。经验主义表明，在任何一个组织内，阻碍因素都是实际工作的 10 倍之多。这些非工作因素消耗资源和成本，却不产生价值或收益，因此可以被定义为工作流程中的 "等待" 或 "延缓" 因素。等待的形式有三种：（1）等待完成包括某个产品或某项服务的全部批量；（2）等待完成劳力或脑力方面的返工内容；（3）等待管理层抽出时间制定和执行决策，使批量任务继续迈向流程的下一步。以上三种等待形式在各种各样的工作阻碍因素中，均等地占据了几乎全部的空间。只有流程思维和流程思想能够看清这三个主要阻碍。

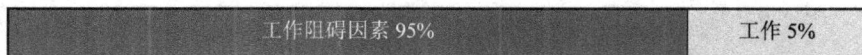

工作阻碍因素 95%	工作 5%

图 1-5 "工作" 和 "阻碍因素" 比率

无论是试图改革自身经济的国家，还是想要改变商业模式的组织，改进和文化改变始终并肩而行，两者是唇亡齿寒的关系。在文化中，重大的转变是循序渐进地进行的，"旧" 事物必须和 "新" 事物共同存在一段时间——这就是金奈悖论。改进是缓慢的，进展并不迅速。但是，如果领导层给予理解，相信并愿意付诸实践，两者就会最终实现。文化必须得以改变，如果文化能够改变，思维也必然随之改变。我在之前出版的书《思维件》中谈到过，如果你"改变了思维方式，组织也将自我革新"。流程思维就是我们构造新思维件商业模式的基础。

金奈悖论

……关注工作流程，即可发现流程中 95% ~ 99% 的内容与工作无关，它们不过是妨碍因素……消除这 95% ~ 99% 的内容需要具备洞察流程的能力，这可以通过一次处理一件理赔任务看出来，而不是一次处理 50 件理赔。

> 在人类思维模式的根本性组成部分作出改变之前，没有什么改进是可能的。
>
> 约翰·斯图亚特·穆勒（John Stuart Mill）

什么是新思维件

我想强调一下，我所说的流程思维指的是深层次的思维件体系，它是商业模式的内在动力，而不是一种商业工具或技巧。过去，我们应用了许多工具，例如流程再造、全面质量管理、六西格玛，并正在进行一些改变，尽管这些改变难以为继，但却比较容易实行。可现在我所讲的流程思维是从一种商业模式到另一种商业模式的转换，这是一种全新且与众不同的事业，企业需要对根本的思维件和运营体系作出颠覆性的改变。流程思维要求企业从无所不在的、维持已久的、垂直整合的商业模式转向扁平化的、以流程为重心的模式，金奈悖论是转变过程中不得不面对的"拦路虎"。只有企业结构改变了，即忽视垂直结构并采用流程思维，管理层的行为（即流程再造、六西格玛、持续改进）才能更有效率、更可持续，否则这些管理工具都将是无效或不可持续的。

在世界各国，许多公司都对传统的、垂直整合的商业模式进行了意义重大的改造，包括丰田（Toyota）、联合包裹速递服务公司（UPS）、西南航空（Southwest Airlines）、苹果（Apple）、亚马逊（Amozon）和丹纳赫（Danaher）等，可大多数的企业依旧墨守着持续了长达一个世纪的模式，还没有开始构建一种使它们能够由此迈向新模式的框架。在第 3 章中，我细谈了垂直整合模式以及它的历史，目的在于说明让分散的各个部分（部门、功能、角色）尽可能提高效率以实现改进绩效是多么天真的想法。这种方法的问题在于，它没有从根本上解决各个部分与流程之间的关系。

百年困扰

这种理念背后的传统模式和思维来自于亚当·斯密（Adam Smith）的"大头针工厂"和 18 世纪的劳动分工概念。19 世纪末，弗雷德里克·泰勒（Frederick Taylor）对此作出改进，形成了后来的"科学管理法"，随后该方法被应用于伯利恒钢铁公司（Bethlehem Steel），在经历了大量的查缺补漏和微调修正后，该方法仍然是如今最容易被想到的模式之一。这种运营和思维件体系在过去的一个世纪并没有发生根本性的变革。

科学管理法是通过观察最有效率的工人如何工作，将观察记录的操作流程标准化，并在工厂内进行推广。其成功的基础是企业对员工操作的高度管理和控制。和以往的管理方法（即工艺生产）相比，它需要提高管理人员和工人的比例。因此，我们始终执着于将劳动力和工人总数作为计算成本的主要标准，导致员工和管理人员之间的人际摩擦成了伴随而来的问题。虽然工厂以降低单位成本和提高产出为目标，在最简单的领域采取职能分工，这些办法的确能够大幅提升工厂的运营效率，获得明显的经济回报，但是，泰勒的方法会导致功用上的复杂性。这个问题之所以显而易见，是因为较低的单位成本并不意味着总成本降低。垂直整合的经典解释来自于亨利·福特（Henry Ford）的"大批量生产"。福特将"泰勒主义"发挥到了极致,他为了寻求更深层次的垂直整合,限制劳动多样性,将作业流程划分为更小的单位,正如他的一句名言,"任何顾客都可以选择任何他所中意的汽车颜色,只要它是黑色的"。这里并不是在讨论福特和泰勒的是非对错,而是在说明他们所构建的运营体系支持着适合当今挑战的商业模式。"将作业分解成最分散的功用组成部分"是针对当时的情况所构建的运营体系,在那个产量为王的时代,劳动力是成本的最主要组成部分。可在今天,拥有最强话语权的不是产量,而是多样性;不是大规模生产,而是大规模定制;不是批量生产,而是个性化设计。时间变成了成本的最主要组成部分,不能增值的活动或浪费因素能够证明这一点。在这里,我所说的不增值活动指的是那些无法为流程目标增值的活动,即无法满足用户需求的活动,而不是必要活动(当今企业架构下的必要活动)。从"成本低则胜"的角度来说,基本的垂直整合是成功的,因为它带来了产量的上升,以及平均单位成本的大幅减少。当产量翻番时,成本约降低 15%。然而,我们生活在 21 世纪,多样性才是王道。全世界有约 100 亿件产品任你挑选,个性化产品的生产速度决定一切。现在,等量关系已经改变:虽然产量上升时成本可能下降,但当种类数量翻番时,成本则会上升 20% ~ 35%。因此,我们需要一种既能够满足标准化成本效率的要求,又能够满足产品多样性的商业模式。由此可见,企业需要意识到以流程为重心的重要性。

凡事总有代价

　　关注端对端流程,而不是优化每一个分散的环节或组成部分,是唯一能够实现高效管理及产品多样性的手段。这种方式能够减少产品上市时间或缩短产品交付给消费者的时长,同时维持了具有竞争力的成本和品质。这与垂直整合的效率是不同的,后者针对的是数量的增长,而不是多样性的增加。采用垂直整合模式需要付出代价,即对多样性进行权衡,权衡内容包括:接受低质产品的成本(即批量化,而不是一次一件);员工技术改进的成本(如手艺不精湛的操作者被技术娴熟的工匠所取代，员工成为变动成本，而不是人力资产）；昂贵的、僵化的、目标单一的机器和设备所需成本（而不是简便的、有弹性的、能够根据需要随时调整的工具）。这些因素中，最大的成本就是对于个体多样性（即定制化）的不包容。

为了更清楚地说明这一点，我们可以想象这样一个交易流程，它包括两种截然不同的活动，活动一是"填写文件"，活动二是"签署文件"。填写文件的人站在房间的一端，而签署文件的人则站在房间的另一端。假设某一天有一批文件要处理，填写文件的人选择填写一批文件后批量搬到签署文件的人面前，因为只有这样，才能使为完成两项操作而穿过房间的步行距离合理化（或者说被隐藏起来了）。在垂直化的模式中，这种对流程的干扰被隐藏起来，我们称之为"步行距离"。注重流程的思想者能够看清，这种"步行距离"对流程实际上是一种干扰（即填写文件的人上午完成这一批文件后要闲坐半天，等待最后一份文件完成签署，当天的工作才算结束）。流程思维揭露了这种浪费现象，并认为如果填写文件的人一次仅将一份文件搬到指定位置，除非缩短"步行距离"（浪费），否则，流程思维方法会导致完成这项工作需要更高的成本和更长的时间。由此可见，应对之策是把两位操作人员安排在房间的同一侧，让他们并肩工作，这样他们可以在完成各自的文件后，立刻将文件交付给对方。流程思维要做的是减少工作流程中的阻碍因素（步行距离），而不是试图为其正名。

流程思维是一种全新的思维件，它创造了一种以流程为重心的结构，这种结构能够激发绩效改进的能量。它需要你对流程有清楚的认识，了解操作之所以不易的原因，以及实现这一目标需要何种努力。它完全值得使用者经历一次学习曲线，汲取经验教训，因为在此之后，组织提升消费者价值和改善财务业绩的能力能够实现指数级增长。这也正是本书的目的。

模型工作概要

流程思维的基础是一切工作都会涉及的三个关键要素：目标（Purpose）、指标（Measure）和行动（Action）。关于这种模式的学习，我认为得从理解相关概念开始。

> 商业流程是一系列活动的总称，这个流程最终产生结果，即为用户提供某项具体服务或产品。价值永远是流程的最终体现。

首先，我们需要确定流程目标；其次指标告诉我们距离目标还有多远（即一个变量）；最后，指标激发行动以改进流程（如进行一次实验）。反过来，指标也能够验证实验效果，告诉我们离实现目标还有多远（即实验是否针对变量提出了相应措施）。图 1-6 呈现了上述过程。

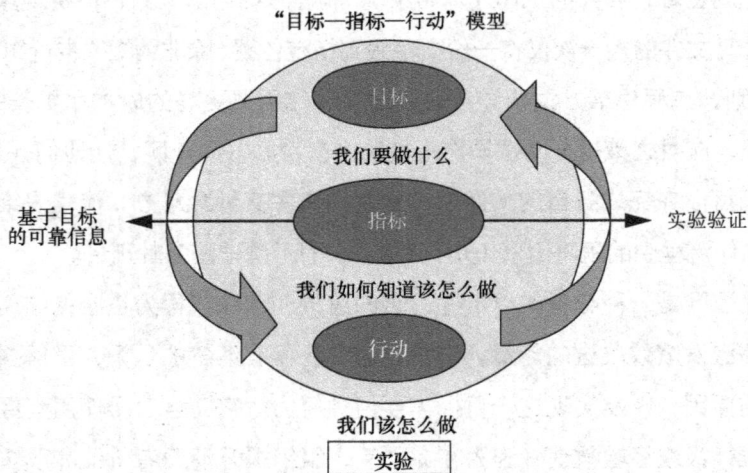

图 1-6　以流程为重心的商业模式

目标：满足客户需求。目标是关注客户价值的外在动力，这种关注存在于流程的每一个节点上，而不是从股东价值这一内部角度出发的自上而下的关注，一些微小因素也需注意，如实现预算或月末计划。在整个企业内，目标的重要性在于关注客户需求，为客户实现价值，而不是为股东实现价值。如果一家企业将股东价值视作"精打细算"的目标是不明智的，因为股东价值是由资本市场决定的，而不是由用户决定的。当然，最终的绩效是好是坏由金钱说了算，因为这是人人都能看懂的符号，但它不是流程的目标。流程思维认为，股东价值，或为了股东价值而做的努力以及获得的利润都不是目标，它们更像影响流程质量的技术参数。

　　指标：根据目标（基于来自目标的可靠知识）衡量和改进流程。指标是衡量流程效力和偏差的最重要因素，尽管它们并不紧盯着具体目标不放。为使流程符合指标，我们需要新措施激发针对流程或工作流的实时改进行动。融入工作内容中的措施来自于真实、具体、即时的观察，而不是遥远、抽象、与工作分离的事后信息体系。它们不仅仅控制资源，还指导行动。新的模式下，一项指标的唯一、真正的价值在于它能够帮助企业了解和改进流程。如果流程改进了，绩效也将随之改进。

　　行动：根据指标进行实验，以激发流程中的行动。行动本身就是一项实验，指标用于探索如何能更加接近目标。行动发生在流程和工作流中，而不是发生在控制分散的资源和管理员工的过程中。行动的目的在于学习而不是施加控制。

　　要改变商业模式，我们需要采用新思维件，即目标、指标和行动。

　　尽管许多企业没有实现预期的改进目标，但成功企业的数量在不断增加，在这本书里，我提到了许多成功案例。或许，它们就像坐落在金奈的那座闪闪发光的高楼，对于许多深陷绩效悖论泥潭，尚求索于实现可持续流程和绩效改进方法的企业来说，犹如黑暗中的灯塔一般。我希望这本书能够成为许多人的起点，它能够做到且正在做到。金奈之旅增强了我的决心，那就是帮助更多公司建立一个我认为十分必要的运营体系，使它们具备 21 世纪企业所必须拥有的思维件。

第 2 章
苹果公司的秘密

流程创新是产品创新的前提

许多人说，史蒂夫·乔布斯是一个天才，他抵达了许多人都到不了的彼岸，制造了史无前例的产品，开创了独一无二的市场热度。在苹果王国的发展中，这位天才的作用显而易见。对许多企业来说，苹果公司的成功模式难以复制，因为复制出另一个史蒂夫·乔布斯就是不可能的任务，持续地制造创新产品和改进绩效也需要极高的水平——许多人尝试过，却鲜有人实现。在苹果公司的文化核心里，有一条不那么明显的原则，这条原则是苹果公司所具备的一种天赋，是其他组织能够加以复制的。这个原则不仅是本书的核心内容，也是许多企业获得成功的条件。其精髓存在于一条公理之中：停止制造更好的"捕鼠器"，动手让现有的"捕鼠器"更好用吧！史蒂夫·乔布斯和蒂姆·库克完全做到了这一点。这就是我所说的苹果公司的秘密！

在我深入说明这个秘密之前，请允许我对苹果公司股价的异常波动作些评论。2012 年至 2013 年，苹果公司股价的下跌与我现在提到的绩效改进原则毫无关联。化学工程师、作家、通用电气前总裁和首席执行官杰克·韦尔奇（Jack Welch）被《福布斯》（*Forbes*）杂志称为"21 世纪的首席执行官"，他曾说，股东价值是"世上最愚蠢的想法"。他明白，股东价值并不是提升绩效、获得成功的正确驱动力。股东价值没有任何筹码，因为它仅仅是一种结果，而不是一种动力。市场"预期"可能导致苹果公司股价下跌，但它依旧是一家盈利能力极强的公司、一家创造卓越绩效的公司。

　　苹果公司完成了几百万家公司都应该并且有能力完成的事，而这些并不一定都需要史蒂夫·乔布斯来实现。事实上，我所讨论的绝大部分内容可以归功于工业工程师蒂姆·库克，他是仓储和物流大师。1998 年，乔布斯雇用了他，这可以算是其伟大业绩的一部分。乔布斯和库克都明白，以更快的速度创造出更加优质产品的能力是强有力的，这些产品以超过其他一切产品的生产速度完成从概念设计到销售这一过程。他们明白，除了制造更好的"捕鼠器"（即 iPhones、iPads、iPods）以外，如果重视构建更优质的流程，包括刺激需求流程（如 Apple Stores）、满足需求流程（如供应链）、激发创新流程（如快速推出新产品系列），那么制造出的"捕鼠器"的质量会更好，公司将获得重要优势。因为库克和乔布斯明白流程的重要性，所以他们从根本上改革了核心流程、刺激了需求，并将用户需要转化为用户满意度。

　　流程是你能够制造的最具创新性的产品。

　　拉尔夫·沃尔多·爱默生（Ralph Wldo Emerson）最初的说法是："制造一个更好的'捕鼠器'，世界将踏破你的门槛。"这句话成为了有关创新的极具启发性的隐喻。制造一个更好的"捕鼠器"或许听起来像一个简单的措辞，而实际上它是思维的剧烈转换，是根植于流程的全新思维件。耐克公司的首席执行官马克·帕克（Mark Parker）说过："要么创新，要么灭亡。"但是在以速度为

王的 21 世纪，单靠产品创新是不够的，流程创新更为关键，因为流程创新的要点在于实现更多的用户价值。苹果公司的用户价值大大超越了其竞争对手（截至目前是这样的），苹果公司产品的上市时间以及交付服务时间难以超越。苹果公司就像一名流程思想者，而不像一名产品思想者。如果你不小心洒了牛奶，然后试图把弄脏的痕迹洗去，那么你是一名产品思想者；如果你关注如何改变流程，让下一次洒出更少的牛奶，你就是流程思想者。创新只发生在具备流程思维的企业中，流程是你所能制造的最具创新性的"产品"。如果你开始惊讶于流程的奇妙作用，你就拥有了打造一家像苹果公司一样的企业的机会；如果没有，你的企业或许会成为下一个微软，甚至黑莓。微软作为过去 20 多年来最好的产品创新者之一，在 2010 年发布了一款主打社交用户的手机，名为"Kin"。这款手机的问世是一场灾难，在发布后仅仅 6 个月，公司就宣布整个产品团队停工，并为此损失了 2.4 亿美元。原因何在？他们从未真正认识到流程创新是产品创新的关键前提，也未将其融入产品创新。2013 年第二季度，黑莓遭遇了近10 亿美元的硬件库存减记，这个事实足以说明，它们与流程思想者之间的距离相当于一场星际航行。

创新是靠不住的流程

管理和创新交流平台（Management Innovation eXchange）的博客上刊登了一篇标题为《为何大多数创新性公司如此平庸》（*Why Most Innovative Companies Aren't*）的文章，其中写道："令创新型企业别具一格的原因在于，它们生来独特。"实际上作者想说的是，大多数公司的创新缺乏实践或实践形式大体相同，它们缺乏独特的策略、特别的融资方式或独一无二的招聘方式，彼此存在差异的只是品牌。而企业之所以独特，是因为它们针对具体情况有的放矢，是因为它们是面向流程的企业，是因为它们有极强的适应力。每一年，企业花费数十亿美元用于创新培训和创新计划，例如让员工学习门径管理体系以及其他的创造性方法，但是，它们从根本上忽略了一个基本要素——企业架构，在商业活动中，之所以企业进行协调和融合创新的能力有限，原因在于其传统的企业架构。我把传统的企业架构归纳为最优效率、绩效可靠性和可预见性的虚幻之下构建的分隔化、碎片化、分散化的职能和相关措施。或许创新和部门或职能无关，但它也不是可靠的流程。实际上，创新是靠不住的流程。

2010 年，《商业周刊》对来自十几个国家的数千名高级经理进行了一次创新调查。调查结果显示了他们认为在各自的公司内部进行创新所面临的最大的挑战：

（1）冗长的开发时间；

（2）缺乏协作；

（3）怯于冒险的文化；

（4）有限的用户洞察力。

讽刺的是，在近一个世纪以来的严重经济衰退中，钱、策略和技术并不是最大的阻碍，竞争力也不是，最大的阻碍通常是借口。高管们认为，他们面临的最大挑战是将部门间、地区间和其他公司间的无数节点连成线。企业面临的主要限制因素是基于控制的规章和垂直化的企业结构，可创新不需要规章手册，只需要对实验和发现进行说明；创新不需要被归为"研究和开发""营销""信息技术"或"产品开发"等职能，需要的是新的价值转移流程，该流程能够积累知识、提供实验手段、创造有效结果，以及创建一整条连接无数节点的端对端流程。这样的自我改变或许不够充分，但对于创新来说却很关键。苹果公司十分明白这一点。

虽然苹果公司有伟大的产品和优秀的员工，但是乔布斯和库克明白，在一个以技术为本的行业里，像三星、黑莓和微软这样的竞争对手能够也一定会在产品创新、服务和人才方面参与竞争，但要在流程创新，以及上市时间和成本方面参与竞争，难度就大得多。在这种情况下，蒂姆·库克来了，他拆解并重构了苹果公司的供应链，将其看作一个订单生产业务而不是备货型业务。他明白所有的流程都包含两种类型的时间：工作促进流程的时间（我们可称之为工作本身）和流程受到干扰并阻碍工作的时间（精益倡导者将其视作浪费）。库克带着流程思想、流程思维和垃圾处理的心态改革了苹果公司业务的方方面面。

沃尔特·艾萨克森（Walter Isaacson）在其所著的《史蒂夫·乔布斯传》（*Steve Jobs*）中提道：

库克将主要供货商的数量从 100 家减少到 24 家，迫使他们放弃一些前景不错的生意来保持现有业务，并说服众人将办公地点搬到苹果工厂附近，他关闭了公司原有的 19 个仓库中的 10 个。库克通过降低导致库存积压的可能性，减少仓库数量，减少了库存。1998 年年初，乔布斯将产品库存期从 2 个月缩短为 1 个月；到同年 9 月，库存被缩短至 6 天；到了第二年的 9 月，库存被不可思议地压缩至短短 2 天。此外，他将苹果电脑的生产流程从 4 个月缩短至 2 个月。这一切措施不仅仅节省了资金，也确保了每一台电脑配备的都是最新的零部件。

如今，苹果公司之所以具备强大的竞争优势，不仅仅是因为其擅长制造新产品，更重要的是其拥有一个能够更快接近用户、经济效益更高的流程。我们从苹果公司中汲取的经验就是，复杂的商业环境算不上问题（如全球化、技术和金融市场），只要有合适的商业流程，企业就能够适应环境并获得成功。换作通俗的说法，即天气如何变化都不要紧，重要的是选择什么样的衣服来适应天气。尽管现在已经拥有了这条经验，但商人们所面临的源源不断的问题，导致了未来的不确定性与日俱增，因此，决策必须加速。苹果公司有将近 60% 的营业额来自出厂时间不到 4 年的产品。哈佛商学院教授威廉·萨尔曼（William Sahlman）曾提出警告说："如今的商业行为就像天空中的大橡皮擦，任何时候都可能跌落并且擦去他们所有的聪慧与努力。"这句话意在敦促企业用更灵活的自我组织型网络代替效率低下的"指挥—控制"管理模式，以及分散的、以功用性为主的企业模式，为用户实现价值流程，而不仅仅是对单个部分进行优化。在这个世界里，健康的流程是成功的药方，任何具体职能的健康并不能治愈组织整体的顽疾。

确定流程

哪里有信息或物质交换，哪里就有流程。

当我们意识到，哪里有信息或物质交换，哪里就有流程时，流程的重要性不言自明。流程综合了一系列相关任务，这些任务将投入转变为产出。企业里的流程多达数百个，但不外乎以下四种类型：

（1）物流流程（即制造小装置，将其装运上船，类似制造商和经销商的角色）；

（2）交易流程（即在后勤系统将数据转换为信息以供决策者参考，包括信用卡申请到用户刷卡之日）；

（3）关系流程（即生产和消费同时进行，类似店面和酒店）；

（4）知识转移流程（即针对新问题核准答案，类似将概念转变为实际应用，例如，在工程处制作建筑图、在实验室尝试新化学方程式、在研发中心或创新构思团队开发新产品）。

虽然前两种类型的流程（物流和交易）尚未成为普遍规律，但它们可以通过持续提升可靠性来达到更高的效率，这就像自动取款机一样，它们以99.9%的有效工作时间实现了更高效率。在我们看来，所有企业都应当以制作、销售、运输和服务于现有的用户群为工作目的，并尽可能达到最高程度的可靠性，因为流程越可靠，预期结果（即用户满意度）就越可预测。可事实上，流程可靠性和结果的可预见性之间不存在直接相关性，因为这种流程的目标是移除所有变量，不让它们阻碍结果的一致性。例如，在自动取款机的工作流程中，提供用户价值是关键。其工作流是以存有个人识别号码和装满现金的机器来提供用户价值，但由于它是个二进制读取流程，其结果存在偶然性，导致流程的结果取决于机器的可靠性，机器越可靠，用户价值才越高。然而，另外两种流程（关系和知识转移）并不能保证长期的、持续的活动。通常来说，无论流程的可靠性如何，它们的活动结果都是未知的。因为，这些流程就像创新一样，大部分是非线性的，在一个线性化流程中，它们的表现并不优秀。不可避免的是，这些类型的流程所具备的特性都不尽相同。例如，在呼叫中心，虽然每一次的呼叫内容都明确、具体，但要按照事先准备好的一套答案清单来回答每一位用户的问题依旧很困难。相反，要使这些流程变得有效，并不应该依赖可靠性的提升，而应该明确流程结果能够从多大程度上满足用户需求。第一次呼叫时，用户是否得到了正确答案（问题解决）？这些都是有说服力的流程，它们与可靠的流程不同，每一次，它们都需要确保结果使人信服，而不是仰仗流程的可预见性来维系经久不衰的可信度。

我把这些流程称为"肚脐依赖型"流程，因为它们仅依靠经过训练的个体对具体情况作出反应。对于咨询如何办理按揭的来电来说，取款机的可靠流程就不是最好的流程，而试图将取款机的计算程序置入所有类型的按揭组合，不仅成本高昂，也会降低每天不计其数、单调枯燥的交易的可靠性，而这恰好是取款机的最大优势。在这种情况下，使用关系流程更合适，因为关系流程可以根据个人申请者的具体情况提供详细材料。除此之外，关系流程还要求对诸如投资凭证和信用卡等产品追加销售。按揭流程的有效性可以实现提升用户满意度这一目标（即按揭恰好符合用户需求，用户对于购买投资凭证和申请信用卡感到高兴）。

实际上，以上四种类型的流程都是可靠性和说服力的集合体。重要的是认识到没有什么是静止不动的，技术的发展时刻进行着，市场需求也在不断更新，这些都需要不间断地对流程的归类进行评估，只有这样，这四种流程才能具备可靠性和说服力。例如，客服中心或许不清楚会在什么时间接到什么类型的电话，因此，客服中心需要创建一个关系流程。然而，它同样可以基于以往经验预测来电有可能偏向哪种"口味"，然后构建可靠流程的元素（即预测 8 ~ 10 个来电内容，在接线员的电脑屏幕上贴上回答手稿，或在高峰期安排足够接线员等），由此增加可靠性概率，使结果更有可能符合用户价值的目标。同样，酒店关系流程也无法预测下一个顾客什么时候出现，会点什么菜，但可以创造一些可靠的流程，例如请服务员记住特色菜，按价格从高到低记住啤酒名称，在客人就座后的 60 秒内提供服务等。

从制造业和物流业到金融业和零售业，流程对每个行业来说都至关重要，改进流程的机会广泛地存在于每家企业里。然而，流程分类正日趋复杂，流程的恰当分类也变得十分重要。例如，一个关系流程就像一个允诺，当前看来，它更加类似于在线预订杂志。而购买手机的流程如今看起来更像一段被延长了的关系流程，因为它还涉及包裹、赠品和各种选择不断增加、蔓延的趋势。

流程的可靠性与有效性

在《商业流程设计》（*The Design of Business*）这本出色的著作中，罗杰·马丁（Roger Martin）阐释了可靠性和有效性（说服力）的根本性差异，也说明了为何这种差异是"创新困境"的核心，以及为何企业的成功需要对两者进行平衡。马丁认为，可靠性的目标是建立可持续、可预测的结果；有效流程的目标是产生符合预期目标的结果（即在以流程为重心的企业中，这个目标就是完成用户的具体要求）。

马丁认为，可靠性和有效性从本质上来说无法互相兼容，因为各自需要不同的衡量指标。然而，由于各种各样的原因，企业对可靠性存在偏见，因为它们设立短期目标（即流动资本、债务时间表、季度分析报告）；因此，当前的衡量方法和监督系统四处蔓延生根。例如，向管理者发放期权会促使他们更多地关注短期业绩而不是企业的长期健康，因为当一家企业未达到季度营业目标时，股价必然大跌。相反，在研发方面大量投入资金可能不会影响企业的短期利润，但却能决定一家公司能否最终立于不败之地。员工发展和广告业务也是如此。罗杰·马丁曾写道："仅凭量化指标是难以实现有效性的，因为这些措施脱离环境且忽略细微差异。为了获得有效的结果，必须融入主观性和主观判断，但是，为了获得可靠的结果，它们被刻意避开了。"

图 2-1 中，横跨四种类型的流程的对角线说明了流程的可靠性、它与取款机的相似程度、对"肚脐"运行的必要依靠程度，以及与取款机工作流程之间的距离最远能达到多远。企业设计物流流程时倾向于关注可靠性，而设计知识转移流程时则更多地关注具有高度定制化和多样性的特点。因此，企业管理的重点在于管理者如何在各个流程之间取得平衡，如果失去了以流程为重点的企业结构，失去了流程思维，管理偏差因素就会十分困难。这是一种挑战，所有持续的改进和旨在提高生产率的举措（如全面质量管理，六西格玛）倾向于通过加强可靠性使得流程更可靠。将核心商业流程以及从物流流程转换至知识转移流程，需要的是较少的可靠性、较多的个人偏见、较多的实验和发现，以及随着流程的发展不断地进行中期调整，以获得预期的、有效的结果。因此，这些是有说服力的过程，要求"肚脐"在流程中不断施加影响力并进行引导。然而，要在不断扩展的知识转移版图中构建一道健康流程也不是一件容易的事。关系

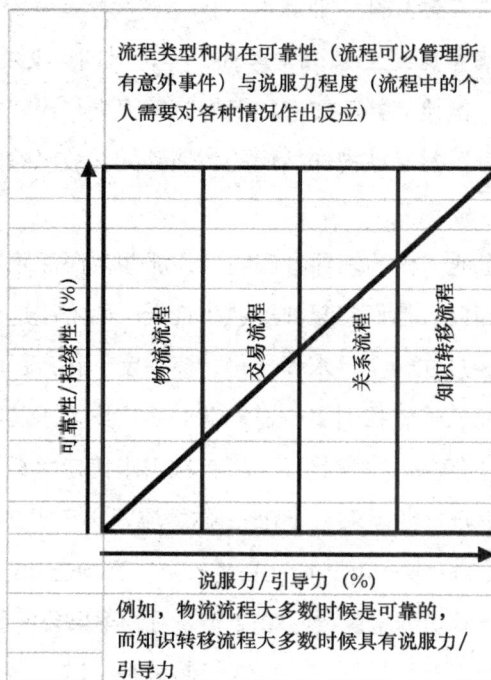

流程类型和内在可靠性（流程可以管理所有意外事件）与说服力程度（流程中的个人需要对各种情况作出反应）

可靠性/持续性（%）

物流流程　交易流程　关系流程　知识转移流程

说服力/引导力（%）

例如，物流流程大多数时候是可靠的，而知识转移流程大多数时候具有说服力/引导力

图 2-1　流程类型：可靠性与说服力

依赖流程和交易流程正日渐变得更有说服力，因为它们将越来越丰富的多样性融入这些流程之中。再次引用马丁的话：

> ……当前，复杂且精致的固件、软件、企业资源计划、客户关系管理、六西格玛和全面质量管理、知识管理等用于管理企业的工具和理论，使现代企业能够客观地理解数据，并根据过去对未来作出科学预测……

流程始终存在

虽然苹果公司只是例子之一，但它是一个十分出色的关于流程绩效价值的例子。乔布斯明白，必须建立一个精益的、健康的、生机勃勃的、快速的流程。这还不是他最有力的"撒手锏"，他最强大的秘密武器是蒂姆·库克。虽然大部分优秀的商业从业者都知道必须减少库存、等待时间、交易时间、返工数量、低效的信息传递等，但他们并不知道如何将这些因素与流程的健康紧密地对接起来。这样的"东西"常常被视作枯燥的、琐碎的、被隐藏的业务，因此，它们变成了别人的工作和责任。

蒂姆·库克和像他一样的领导者都明白，那些被深深隐藏起来的因素具有庞大的隐性成本，因此，他们卷起袖子埋头苦干。而解决这样一个问题的重点在于明确流程的目标是在一个寻求多样化、多种定制化产品和服务的市场中实现用户价值，成功便意味着找到了一道能够满足用户需求的有效的流程，并且要在一定时间内完成任务。也就是说，只有在需求确定之后，才开始计时（即针对实际需求，而不是预期需求）。因此，你的流程必须比必要时间更快面向市场，你的速度必须比对手快。乔布斯明白这一点，蒂姆也知道该怎么做。

苹果公司的财务成功毋庸置疑。2012年8月，苹果公司股价升至708美元，市值达到6000亿美元。虽然股价自2013年起大幅下跌，但是苹果公司依然具有良好的表现。事实上,史蒂夫·乔布斯是从 1997 年才开始着手整顿公司的。真实的故事发生在 1980 年,当时的苹果公司刚创立 3 年。他们前往纽约上市,开盘每股价格 14 美元。不到 1 小时,460 万美元的股票被抢购一空,立刻造就 300 位百万富翁。这是自 1956 年福特汽车上市以来公开募股的最高金额。此后苹果公司股价在 21 美元至 29 美元之间波动,市值约为 18 亿美元。但是,到 1985 年,苹果公司股价跌至每股 7 美元。下跌的部分原因是百事公司前总裁约翰·斯卡利(John Sculley)于 1983 年加入了苹果公司。当时乔布斯诱惑他放弃百事加入苹果公司,并极具煽动性地说:"你愿意一辈子在这儿卖糖水,还是到苹果公司跟我一起改变世界?"斯卡利最初加入苹果公司时被视作一股强大助力,但是,他的意见与乔布斯日益不和。斯卡利的策略是在硬件市场上与 IBM 一较高下,所以他建立了相应的供应链,可最终结果证明这是个错误的决策。更糟的是,1985 年,他把乔布斯赶出了苹果。之后,苹果公司股价一路暴跌,斯卡利也因此于 1993 年离职。

1996 年,苹果公司股价为 7 美元。1996 年年末,苹果公司以 4.27 亿美元收购了乔布斯另起炉灶的 NeXT 电脑公司,也就是后来 Mac OS X 的原型。1997 年,乔布斯正式回归苹果公司。一开始,大家还称他"顾问",但是到了 1997 年年末,他已成为事实上的领导者。2000 年,乔布斯正式出任苹果公司 CEO,并作出了两个了不起的决定,其中一个决定是改变商业模式。乔布斯认为,每一家企业都应有商业模式,不管它是否清晰和明确,当然模式越清晰,企业越成功。商业模式描述了价值转移给用户的过程——大多数时候,是为了获取利润。建立此模式需要回答三个问题:用户想要什么?怎么获得?我们该如何最大程度地优化企业以实现这一点?最重要的是,缺乏良好的商业模式会带来第四个问题:商业模式如何为企业提供机会,确保企业不断创新,满足用户长期需求?显然,第四个问题是最重要的,通常也是很少有人关注的,因为它针对的是长期创新、长远发展和为企业生存提供最根本的思维件运营体系,以确保企业最终能立于不败之地。苹果公司的商业模式是让下载数字音乐更容易、更简便。这与吉列公司(Gillette)的商业模式截然相反,后者通过赠送剃刀的方式销售刀片。苹果公司反其道行之，通过赠送低利润的音乐商店（iTunes）中的音乐换取高利润的苹果播放器销售量。然而，苹果公司的商业模式只能通过有商业流程驱动的、有效的、适宜的思维件才能实现。商业流程可以被视作企业的循环系统，智慧流程会不断为血液输送氧气，并进行补血。同时，恶劣的流程制造坏血，导致企业停滞不前。我将"智慧流程"定义为每一名员工都可以看清价值流向用户的过程，并且能够修正偏差（即流程中的干扰因素），确保用户获得价值。

端对端流程的价值

乔布斯正式出任苹果公司 CEO 后的第二大决定是一手缔造了苹果应用商店，创造了端对端流程中实现用户价值的最关键一环。乔布斯着眼于未来，了解产品更快上市以及对产品从开发到用户反馈整个流程的管理可以带来切实的竞争优势。他不希望公司的产品出现在第三方物流渠道或零售体系中，因此，他自己做起了零售。截至 2014 年 1 月，苹果公司已经在全球 14 个国家开设了 432 家零售店，全球零售额达到 160 亿美元。按平均每平方英尺营业面积创造的利润来看，苹果零售店是全美最高的。然而，乔布斯想掌握的远不只是销售渠道，他想要增加整个流程的价值。他不仅仅设计了苹果零售店，他还创造了一种体验、一个市场、一家剧院、一道流程，用更好的服务方式使用户满意，实现用户期待。这一点上，苹果公司无人能及。苹果零售店重构了零售流程。乔布斯明白，无论自己有多大的能力，如果不能控制供应链，公司的运营就会面临很高的风险，公司的竞争优势也不容乐观。如果想要速度够快，公司必须有最好的内部流程。乔布斯和库克决定打造订单产品，为了实现这一目标，前置时间必须计入需求。这是一个十分苛刻的要求，只有关注流程创新，让流程创新与产品创新相辅相成，才能实现目标。

乔布斯是一名好经理。苹果公司董事会主席艾德·伍德沃德（Ed Woodward）说："他成为了一名好经理，这和一名主管或空想家不同，这的确使我感到惊讶且愉快。"即使在今天，乔布斯在这方面的才能也鲜为人知。原因何在？因为许多领导者仍然没有看到乔布斯所看到的或明白乔布斯所明白的。常人以为乔布斯的成功在于他设计了创新性产品、他的激情和专注，以及"要么对，要么疯"的个性。然而，他把他的狂热信条灌注在寻找和消除流程中存在的低效和浪费因素（任何干扰流程的因素）上。或许由于终身信奉东正教，乐于探寻般若（Prajna, 智慧）的神秘信条、动态作用和人类参与等禅宗修行的重要内容，他对于流程的威力有着条件反射式的敏感度。很少有人知道这些因素对苹果公司的贡献，以及这些因素能够起到的作用，即构建持续不断的流程，制造卓越的产品来更好、更快、更高效地满足用户挑剔的需求，由此赢得竞争胜利。

这很简单，也很了不起，这就是流程思维。这种思想从流程思维开始，逐渐融入公司决策者的勇气和决心。乔布斯和库克设计了各种流程，并慢慢往其中灌注这种思维。宏观上说，流程的目的就是满足需求、满足并超越用户期待，就这么简单。所有力量都为此努力。用乔布斯的话说，流程设计"不是外形，而是如何运作"。

流程的目的在于实现用户价值。

蒂姆·库克不是一位技术天才或充满书呆子气的专家，他不同于约翰·斯卡利。他毕业于奥本大学工业工程专业，之后又取得了杜克大学企业管理硕士学位。他到苹果公司之前任职于康柏公司（Compaq），负责材料采购，并负责IBM 的分销管理。到苹果公司之后，库克拆除了斯卡利建立的基础架构。2012年，苹果库存周期仅为 4 天，一年的存货周转率为 74%。这简直不可思议，因为当时三星一年的存货周转率是 17%。为了更加清晰地说明这项成绩，我们来举个例子：2013 年是 RIM 公司（黑莓手机的制造商）最困难的时期，市值大幅缩水，为此公司不得不削减 10 亿美元开支，或 2 年的库存。这样的对比显而易

见地说明了流程思维和金钱之间的关联性。在电子设备零售市场，苹果公司的库存周期仅为 4 天，相比之下，电路城公司（Circuit City）（我们知道它后来破产了）需要 60 天，百思买（Best Buy）需要 50 天，沃尔玛（Walmart）需要 40 天，亚马逊需要 30 天，无论从竞争角度，还是从盈利角度，差距立刻凸显。由于流程的低效，一个产品在货架上每多停留一天，价值就减少 1%～2%。

在所有来自于苹果公司的经验中，我相信流程设计和成功之间的关联是最重要的。为什么苹果公司可以做到，而其他公司却不能？史蒂夫·乔布斯是否有先见之明？蒂姆·库克是唯一一位明白拥有更好的流程就能每战必胜这个道理的工程师吗？

苹果公司对最佳产品和最佳流程的设计以时间为基准：上市时间、交付时间、解决问题的时间。正如之前提到的，在仓库里，时间的重要性无处不在，并能够被衡量。库存能够衡量物资和信息以多快的速度完成用户价值传递的流程。库存是时间的测量尺，因此最适合成为"时间代理人"，在物流流程中，库存是具体的、可视的，但是对流程思维来说，所有的流程都可以通过对"时间库存"的认识而获得极大改进，就像苹果公司一样。在交易流程、关系流程或知识流程中，我们有不断累积的时间或排队等待处理的信息。虽然这些不能被称作"库存"，但它们的服务目标是相同的——建立一个缓冲区，这对流程来说是一个干扰因素，是一种浪费，它所做的一切就是干扰流程。你或许会认为，既然现在没有库存，那么设想构建一个更好的流程可能毫无用武之地。然而，所有的流程都有库存，它叫作等待。例如，金奈的业务流程外包公司已经收到理赔申请，它要么等待处理，要么正在处理或已完成处理，但都仍在等待最终完成各自的批量，这就是在制品库存。时间库存是一项数额巨大的隐性成本。如果你拥有完美的线性流程，你就不需要库存，但由于你需要更多的时间使产品上市，所以需要搬运库存，你必须使自己不陷入供不应求的状态。因此，流程本身是带有缓冲区的，它会产生固有成本，当你开启流程思维时就会发现，这些成本明目张胆地隐藏在你眼皮底下。流程革新最大的机会来自于缩短时间，我称之为"被掩埋的宝藏"，我会在第 10 章中详细说明如何将浪费因素转变为宝藏。

智慧流程——苹果公司并非个例

许多企业正在做和苹果公司相同的事情，它们在并不被完全理解的流程设计领域探寻"宝藏"，却又都显得那么的井然有序，当然，能这么做的仅是少数。我曾目睹很多公司在绩效改进方面取得了不可思议的成果，从地下矿场到银行，从北极圈（芬兰）以南 2 纬度到横跨赤道（印度尼西亚）以北 2 纬度。在我看来这些公司有两个共同点：一个是其商业模式建立在智慧流程基础上；另一个是以井井有条且有效的思维件体系作为前者的驱动力。折扣零售〔沃尔玛和塔吉特公司（Target）是领先者〕占 75% 的零售业市场份额（美国最佳商店消费者报告，2012 年 6 月），是因为它们打破了传统模式，将零售业思维转换为分销思维，了解到加快供应链流程是成功的关键因素，并通过销量（产量）和前置时间降低了成本，这都归功于智慧流程。由此可见，折扣定价的商业模式十分奏效。

如今，我们购买的大部分商品来自于零售折扣商店。廉价航空公司通过折扣和快速过站时间打破了中心辐射状的空中交通系统模式，已经成为大众出行的主要选择。还有美国银行集团，虽然总资产仅排第六，位于摩根大通集团（JP Morgan Chase）、花旗集团（Citigroup）和美洲银行（Bank of America）等之后，但它也很好地体现了一个注重流程企业的成功的商业模式，该模式为储蓄、贷款、发放信用卡和提供健康管理咨询服务等平淡无常的业务创造了一个卓越的流程思维循环系统。丹纳赫集团也是一个典型代表，它虽然知名度并不高，却是一家十分成功的企业。它拥有超过 60 家子公司，多样化的业务，资产达 180 亿美元。我在观察了丹纳赫收购一家公司后，对这家公司的某个项目采取了第一步措施。有趣的是，丹纳赫集团的网站这么写道："丹纳赫这个名称寻回了它的词根'丹纳'（Dana），一个来自于公元前 700 年的凯尔特语（Celtic），意思是快速流动。"对我来说，如果你想要快速流动，你就应该使用流程思维。用它自己的话说，"丹纳赫成为第一家采用持续改进理念的北美公司，该理念来自于日语单词 Kaizen，即持续改进，并强调将流程思维应用在每个地点、职能和层级中构建策略、关注执行，并为用户和股东创造价值"。从名称起源到目前每日运行的思维件，由于它掌握了精髓，所以它成功了。

你卖什么不重要，重要的是怎么卖。

当然，新模式也会成为旧模式，竞争会带来一个又一个新模式而改变格局。因此，我想强调通常被忽略的却十分重要的第四个关于商业模式的问题——商业模式如何确保企业获得机会，着眼于未来的用户需求而进行持续的适应和创新？在零售业，最经典的例子就是亚马逊了。2013 年 9 月，《快公司》（*Fast Company*）杂志报道，哈里斯民意调查结果显示，亚马逊击败苹果成为最受信赖的公司。他们称"亚马逊搅动并重新定义了全球市场"，2012 年，亚马逊销售收入达到 610 亿美元，在线销售收入首次超过 1 万亿美元，其中亚马逊占有 5% 的股份。20 年间，亚马逊用户数量增至 2.1 亿，这其中最重要的不是亚马逊卖了什么，而是怎么卖。这归功于它的流程。为了制造更好的"捕鼠器"，它改进了流程，例如，使用特制的"爱点击"（iClick）预订应用软件刺激购买需求，用"订购省"（subscribe and save）服务代替正常补货。这是一家面向流程的公司，"速度"和"消费者便利"是其宗旨。以亚马逊 Prime 会员服务为例，用户只要支付 99 美元的年费，就能够免费享受当年不限产品和次数的两天送达服务。截至 2016 年，亚马逊在全球拥有 6000 万 ~ 8000 万金牌会员。亚马逊之所以有能力在这个层次上竞争，原因在于它在全球有 89 个配送中心，每个配送中心能够在 2.5 小时内完成订单配送，在全世界范围内，它每秒配送 309 件货品。亚马逊还在这些配送中心设立全职的流程改进小组，小组成员会不断试着将 2.5 小时的流程再次缩减。更能说明情况的事实是，虽然亚马逊 2012 年的销售额达到了 610 亿美元，但是 2013 年第一季度利润仅为 8200 万美元，这充分表明公司关注的是用户价值，而非股东价值。

美国西南航空公司的流程思维

以流程为重心的运营体系也是其他一些商业模式的驱动力，它同样被证明十分成功。回到 20 世纪 90 年代中期，我们可以从美国西南航空公司身上学到许多关于流程思维件的经验。西南航空公司的商业模式在全球催生了数百家廉价航空公司，如今，全球还有 100 多家公司自我定位为廉价航空公司，公司的快速发展以及对有经验的飞行员的不间断补贴（即通过破产保护和政府发放补贴）使行业的竞争力不断增强。即使西南航空公司如今的利润率很低（约 3%），公司也在绞尽脑汁进一步提高绩效，但它仍是流程思维的范例。赫伯·凯勒（Herb Keller）是西南航空公司的创始人，也是第一个认识流程思维的人。西南航空公司在廉价航空领域的霸主地位归功于应用了流程思维，这为它带来了运营效率的提升。两年时间内（1992—1993 年），它在加利福尼亚州的市场份额从 26% 增加到了 45%；它的飞行成本降到了每英里（1 英里约合 1.6 千米）7.1 美分，而其他主要航空公司需要 10 美分；它的每架飞机雇用 81 名员工，而竞争对手需要 150 名。西南航空的停机坪上，飞机的过站时间最贴切地证明了流程思维能够带来决定性的竞争优势。

折扣或廉价航空的低价抵消的是许多传统的旅客服务项目，这是一个大行业内的小行业。然而，西南航空公司将理念进行创新，20 世纪 90 年代，它采取了革命性的思维。自此以后，它成为西捷航空（WestJet）、捷蓝航空（JetBlue）、瑞安航空（Ryanair）和其他航空公司争相效仿的典范。然而，不是每个人都学到了点子上。初期就有一些效仿者痛苦地"坠机"了，因为它们不明白流程在获得和维持成本效益中的关键作用。记得人民航空（People's Express）吗？其失败的原因诸多，主因是其在没有改变基本商业模式的前提下急于发展廉价航空。例如，它试图在一些大航空公司占有绝对话语权的机场获得着陆权，而不是专攻小的航运枢纽。这意味着从布法罗飞往华盛顿的旅客最终只能在巴尔的摩降落。更重要的是，它没有试图改变流程中的一些关键因素，如停机坪的过站时间等本身占据巨大成本的因素。正好相反，它只是在削减成本而已，即简单地采取购买二手飞机、支付员工较少的薪水、减少预订座位、提供廉价食品、让大家在座位上挤一挤等方式。但是，削减容易削减的成本并不能实现最终目的，因为更大一部分的成本埋藏在流程之中。人民航空变成了"人民不幸"。为了参与竞争，它本该改变廉价商业模式内深层次的运营体系。但它没有，最终结果是硬着陆——公司因为财务困难，被美国大陆航空公司（Continental Airlines）收购。

西南航空公司负责地面操作的前副总裁比尔·富兰克林（Bill Franklin）明白，飞机只有在天上飞行才能赚钱，因此他和其他同事一起想办法，将飞机的进站和出站时间控制在 10 分钟内，这样 3 架飞机就能完成 4 架飞机的工作量。简而言之，就是让更多的乘客坐上更少的飞机。"10 分钟过站时间"意味着旅客走下飞机、行李卸载后，飞机立刻被清理干净，厨房立刻增加补给，油料装满，乘客在 10 分钟内登机完毕。这些步骤，同时期的大多数航空公司则需要一小时来完成。那个时候，一架飞机售价 5000 万美元，这会节省下巨大的成本。

西南航空公司的思维从一开始就没有局限于围绕职能和部门所构建的传统航空商业模式，但对企业中的员工则十分重视。因此员工能够很快地明白如何协作，让飞机在尽可能短的时间内起飞。例如，客运操作员甘愿承担数不清的任务，包括装卸行李、清理垃圾和帮助旅客；空乘和飞行员会自愿前往停机坪帮助清理飞机，以更好地了解停机坪地勤人员的工作内容。一些人这样描述道："就像一个四处无人之地突然间跑过来一大群人，好像一个蜂巢开始嗡嗡作响……他们突然涌入，等你反应过来，你已经登机了。"好处不仅如此。由于只购买一种型号的飞机，西南航空公司可以节省培训时间和改进在岗培训，同时，花更少的成本培训飞行员、空乘和机械师。对供应商来说也是如此，因为安装同型号的厨房和座位，数百万美元的物资更换成本便被节省下来了。就像所有类似的模式一样，西南航空公司的模式把对员工的高度尊重居于首位，同时，它的扁平化流程使员工能够自由流动，为用户传递价值，而不是被严格的规矩和愚蠢的政策约束。有意思的是，波音公司（Boeing）最近的一项研究《计算机模拟在减少航空公司过站时间的角色》（*Role of Computer Simulation in Reducing*

Airplane Turn Time）发现，旅客登机速度自 1970 年至今减缓了 50%。原因或许包括优先登机旅客的名单过长，携带上机的行李太多阻塞了通道；然而，美国有线电视新闻网（CNN）的《商务旅行家》（*Business Traveler*）节目曾经指出，更快的登机时间意味着航空公司可以省钱——每分钟节省 30 美元。

　　比起你的产品和服务，商业流程才能最准确地预测竞争、盈利和超越对手。

流程思维和流程思想

　　像大多数事物一样，关注流程从思想开始，思想从流程思维开始。这并不是指我们从来没思考过这些事情，实际上我们常常在进行大量思考，只是我们不善于改变固有思维方式。我们相信自己愿意相信的，知道自己所知道的，但我们无法知道自己无法知道的。因此，如果一些事物并不明显或没有被了解，我们更愿意继续遵循现有的、毫不费力的思维方式。因此，尽管有证据显示我们所知道的是错误的，我们也不会向新思维敞开怀抱，而是继续留恋于"舒适区"。多伦多大学罗特曼管理学院（Rotman School of Management）院长罗杰·马丁出版的《相对思维》（*The Opposable Mind*）一书阐述了领导者们如何打破这种条框："……有能力同时容纳两种相互矛盾的想法……能够构建一个优于任何一方面意见的综合思维。"他把这种思维称作整合思维，即思考和综合的流程。这就是流程思维的一部分。举个例子，当我们提到速度，通常会认为速度和质量是相互排斥的，但是新思维件认为速度和质量两者是一体的，是相同的。同样，尊重员工和生产率也是相同的，安全和优越的性能也是相同的。长期以来，流程思维所面临的对立因素就是认为速度（流程）和效率（低成本）是互相排斥的这一先入为主的看法。这样一来,传统企业就会试图优化职能以提高生产率。然而,我们明白如果优化了流程(不受限制的职能效率更低),我们就能获得更高的生产率(即金奈 BPO 项目)。

应用流程思维能够更快地满足用户需求。

下面这个例子体现了流程思维的应用。

将四个人组成两个组,每个组两个人,直线方式并排坐下,每个小组的第一位成员面前摆着四张空白卡片。A 组定义为"垂直化的批量思维"小组,A 组的第一位成员在四张卡上写下所有人的全名,接着以批量方式将四张卡片一次性传给第二位成员。第二位成员完成同样的任务后把卡片传给第三位成员,直至完成。B 组定义为"扁平化的流程思维"小组,B 组的第一位成员在第一张卡片上写下所有人的名字,然后将卡片传给下一位成员,接着重复以上流程。同时,第二位成员在第一张卡片上写下所有人的名字,然后传给第三位成员,以此类推。你可以猜到,B 组完成任务(即满足用户需求)的速度比 A 组快出一个数量级。不同点是什么?答案是:流程思维的应用。

仔细思考

对的问题、错的答案,远比错的问题、对的答案要好。

一个球和一个球拍的总价为 1.10 美元。球拍比球贵 1 美元。那么球的价格

是多少？大多数人的第一反应是"10 美分"。别沮丧，一组普林斯顿大学和密歇根大学的学生中，超过半数都选错了。为什么呢？因为 1.10 美元可以分为 1 美元和 10 美分，这是我们的大脑习惯默认最简单、最熟悉的答案。对于我们所熟悉的垂直化企业结构也是如此，它只是简单地将职能和部门、专家和工人之间的思维和行动分开。这通常被称作条块分割思维，这种思维会导致企业牺牲整体利益来实现对部分的优化。位于犹他州的软件公司 AtTask 曾经进行过一项调查，50% 的调查对象称，来自条块分割的各部门的信息是数据管理中的最大挑战。我们对条块分割思维的传统反应是各种会议，它通常被称作"行尸走肉者们的监牢"。调查结果还显示，74% 的人认为开会浪费时间，他们会在开会时做其他事情。会议、越来越多的电子数据表、备忘录和报告等都是职能分割的企业为应对异常状况所作出的努力。分割不仅仅隐藏了正确答案，也欺骗了我们，使我们误认为错误的答案是正确的。在这个案例中，正确的答案是 5 美分。

正确答案难以察觉，我们必须付出努力。我们得出错误答案，因为它简单、容易、能更快被合理化。普林斯顿大学伍德罗·威尔逊公共和国际关系学院（Woodrow Wilson School of Public and Internationl Affairs）的丹尼尔·卡尼曼（Daniel Kahneman）教授，同时也是《思考，快与慢 》（Thinking Fast and Slow）这本开创性著作的作者，他警告我们不要将这个棒球疑问看成一个有意捉弄人的问题。他说："人们不习惯用力思考，通常满足于那些很快进入脑海的、貌似合理的判断。"令他获得诺贝尔经济学奖的研究正是"揭露了在决策制定过程中，管理者的逻辑不连贯性更像是一种规律，而不是例外"。管理者所犯的"不理智的错误和持续的错误计算"是他的研究重点。这支持了我们的假设，即流程思想和流程思维要求人们具备努力思考的能力。这也正是为什么大多数企业无法成功的原因。构建流程结构比较简单、直接，但是使用流程思维却是高难度的工作。它需要跨越传统部门之间的藩篱，即管理人员的权威影响力，到达职能与职能之间的"空白格"，在这里，一个人必须在没有权威影响力的前提下施加影响。后者是更为困难的工作，也是很少有人能够掌握的技能。领导者掌握流程思想的方法就是将自己看作毫无权利的人，然后再进行领导。

旧思维件犹如胶水

　　ABC 是一家位于一座美国大城市郊区的制造商，在全国拥有工厂。ABC 胶水（ABC Adhesives，名称已改）现在在思维上已实现了巨大转变，但它曾经面临的情况正如公司的首席执行官阿兰（Alan）所说："人们现在在做的是我们学到的流程的 85%。我们了解流程，但这还不够；我需要 100%。"于是我继续参与他们的工作，阿兰说我的角色是"持续提供干扰性的新思维件，帮助他们发现最后的 15%。"事实上，无论在什么时候，我都能确保流程的重要性始终是重中之重，我得使他们相信一条原则，即最重要的工作就是改进流程。

　　ABC 最初制造胶水和密封胶，如填缝胶水，它的工作流程就像将各种食品混合在一起的化学流程。之后，公司开始生产用于管道、浴盆、提桶的胶粘合剂。当我第一次来到主厂区时，我发现无论走到哪里，所见到的都是大量的旧思维件，它们从传统的、自上而下的内部导向，以及生产率和财务的角度看待事物，而不是从外向的、用户的角度。为此，我们将从一个 2000 万美元的产品流程着手（即模型或示范生产线），来看一看扁平化流程是什么样的。第一步是改变工作目标。我得让他们明白他们不是在做一桶一桶的胶水，而是为那些不愿意购买把什么都混合在一个桶里的用户制造产品，因为用户更愿意购买管道、浴盆、提桶等这些有助于新家建造和装修的产品。接着，我们来看一看绩效指标。ABC 的主要绩效指标是每磅胶水的劳动力成本，可我认为这个指标和用户需求之间是脱节的。用户要买的不是一磅又一磅的化学混合品，为什么要用它来衡量劳动力构成？我们该做的不是衡量劳动力构成，而是测算让用户感到满意的产品的数量，即测算管道、浴盆、提桶的产量。于是，该公司设立了一个可视化管理流程，也是一个新的指标：装满的运货板数量。我们选择运货板是因为它们的规格相同，而管道、浴盆、提桶的规格却不尽相同。每一次，当一个运货板推出来，他们就开始计算。一开始，这个新流程让阿兰感到焦虑，因为自公司成立以来，他所采用的一直是劳动力成本测算方法。但是，他决定做个实验。

这是巨大的突破。

最初，他们设立的目标是每班值 60 个运货板。实验开始的第一轮，每班值 30 个运货板。第二轮，39 个，然后，40 个，最后 50 个。到第 50 个时，他们分析了偏差因素（即问题），思考问题为何产生，然后着手解决问题。在 8 周内，他们持续地实现了每班值 60 个运货板的目标。按这个生产水平，他们在 4 天之内就能满足用户需求。因此，问题变成了：到了第 5 天，他们该做什么？阿兰的第一反应就是减少班值和员工总数（劳动力成本）。这就是错误思维——旧思维件。

过剩产能是机会而不是浪费。

起初，问题在于生产流程无法满足 5 天的需求，当这个问题被解决后，旧思维件随即卷土重来，并指出最明智的做法应该是减少产量，特别是在他们无法立刻增加需求的情况下，过剩产能被视作浪费。我告诉阿兰，如果你削减劳动力，就会失去目前取得的一切成果。首先，具备流程知识和解决问题能力的员工一旦离开，你的流程将立刻受到影响；其次，改进你的流程、为你带来更多利润的员工会开始想：“我会得到什么样的奖励？”对于他们来说，对改进流程所做的贡献却成了被解雇前的最后一次努力，这不合理。因此，我们所做的（即另一种管理学习经验）就是用 4 天时间进行生产，在第 5 天关注增加的需求以满足新的产量。

阿兰的第一反应很典型——旧思维件。这看起来是件自然而然的事。如果你无法立刻消化多出的 20% 的产能，你就应该减少产能。很多制造业的首席执行官或副总裁会想，现在我可以在报告中说，我节省了 20% 的产能，有何不可呢？你可以这么做，但是你将永远不会再取得同样的成果。你想要做的其实是不断重复——再一次缩减 20% 产能，或到另一家工厂重复流程。这就是 ABC 所做的——使全国工厂均减少了 20% 的成本，同时在没有任何人被辞退的情况下，每年节省了 1200 万美元。第二年，ABC 提升了生产能力，能够更快地（更短的前置时间）、更好地（高质量）完成交货，使流程思维刺激而生的产能得到利用。随着产能的提升，ABC 开始关注各个工厂以便更好地挖掘需求，并继续让员工解决问题，持续改进各自负责的领域。这就是每日都在进行着的持续改进。

尊重员工是极其重要的。我曾经说过"员工是企业的心脏和灵魂"，这句话得到了众多首席执行官的认可。接着，我问他们："如果你尊重你的员工，你又怎么能给他们一个差劲的流程？最糟糕的是，不征求他们的意见如何作出改进？"差劲的流程是不遵守"尊重员工"原则的真实体现。最高形式的尊重是请员工提供帮助。因为员工参与了流程，他们了解流程，能够解决流程中的问题，因此由他们来采取行动是很合理的。我将在第 5 章中探讨这个重要话题。正如在引言中提到的，尊重员工就是坚信员工有权利在每一次工作活动中获得成功。工作的艺术在于找到问题并作出改进，在一种只想着解雇员工的企业文化中，这是很难实现的。

ABC 胶水公司掌握了流程思维的要点，实验过后，他们明白重新设计流程的要点不是裁减员工，而是用同样数量的员工来增加产量。他们能做的唯一方式是尊重员工，请员工来说明该怎么做。员工能够提供帮助的主要原因在于现有的流程令人厌恶，他们自然明白这一点。阿兰作出承诺，公司能够了解流程的关键作用，并承担员工在流程改进过程中带来的预期风险（实际上并没有发生风险）。流程思维现在已经渗透进 ABC 的各个工作场所，前线员工持续地确定、消除及学习偏差因素，接着再次进行实验，持续地制作更好的"捕鼠器"。在最初的示范线上取得的成功（2000 万美元生产线上的实验）展示了流程创新的作用（见表 2-1），它说明了对用户价值的关注能够通过什么方式产生财务价值，也说明了如何尊重员工，而不是解雇员工，以及如何让员工持续地改进流程，由此实现流程创新、产品创新和生产率的提升。

表 2-1　ABC 胶水公司的绩效改进

采用流程思维前	成功指标	采用流程思维后
需求 > 供给	用户体验	供给 > 需求

（续表）

采用流程思维前	成功指标	采用流程思维后
30	产量（运货板／班值）	52
16.10%	完美订单（准时、足额）	93%
200 万～ 400 万美元	存货（未运送货物）	0 美元
4 周	前置时间（高峰期）	5 天
超出预算 30 万美元	质量（产品废料）	预算内
1.1	库存周转率（原材料）	10.7
1.3	库存周转率（成品）	9.1
流程之外	安全性	流程的一部分
	生产率（每个员工的产量）	提高 73%

注：采用流程思维 18 个月后得出的结果。

前车之鉴

　　威廉 · 拉让尼克（William Lazonic）在其发表的《不断变革的苹果商业模式：全世界最富有的公司应该如何处理所有利润》（*Apple's Changing Business Model: What Should the World's Richest Company Do with All Those Profits?*）这篇文章中说道："苹果公司正在经历一场个性衰退……股东价值思想占据上风，现在的库克及其团队倾向于价值提取胜过价值创造。"这样的资本使用方法预示着"管理层缺乏激励措施或关于支出的规划，例如研发投入或员工发展……他们通过出售股权而不是那些个性化且绝无仅有的技能获得奖励"。苹果公司所经历的一切尚未定论，但是借用沃伦·巴菲特（Warren Buffett）的原则，我想说，我们不能总靠抬高股价做生意，我们必须确保实现正在努力创造的长远价值。迈克尔·戴尔（Michael Dell）将他的上市公司戴尔电脑私有化的原因之一是他希望公司更加关注长远利益、更具创新活力，而不是总盯着股价。流程思维和以流程为主的商业模式在创造和维持长远股东价值方面十分关键，因为它们关注每一天用户能获得多少价值。然而，由于管理层的激励措施和流程思想产生错位，公司或许会逃避流程思想所规划的长远蓝图，它们甚至怯于投资现金，尽管这些现金放在银行的利息几乎为零。一项研究表明，在商业活动中，高管们将期权视作薪酬待遇的一部分，兑现时间一到（即有资格兑现），研发投入就会下降，资本性支出和广告的投入也会减少。这项研究还发现，当股权即将兑现时，公司更可能实现近几个季度的最高盈利目标。高管们是否为了获取利润而牺牲短期的用户价值和长期的企业繁荣？

第 3 章
历史总是相似——何其不幸

> 若不改革商业流程设计，持续改进是不可能实现的。

500 年理论

> 必须记住，没有比创建一个新系统更难计划、更难成功、更危险的事了。所有那些老体制的受益者对于革新者持有敌意，而新体制的受益者也只是温和的辩护者。
>
> ——尼科洛·迪贝尔纳多·代·马基雅维利（Niccolo di Bernardo dei Machiavelli 1469—1527 年），《君主论》（The Prince）作者

俗话说，"聪明人能够提出难题，更聪明的人能够深刻地问出简单的问题"。

你可以判断一下以下问题简单与否。

正如我们在前一章所说的，如果一种商业模式的成功取决于企业是否具备设计和驱动以流程为重心的商业模式的能力，以及是否具备扩展流程思维的管理能力，企业只有具备这样的能力，才可将模式落到实处。那么，在绩效改进呼唤变革时，为什么有那么多的企业并没有快马加鞭地采取根本性变革？

这个简单的问题早在 500 年前就有人作了回答，然而，放在当今，它依然是个难题，因为只有极少数人能够深刻地明白答案，因此，必要的变革并没有得以实施。

1513 年，马基雅维利在《君主论》中提到，为什么在殖民地（企业）占领国土的新君王想改革行政流程（引入新的管理变革计划）却几乎无法产生实际的改进？他的结论是：现有系统比新系统更强大。

如今，与此相关的问题是：在持续的流程改进所产生的真实效果中，究竟有多少真正实现了当初设定的预期目标？答案是：极少数，尤其以投资回报率计算时，更是如此。诸多研究不断提及精益体系和六西格玛的失败率是 60% ~ 74%，这些失败率和其他类型的流程改进工具相差无几。最近进行的一项针对高管的问卷调查的结果表明，75% 的公司正在实行持续改进计划，然而，只有 58% 的公司获得哪怕一点点的财务成效，70% 的公司认为它们的计划需要全面整顿。总体来说，失败率可高达 70%，即使是高度专注于单一目标的持续改进手段，例如质量管理小组（我们在 20 世纪 80 年代接触流程思维时接触的首个概念），在面对"所有那些老体制的受益者"时也无法取得持续进展。在美国，1982 年启动的质量管理小组计划中，有 75% 的计划都在 1986 年被取消了。20 世纪 90 年代，流程再造运动席卷商业圈并蓬勃发展，在 1994 年达到顶峰。根据霍萨姆（Holtham）的一篇文章及一本由考森（Coulson）担任编辑的书所述，这项运动后来蔓延到公共服务领域，可到了 1997 年，这个热门一时的话题就消失得无影无踪了。结论很明显，将这些以流程为重心的规划嫁接到按照职能而设计的结构中是行不通的。这些努力就像减重计划，开端通常是良好的，参与者也能够在初期满怀激情，并取得进展，但是到最后却没能产生持续效果，参与者失去激情，重拾旧习。

我并不是说绩效改进项目是完全无效的；事实上，从理论上说，大多数时候，每一个项目事先都经过了科学、周密的研究，也都有清晰的阐释。著名作家、演讲家、培训师和顾问赋予每个项目极大的公信力，他们的成功经验告诉我们，工作满意度和生产率改革能够使利润大幅增长。然而，由于改革计划意在嵌入到企业的传统商业模式中，而企业的免疫系统由诸多根深蒂固的政策和流程构成，因此，它鼓励"身体"发出拒绝信号。问题并不在于项目所采用的管理学理论，而在于当遗留下的企业结构与敷衍了事的管理思维相结合时，变革的努力是注定要失败的。要使变革计划奏效，需要另一种完全不同的管理理念——新思维件。新思维件是一种企业文化，其主旨就是流程思维、流程作业、确定并消除干扰流程的因素并解决问题。若不改革商业流程设计，持续改进是不可能实现的。历史已经证明，其他任何试图激发改进的工具都是武断的，它们注定失败。

打破固有的忠诚

企业要实现改进必须先改变管理视角，而不仅仅是简单地改变具体操作。企业需要改变本能反应，推论出做生意的方式，这意味着管理层要消除对学习的抗拒，并培养流程思维；这也意味着企业要认同马基雅维利所说的，要打破企业内所有人对职能的忠诚，从而忠诚于能够传递用户价值的商业流程。21 世纪管理学中，我们用于改进企业绩效的大部分措施只是对旧时期政府架构的延续，是一个长达 500 年的延续。现在，让我们把经济或会计思维放到一边，从历史学家或政治学家的视角观察企业吧。

马基雅维利曾是佛罗伦萨共和国市政第二厅的秘书，他是第一个尝试改变组织绩效的管理顾问。作为一名顾问，他的职责是通过应用最新的管理理念来避免"慢速变革"，在组织内施行新的规则，在那个年代，这指的就是政治学。

他解释了为何企业对适应变革感到如此艰难，这也是当今许多经理在尝试领导持续改进计划时面临的挑战。因此，经理个人对于现有体制存在偏好，同时对新事物缺乏信心，马基雅维利在《君主论》中讨论的正是如何改变这种现状并取得和维持组织的成功。人们并不会轻易摒弃存在多年的惯例，500 年以后，马基雅维利的观察依旧是正确的。如今，尽管"不适应就淘汰"这一真理已毋庸置疑，但管理层依旧紧抱现状。那么，为什么实施持续流程改进计划的企业依然无处不在？因为企业想要更新和改进，而这类计划是必要的企业管理工具。然而，当对现状存在固有偏见时，这些工具和技术对促进创新和绩效改进的作用微乎其微；职能优化、政策和体系偏向于支持零风险的改进计划，进而实现上级下达的短期财务绩效要求。这种现状就像一只披着羊皮的狼，它抱有执拗的教条，即在行动之前得证明方法有效，它来自于对失败的恐惧。

面对项目失败的窘境，马基雅维利提议对变革者给予奖励，即给予他们无上的荣耀，同时"击垮"反对者，由此一来，对抗的天平便偏向了成功一方，这里不存在灰色地带。他观察到，如果企业不能完全清除反对者，那么任何改进努力都将付诸东流，而且企业还得花很大力气安抚这些"唱反调的人"，直到他们反抗到精疲力竭的最后一刻，最终不得不屈服。听起来是不是感到耳熟？马基雅维利建议君主重用忠诚的领导者（流程信仰者），用他们代替"变革行动的敌人"（即职能经理们），每一位领导者负责 1 ~ 2 个商业流程（即价值流程经理负责所有向用户传递价值的职能），并且具备"击垮"（推翻）所有职能或部门"统治者"的权力。例如，忠诚于部门预算和佣金目标的职能化销售经理或许会被专注于流程、关心用户并致力于挖掘用户需求的领导者取代。这是权宜之计，也是一种节省成本的做法，在这场变革中唯一会感到不悦的就是前任职能化经理们，因为他们的工作被人取代了。由于他们不再属于企业，也就无法再制造麻烦，余下的价值流程中的员工也不会发起抗议，毕竟他们的工作保住了。虽然他们对扁平化流程还留有一丝忠诚，但是看到被解雇的前任经理们，他们便立即加入新的队伍。因此，当持续的流程改进项目开始施行时，在任者要么热烈欢迎鼓劲，要么被辞退。毕竟，任何一个坚持下去或主动适应的员工都会对遗留下的职能（部门）保持忠诚，于是他们会暗中捣乱，让新制度无法实行，与此同时，他们会继续保持政治立场，并在领导的面前点头表示支持。这也是为什么大多数人对马基雅维利的口号所暗示的犬儒式做法表示反感，那些口号指的是诡计多端和欺上瞒下的计策，也就是大众所说的"为达目的不择手段"。

关键不在员工，而在职能

毋庸置疑，马基雅维利式的震撼手段要是放在今天，就违背了我们所学的现代变革管理理念，因为单方面的解雇不仅仅违法，还不道德。然而，我们从中学到的教训却很深刻。马基雅维利的方法是对的，我们必须清除旧的事物，为新的事物腾出位置。不彻底清除条块分割这种在旧企业结构中根深蒂固的思维，改进的努力过程就会一直遭受重挫，进而导致流程思维将无法演化和发展。但是我们也要清楚地认识到，我们需要清除的不是员工，而是导致职能失调的阻碍因素，它们犹如一座横亘于流程洪流之中的大坝，需要爆破拆除。因此，在制定马基雅维利式的解雇方案时，企业必须明白，需要被"击垮"的是职能和毫无附加价值的活动，而不是员工。这才是当今时代对马基雅维利原则的正确解读。关键在流程，而不是员工。

然而，在以流程为重心的企业内，这项原则必须建立在两个基本要素之上：（1）消除浪费和持续改进原则；（2）对员工的珍视，也就是充分利用人才。商业流程的持续改进意味着了解用户价值传递体系，以及体系内的偏差（对流程的干扰）幅度和产生偏差原因。由于我们对流程运行情况的了解是有限的，因此有必要使员工全身心投入到这个体系中，无时不刻地矫正偏差。这是强制性的，也是"尊重员工"原则的体现，它意味着企业不会把碎片化的流程交给员工，因为这样的流程是不可能成功的。同时，它也意味着当偏差因素或异常情况出现时，企业赋予员工发现偏差因素的能力，以及纠正异常情况的意愿。回想一下，以流程为重心的企业就是一个思维件运行平台（循环体系），每个员工都可以目睹价值传递给用户的流程，获取信息、权威以及技能来及时弥补流程中的漏洞。

幸运的是，为了实现有效的绩效改进，马基雅维利主义的当下版本并不要求我们解雇员工，这意味着打破职能条块分割以及相关思维，因为后者阻碍了员工的学习能力，以及观察整个端对端流程、始终着眼于用户的能力。员工不是问题，糟糕的流程才是问题。ABC 胶水公司没有通过裁员实现绩效改进，它只是精简了一些方式。

> 卓越的流程管理是我们的策略。我们从普通人对卓越流程的管理中得出了不起的结论。我们发现，竞争者通常只注意从优秀的、管理碎片化流程的人才中获得平均水平线上（或更差）的结果。
>
> ——丰田公司首席执行官

500 年以后，人们对马基雅维利的解读和应用主要聚焦在阻碍流程改进的两个因素上：首先是战胜我们自身不愿或不想放开职能结构的意愿；其次是我们有必要消除管理层对于构建流程型企业的抗拒意识，使他们明白这样的企业能够获得成功。两者都需要在视角上树立着力点，即管理者如何观察和思考企业，他们对变革的态度和以前的管理直觉、管理思维是相互冲突的。传统上，管理实践要求企业具备良好的信息收集能力，能够根据事实和数据作出决策，以及根据长期有效的可靠流程进行活动，由此遏制或隐藏问题。反之，流程思维注重实验和探索，因为这个过程会暴露问题，从而使问题得到遏制。可大多数管理者们并没有受过关于如何探索流程思维的培训，因为探索过程无法被归纳成一条条规矩或一本说明书。探索更多的与直觉有关，它要求人们看到硬信息背后的信息，这需要大胆的直觉。这也是丹尼尔·平克（Daniel Pink）在他的书《全新思维》（*A Whole New Mind*）里说的："……艺术硕士是新一代的工商管理硕士。"他还说道："如今，我们身处艺术商业之中。"未来属于一群思维截然不同的人，例如艺术家、发明家、讲故事的人和具有创造性和整体性思维的右脑思考者。平克指出，工商管理硕士专业的招聘需求自 1993 年以来大幅减少，更多的艺术类毕业生承担了企业的关键岗位，因为这些人具备更好的了解流程思维的能力。当管理层问"我们能否证明这种方法奏效""我们如何能够确保结果符合预期""我们有什么证据证明它管用"等类似问题时，我们就会感到实验和探索的前行之路是何其困难。然而，实验只能由未来验证。如果管理层的所有决策都是根据过去的经验来预测未来，那么这些实验实际上已经过时，由于它无法暴露流程中的问题，因此更无法解决问题。浪费将继续被掩藏，现状将继续维持。

问题的关键是我们不能也不愿意放开职能结构。在我开始深入阐述企业设计阻碍之前，让我们先看一看我们该如何实现目标。在当前的商业结构下，我们是怎么让整个端对端流程成为各个零碎部分的手下败将的？答案是：职能的有效性（局部最优化）比优化用户群体的价值更受重视，我们将思考和执行分割开来，根据实践作出决策。因此，流程思维被埋葬。

流程思维不是新鲜事

彼得·德鲁克（Peter Drucker）将汽车制造业称作"工业中的工业"。在过去的 100 年中，汽车工业改变了我们的生产方式。亨利·福特做了多年实验，最终战胜了应用多年的制造方式，将生产从手工作坊式制造的世界中解放，降低了成本。这种降低成本的创新做法的原则很简单，就是让工人更好地投入工作，而不是把工作塞给工人。创造一个流程，让流程自由流动，清除障碍，确保流程顺利展开。

1913 年年末，在密歇根州高地公园（Highland Park）的第一条汽车流水装配线上，汽车底盘从地面上被吊起，工人们随即开始装备零件。制造一台 T 型车（Model T）的组装时间从原来的 12 小时缩短为 6 小时。一年后，汽车流水装配线上已经可以在 93 分钟内生产一辆福特 T 型车了（之前需要 720 分钟）。流水线使得汽车成为大多数美国人可以负担的商品，一辆 T 型车的价格从 1910

年的700美元降到1917年的350美元。流水线（即注重提升用户价值的流程改进会产生令用户和股东都满意的财务结果）流程实现了满足用户需求的目标，同时实现了能带来盈利和满足股东价值的"工艺"标准。亨利·福特常说："付工资的不是老板，老板不过是处理金钱；真正支付工资的是用户。"

流水装配线是亨利·福特思维的具体表现，自1980年起，福特和他的团队就开始采用流程思维，暴露流程阻碍，创造了一个扁平化的横截面视角，将传统职能全部清除。福特具有流程思维，他不断进行实验、探索和学习如何缩短时间。他没有提出需要保护现状的证据，虽然他也常常失败……但这些是有成效的。通过做实验，他成功地在93分钟内制造一辆车，还实现了许多创举：

- 零部件的可互换性（量产的首次应用）；
- 专用测型仪用于发现有缺陷的零部件；
- 在流程序列中采取定位技术实现单件流水作业制造；
- 标准化作业和可精确重复的生产周期；
- 原始的拉动系统用于零部件供应。

福特相信，唯一的、真正的错误就是学无所得。所有这些要素在之前或多或少地以别的形式被尝试过，但是只有将它们整合，并将持续流程视作端对端流程的核心，生产率和生产周期才能实现量的飞跃。

> 虽然有时候我们难以意识到这一点，但生活就是一系列实验，每一项实验都使我们更加强大。创造这个世界的目的在于开发个性，我们必须从挫败和悲痛中汲取教训，这样才能更好地向前发展。
>
> ——亨利·福特

但是，从另一个角度来说，福特失败得彻底。虽然他将流程思维的诸多元素整合为一体，但是他从未创造一个拱形体系——一个基础性的思维件体系，来支撑他的商业模式，因此他没能将所有要素整合，也没能使他的方法持续。他没有为循环系统（即他没有赋权于工人，使其作出改进，并且未对持续改进下定义）的健康运转开出正确的"食谱"和"处方"。因此，当多样性不可避免地出现时，他无法及时学习和适应。T型车仅限于一种颜色和一种规格，一直到 1926 年，所有的 T 型车底盘都是一种规格。福特离开后，其他人用目标管理体系代替了他创立的流程管理方法，替代模式沿用至今。替代模式得以成功的前提是零部件的优化，而不是流程的有效流动性。汽车制造商对多样性的回应（制造许多模型为用户提供多种选择）就是倒退回碎片化的流程部分，在每个步骤之间花费的时间越来越多。随着机器体积越来越大，他们建立了更大的批量、干扰了流程、增加了库存和产出时间。如今，福特汽车公司回归本源，试图采用以流程为重心的管理方法，它并非特例。20 世纪 90 年代初期，波音 737 型飞机的生产流水线遵循了应用许久的惯例，飞机各部件在固定位置由工人组装，垂直化结构使组装时间超过 30 天。现在，在流程思维的带动下，他们使用了移动式流水线用于飞机组装，将制造一架飞机的时间缩短到了 8 天。

丰田的"思想"体系

提到流程思维的强大助力（包括它所蕴含的持续改进元素以及对员工的尊重），丰田是当之无愧的优秀范例，因此这家公司也毫无争议地成为了全世界最伟大的汽车企业。尽管从事的是具有周期性的汽车制造业，但丰田实现了连续50 多年季度净收益率的持续增长，丰田生产系统的优越性可见一斑。如此成就足以令丰田成为典范，也说明流程思维可以向企业学习，并融入企业。几十年以来，丰田的同比销售额不断增长，利润超过所有其他的汽车企业总和，其资本总额超过大众、福特和克莱斯勒三者之和。除了丰田家族公司，还没有任何一家企业能够如此地接近并符合丰田的卓越表现。最初，丰田喜一郎（Kiichiro Toyoda）、大野耐一（Taiichi Ohno）与同事们观察到企业受到多样性方面的挑战

（即大批量定制化），他们发现，一系列简单的创新活动或许能使流程运转更具有持续性，亨利·福特就是第一个"吃螃蟹"的人，除此之外，这些活动也能够保持产品供应的多样性。他们认为，可以将多样性与用户需求相结合（成本和质量）。他们修改了福特早期的思维方法，设计了丰田生产系统，着眼流程整体，将关注点从对单台机器及其使用转移到生产流程上。有趣的是，其实早在19世纪90年代，简单的流程思维创新就已经深深融入了丰田生产方式之中，这种思维有时被称作丰田思想系统（Toyota Thinking System）。当时，发明家丰田佐吉（Sakichi Toyota）设计出一个手工操作织布机并申请了专利。这台机器极大地提升了个体劳动生产率和产品质量。20世纪20年代，丰田佐吉的儿子丰田喜一郎（Kiichiro）为织布机设计了新的功能，包括改进织布机制，当织线断的时候，织布机立刻停止工作，这个概念也被称作自动化（Jidoka）和防误防错，他也为此申请了专利。自动化是尊重员工这一原则的开端，它使员工能够直观地发现流程中的干扰并着手解决问题。这是流程思维的根本支柱，因为流程思维的宗旨就是暴露流程中的问题。自动化理念认为，偏差因素一经发现，具体流程（在计划范围内）的生产可以通过将其暴露和消除而得到改进。这并不仅仅是又一种批判性思维，要战胜管理层不能或不愿放弃职能结构和惯例的态度，它的作用不可或缺。这是真正意义上的持续改进（暴露流程中的干扰，使员工愿意并且能够针对干扰提出对策），也是流程思维在汽车行业的精髓，是所有商业行业的本质。它简单、直接且容易执行。

> 简单可以比复杂更难：你必须花很多力气去让你的思维变得简单、有条理。但最终它的价值非常大，因为一旦你到达了那一步，你就可以撼动山脉了。
>
> ——史蒂夫·乔布斯（1955—2011年）

精益生产

或许在我们的知识体系中，与流程思维件最接近的概念就是精益生产了。精益生产是一种商业体系，它通过正确理解终端用户的观点、消除浪费行为来确定价值，使其余行为能够为面向用户的持续流程增添价值，然后对企业进行组织和管理。精益生产需要满足两个条件：第一，企业从垂直化结构转变为扁平化流程结构，且在最初使用的流程上开展实验是最好的方法；第二，要有一条示范生产线，即一条 1 英寸（约合 0.025 米）宽、1 英里（约合 1.609 米）长的价值流程。这两个条件我们将在之后的几章中详细阐述。然而，如果我们回头看一看福特和丰田的经验，就能够更好地了解以流程为重心的企业理念了。精益生产不仅仅关心员工如何工作，更关注企业如何设计流程以及如何满足用户需求。精益生产即为企业构建扁平化流程，从而使价值流动，它有时候也被称作价值流程、持续处理流程或单元生产模式。无论如何命名，精益生产的实质就是一套解决问题的思维，它根植于流程思维之中。精益生产要求企业具备流程思维，从而构建持续的价值流，从客户提出要求到客户服务的过程中，价值流不受任何干扰。流程思维件的大部分核心理念来自于亨利·福特的思维理念，即一件商品在工厂的时间越久，它的成本也就越高。

图 3-1 列举了从传统的垂直化"批量和排队"设计迈向不受任何干扰的持续

· 将员工和设备以适当顺序排列
· 设计员工和设备之间的最小距离
· 开启流程，一次移动一个部件
· 将员工和设备 / 工作站分开
· 培训员工，使他们能够处理多重任务
· 按照消费速度生产
· 平均分配工作

图 3-1　构建持续流程的七个步骤

流程的七个步骤。前者虽然对分散职能进行了优化，但却无法保证流程的持续性。把这些分散职能想象成河流中的大坝，只有通过这七个步骤，阻塞物才可以被清除。

针对每一个步骤的应用，图 3-2 到图 3-5 呈现了直观的转变成果。这些步骤是一项实验，通过不断暴露和解决问题来为员工提供持续的学习和适应机会。

图 3-2（第一阶段）描绘了传统的"批量和排队"的组织设计，每个部门对下一个部门进行供应（如部门 A 向部门 B 供应，部门 B 向部门 C 供应，等等）以完成每个单独任务，每个部门都是彼此隔绝的。

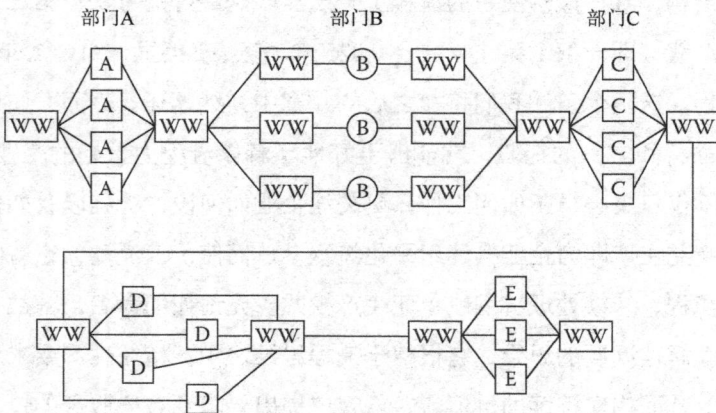

注：WW= 浪费的等待时间

图 3-2　步骤 1

图 3-3（第二阶段）描绘了以流程为重心的企业的最初状态。从五个碎片化部门（A-E）选取一单位人力资源（即一名操作工人），将他放置于流程之中。每个操作工人对职能部门（即部门 A）的忠诚转移到了对终端用户（A、B、C、D 或 E）的关注上来。一段时间以后，我们可以用三名员工从事流程生产，而不是之前的五名。职能部门之间"浪费的等待时间"减少了，"批量和排队"中的工作量减少了，零部件（部门）得到优化，工作量得到提高。持续的流程模式的目标正是通过生产下一个部门恰好能够消耗的物资来减少等待时间，使资源能够合理配置，并且当流程的"限制因素"出现时，能够立刻将其取代。

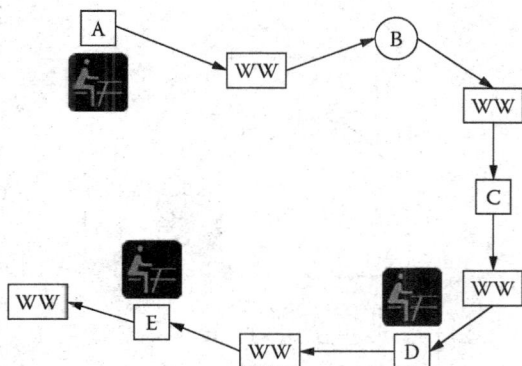

图 3-3　步骤 2

　　图 3-4（第三阶段）描绘了消除浪费、提高流程速率、提升产量及减少流程耗时的状态。与"批量和排队"相比，我们现在构建了一次性完成的流程。这是流程思维商业模式的核心。

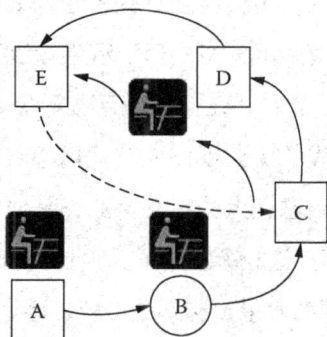

图 3-4　步骤 3

　　到了第四阶段（见图 3-5），我们实现了持续的流程运行，将员工安排在能够为用户带来价值的岗位，而不是置于一些分散部门，若按照后者的做法，解决的仅是单个部门的效率和职能问题。

　　从传统的、垂直化的"批量和排队"模式到扁平化的用户价值流程，这四个阶段只能通过严谨地、耐心地和专注地应用图 3-1 中的七个步骤才能实现。

　　日本人从亨利·福特的底特律工厂获取经验后，将流水线概念进一步发展为高质量的精益生产系统。丰田生产系统创造了基于流程思维的全新生产系统并广为人知，通常被称作精益生产或精益。但是（很重要的一点）今天我所见

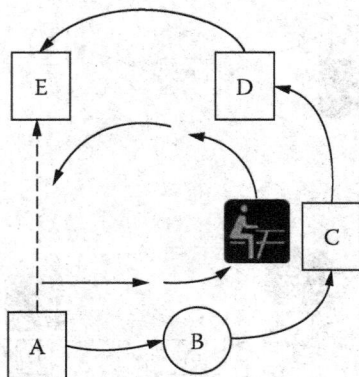

图 3-5　步骤 4

到的精益生产，从它的日常操作和现货供应方面来看，已经和丰田生产系统的
精髓渐行渐远。大多数企业都会说"我们采用的是精益生产"，可实际上，这些
企业无一不深陷于条块分割的泥淖。在大多数企业里，精益模式通常只被应用
在制造过程中，通过在车间使用精益工具获得短期效益。然而，这种努力最终
将陷入困境，因为在这种模式下，当应用流程继续到下一阶段时，就需要来自
其他职能的支持。没有流程思维，这个问题无法解决。最高管理层要么不了解，
要么不愿意将一家注重流程的企业视作成功运用精益生产的前提。今天，只有
丰田、本田和丹纳赫是真正意义上的精益企业，其他公司只是因为精益工具的
便利性而浅尝辄止，过不了多久就放弃了。为什么在发起精益项目的公司中，
只有 2% 的公司最终获得预期效果？这不是难解之谜。这些精益实践者骄傲地展
示直观的工具和方法，貌似对原则谙熟于心；然而，流程思维所蕴含的行为方式、
操作方法、排序意识和相应思维却在他们身上毫无体现。如果运用得当，精益
生产就是组织学习的能力，虽然学习能力并不一定要求应用精益生产，组织却
需要关注流程，而不是依靠各个职能来学习新思维件。

　　"精益生产"这个词由约翰·弗拉费克（John Krafick）首先提出，他是国际汽
车研究项目（International Motor Vehicle Program）（1985—1990 年，研究汽车行业内
批量生产和精益生产之间的差别）的一名研究员。和批量生产相比，精益生产系统
消耗的物资更少——人力、空间、对工具的投资和新产品开发工时均缩减一半，库
存量减少一半以上，次品率极大降低。自从詹姆斯·沃麦克（James Womack）、丹
尼尔·琼斯（Daniel Jones）和丹尼尔·罗斯（Daniel Roos）在他们共同编著的

里程碑式作品《改变世界的机器》(*The Machine That Changed the World*)里详细、清楚地阐述了精益理念。所有类型的企业都对精益生产趋之若鹜。然而，许多公司发现这一路山高水险，何其艰难。25年之后，数万家实施精益项目的公司中，只有2%的公司实现了预期目标，失败率之高令人瞠目结舌。

　　1980年，美国汽车企业的高管们惊讶地发现，日本已经取代美国成为全球第一汽车制造大国，于是，一众美国人成群结队地开启了日本之行，想亲眼看看日本汽车制造业背后的奥秘。日本生产的汽车怎么能在价格和质量上赢过美国？这听起来很荒唐，因为当时的普遍观点是这两者不可兼得。此外，日本人究竟是怎么做到只花了美国汽车企业一半的时间就快速地应用了新模式，这是连美国人也感到困惑的问题。许多人认为，一定是日本的产业政策、国家补贴或日本文化独特性所导致的。猜猜结果是什么？以上猜测全错。秘密就是一个以流程为重心的扁平化生产体系，企业员工将确定和应用更好的操作方法当作日常习惯和工作惯例——思维件。人的思维和行为是核心，也是精益理念的经验。不幸的是，对大多数身处北美的拥护者来说，精益生产只不过是工具和技术而已，不是流程思维和人的行为。甚至有更夸张的说法：日本的制造技术专门为日本文化定制，并不适合美国文化。事实上，精益流程思维的大部分内容来自于西方，正如我们所见的，丰田生产模式深受美国实业家，例如亨利·福特等人的影响。更重要的是，这是美国统计学家威廉·爱德华兹·戴明（W. Edwards Deming）课堂教学的必修内容。

品质革命

　　从1950年开始，戴明就开始教授日本管理人员利用各种方法（包括运用统计学方法）改进设计、提升产品质量、改善测试、提升服务水平以及增加销量。他的授课内容有：

　　（1）确定流程；

　　（2）确定流程中的偏差因素；

（3）根据问题形成解决方法，针对偏差因素提出对策。

这就是众所周知的戴明环——计划—执行—检查—行动（见图3-6）。戴明具有渊博的知识体系，他认为，管理层必须了解包括供应商、制造商、用户在内的整体流程，以及流程中偏差因素的影响范围和产生原因。这意味着领导者必须经历深刻质变、打破组织内的藩篱，并将每一项活动和每一份工作视作流程的一部分。戴明相信质变型学习的力量，他将其描述为在大环境下的变革——从职能型的局部最优化转变为流程控制。戴明的教学内容被公认为是对《改变世界的机器》里程碑式的贡献。这是精益思维所隐含的一部分，也是导致成效平庸的原因之一。

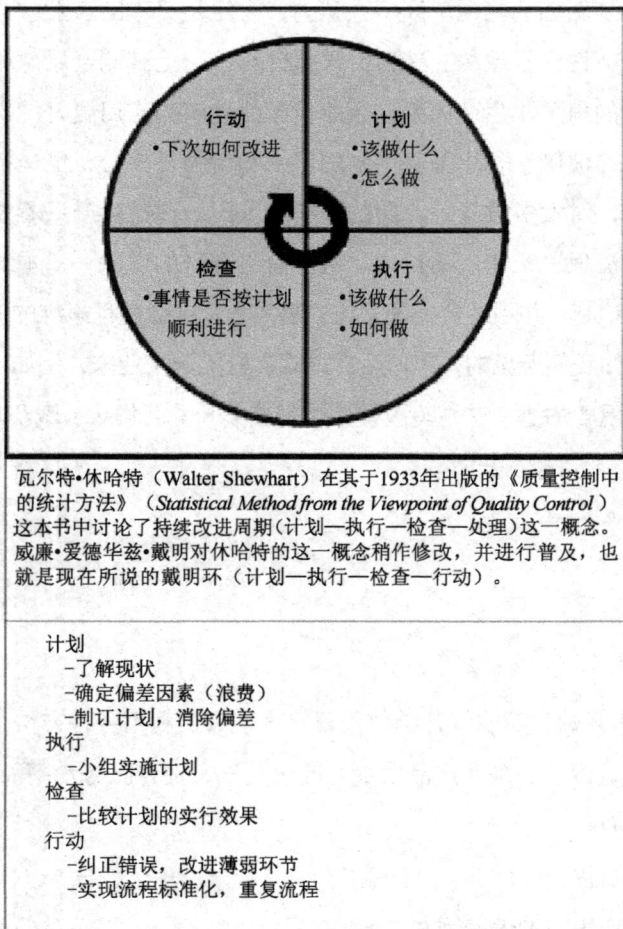

瓦尔特·休哈特（Walter Shewhart）在其于1933年出版的《质量控制中的统计方法》（*Statistical Method from the Viewpoint of Quality Control*）这本书中讨论了持续改进周期（计划—执行—检查—处理）这一概念。威廉·爱德华兹·戴明对休哈特的这一概念稍作修改，并进行普及，也就是现在所说的戴明环（计划—执行—检查—行动）。

计划
　-了解现状
　-确定偏差因素（浪费）
　-制订计划，消除偏差
执行
　-小组实施计划
检查
　-比较计划的实行效果
行动
　-纠正错误，改进薄弱环节
　-实现流程标准化，重复流程

图3-6　戴明环

1980 年 6 月 24 日，美国全国广播公司（NBC）播出的节目《白皮书》（*White Paper*）中，有一集名为《如果日本能，我们为什么不能》（*If Japan can, Why can't we*）的节目向美国人介绍了日本的制造方法，这个事件被称作"品质革命"（Toyota Thinking System）的开端。值得注意的是，在那个时候，品质管理并不是日常商业活动的内容。节目详细介绍了日本是如何在戴明的指导下占领全球汽车和电气设备市场的制高点。它指出，日本的技术"大多被美国管理人员所漠视"。当然，美国人也并不接受戴明的理念。大多数时候，西方的管理者表现得狂妄、傲慢，他们太沉迷于等级制度和短期成果，而后者带给个人的奖励通常多于带给公司的或消费者的。

如果我们看一看通用汽车公司（General Motors）所提出的基本设想，赤裸裸的现实就立刻摆在眼前了。伊万·米特罗夫（Ian Mitroff）和哈罗德·林斯通（Harold Linstone）在共同编著的《无限思维：打破传统商业思维链》（*The Unbounded Mind: Breaking the Chains of Traditional Business Thinking*）一书中，讨论了托马斯·墨菲（Thomas Murphy）的管理，墨菲曾在 20 世纪 70 年代担任通用汽车公司的首席执行官，直到 1988 年前均担任公司董事会成员。墨菲清楚地说明了公司的商业模式，以及如何实践公司所遵循的信条：

（1）通用汽车公司在赚钱，而不是造车；

（2）成功并非来自于领先的技术，而是当他人带来创新成果时，你拥有能够迅速并成功适应创新的资源；

（3）汽车主要表现社会地位，因此，对于每年都在追求更新、更贵的汽车的消费者来说，汽车的风格比质量更重要；

（4）美国的汽车市场与世界其他地区隔绝。其他国家的竞争者不可能占有 15% 的美国市场份额；

（5）能源将永远廉价和丰富；

（6）工人对生产率或产品质量不产生重大影响；

（7）消费者运动并不代表大部分美国人的共识；

（8）每一寸的前行都需要与政府打交道；

（9）严格的、集中式的职能控制是优秀管理的秘方；

（10）经理们应该从企业内部培养。

很明显，通用汽车公司的思维方法有了大逆转，并在提出全新的操作原则之后对"政府的汽车公司"这一角色进行转型。现在，刚经历业绩下滑和重组的通用汽车公司公布了新的五项原则，这些原则正如一位新晋管理人员所说的，"消费者说我们赢，我们才算赢"。这五项用来指导生产活动的原则是：

（1）安全性和品质优先；

（2）创造终身用户；

（3）创新；

（4）传递长期投资价值；

（5）发挥积极的特色差异。

从过往处境到未来愿景，这些原则代表了通用汽车公司的巨大变革。同样，没有戴明和他所倡导的面向流程的思维件，变革绝对不会发生。没有外部思维的介入，企业要想解决慢性健康隐患（即传统的条块分割的、以传统方式管理的企业），目标几乎不可能实现。2013年成为通用汽车公司首席执行官的玛丽·芭拉（Mary Barra）或许会明白，要制定新的五项原则，需要展开一场马基雅维利式的革命，彻底摧毁导致通用声名狼藉的"封地思想"，让各自为政的部门对各自的领地松绑，如此一来，通用将来就再也不需要政府的"金融安全毯"来遮风挡雨了。

戴明对日本的创新和优质产品的声誉贡献良多。在日本，他是英雄，日本人以他的名字命名了代表质量管理和卓越生产力的最高工业奖项，并公认他对日本商业的贡献无人能及。尽管如此，他对日本汽车制造业的贡献和影响力在过去20多年间才得到了广泛认可。到1993年戴明逝世时，他才在美国得到认可。

1985年，美国政府出资500万美元成立了一项基金，开展为期五年的"国际汽车研究项目"（Internationl Motor Vehicle Program）。项目的目标是弄清楚和底特律三巨头相比，为什么日本汽车制造商的生产率更高、产品品质更优良以及价格更具竞争力。1990年，根据研究发现和《改变世界的机器》介绍的经验，我们发现，戴明的教诲——包括打破组织藩篱、将每一项活动和每一份工作视作流程的一部分，产生了极其巨大的影响。他在书中介绍了丰田生产系统；不幸的是，书中只介绍了以流程为重心的生产方法是什么，却没有提及如何实现。

正如戴明所说，不需要对机器或员工追加投资就可以获益。戴明的先见之明体现在他曾经警告西方国家，它们无法复制日本，因为它们根本不知道该复制什么。他还解释道，成功的关键在于"精益体系"，这是一个由可靠的标准方法、可靠的标准问题、解决方法和实验构成的体系。这个词对于整个公司的所有日本产业工人来说，是第二语言。他是对的，西方国家复制了精益工具和技术，但复制不了文化。精益体系无法移植的主要原因在于另一条戴明准则："……所有问题中，85% 都是由于管理导致的。"他还说："没有一个从商学院毕业的人知道管理为何物，或管理有哪些缺陷；也没有一个从商学院毕业的人听说过我现在提出的问题或思考这些问题。"流程思维不属于工商管理硕士的课堂教学内容，具备流程思维也不是毕业的必要条件。

苍白的证据

这里要谈的重点是，不管是叫精益生产或其他名称，西方管理理念的发展和流程思维的演化没有直接关系。后者仅在小范围内应用于西方国家的工业及商业领域，数百年后，继续为马基雅维利的原则背书：现实击垮了理想主义。行业内最具活力和影响力的数据显示，丰田生产系统迎接了数十万个参观团队；尽管有几万篇文章、书籍、课程、六西格玛认证项目、研讨会、行业协会、标杆管理视察和专业研究所无一例外地在宣扬丰田生产系统／精益生产理念，但没有透过工具和技术看本质的能力，都是徒劳。大多数人从未认识到，对一家企业来说，最首要的、最重要的是核心流程的集合涉及许多步骤，必须在对的时间、按正确顺序恰当实施，而这一切都由消费者说了算。我想重申一下，在他们观察到现实情况之前，传统的、条块分割的组织所深植的贫瘠土壤是不可能生根发芽的，因此，它们也无法实现精益生产或任何合理的持续流程改进所设想的目标。

虽然如今的管理层一直在谈论消费者的中心角色，但很多企业依旧是股东的一言堂。倡导缓慢的、稳定的持续改进的人，并不会立刻获得众人认可进而实现快速升迁，或影响股价的急速上涨。经理们依旧在寻找听起来高端大气，配之以大张旗鼓的宣传排场的"大爆炸"式的计划，即使这些计划通常不了了之。然而，无论我去哪里，每一个人都认同持续的流程改进才是企业的强大武器，许多人也相信他们正在实施改进项目。他们有精益生产、六西格玛以及其他的项目计划，但是他们却依旧维持自身的垂直化结构，对流程思维知之甚少。他们首先要做的是培养流程思维，并拆除过时的职能结构。

克里夫·拉森（Cliff Ransom）是总部位于波士顿的道富研究（State Street Research）的副总裁，他也是少数采用精益视角分析制造业企业的股票分析师。美国卓越制造协会（Association for Manufacturing Excellence）下属的 *Target* 杂志曾经刊登过他的一段话："只有极少数公司持续采用精益生产直到能够看见财务结果，或许最多也就是 1% ~ 2% 的公司，还有 2% ~ 3% 还在努力的路上，好吧，这也不算多……另外的 10% ~ 15% 只是空谈精益生产而已。而大部分，就是 80% 的公司，甚至连这个口号都说不利索。"

杰弗里·莱克（Jeffery Liker）是一名多产的精益系统研究人员，麦克·罗勒（Mike Rother）曾对丰田管理方法进行了广泛的研究，两人都认为，所有实行精益生产的公司中，只有 2% 实现了预期目标。罗伯特·米勒（Robert Miller）是新乡奖（最严格的卓越运营标准）的常务董事，他曾揭露，很大一部分新乡奖的获奖企业实际上并没有维持盈利，许多案例显示它们随后便处于劣势。获奖企业的确是实施精益生产的行家，但是，精益思想并没有融入它们的企业文化。我一直强调："要注意提防刀架式和持续改进理念的应用者，他们并不知道目标到底是什么。"流程思想者不会教授工具和技术，他们会让员工亲眼观察流程。然后，员工将使用必要的工具消除流程中的干扰因素。旧思维件青睐工具；新思维件强调构建商业流程。掌握工具容易，学起来简单，困难在于安装新思维件。所以，在企业中推行流程思维的挑战并不在于向员工传授流程思维的技能，而是教会员工如何培养流程思想，使他们能够主动发现、学习所需技能。开启员工思维，让他们主动培育流程。

项目成瘾

近代史中，我们历经的诸多锦囊妙计、风靡一时的短期计划不计其数：X
理论（Theory X）、Y 理论（Theory Y）、Z 理论（Theory Z）、卓越奖（Excellence）、
网格管理（Grid Management）、目标管理（Management By Objectives）、情
境领导力（Situational Leadership）、训练小组（T-groups）、团队建设（Team
Building），等等，不一而足。理查德·帕斯卡（Richard Pascal）在他的著作《在
乱局之巅冲浪》（*Surfing the Edge of Chaos*）中，细数了 30 个风格迥异但都风靡
一时的项目，1950—1990 年，这些项目都被归为商业改进项目，以改变至少一
种商业惯例为目标。20 世纪 90 年代是流程重组概念的巅峰期，全面质量管理、
六西格玛等概念横空出世。这些项目中的大多数都基于管理学，将流程思维原
则作为核心，并不断完善和发展，但是（瑕疵就在于此）他们依靠的是一套适
用于现有的垂直化结构和控制体系的教学法，所以收效甚微。为什么会这样呢？
这正是我所说的企业的"免疫系统"：垂直化结构和惯例、设计政策的初衷都是
隐藏问题，而不是暴露问题。免疫相当于责任豁免，正如我们从马基雅维利身
上学到的，企业内任何接受变革的部分将"自我豁免"，因为它们"青睐现有秩
序、对任何未经长年累月惯例的实践所产生的新事物缺乏信心"。这种免疫系统
是现状的保护伞，它使根深蒂固的思维方式长久延续，无法也不能适应流程思
维改变现有体系。毕竟，如果企业文化只是想确保明天始终在意料之中，那明
天永远是今天的复制品。同时，这种免疫系统认为商业设计应该是一种长期的、
正在开展的运营流程，专业的部门角色和职能分工都不是为变革而生的。20 世
纪 90 年代初期，迈克尔·汉莫（Michael Hammer）的流程重组着眼于入侵式的
变革，他提出的"扁平化企业"概念意在击垮"免疫系统"。然而，成效不尽如
人意，因为"免疫系统"早已悄悄渗透进企业的整个流程之中，牵一发而动全身。
人们的思维和流程密不可分，一方不改，另一方也无法改变。

> 钱不会从天上掉下来，必须脚踏实地去挣。
> ——玛格丽特·撒切尔（Margaret Thatcher）
> 英国首相（1979—1990 年）

　　大爆炸式的计划并不存在，根深蒂固的思维和惯例也没那么容易清除和取消。我常常对别人说，如果你路过一家工厂，此时地上有一便士，你或许没发现，就这么路过了；或者即使你看到了，你也不太可能停下，然后把它捡起来。但如果换作是一张 20 美元的纸币，你看到它的可能性就大了，于是你会停下并把它捡起来。绩效改进也是同样的道理。你并不是在商店或办公室里寻找 20 美元，但只要你愿意多看一眼，就会发现有许多东西比 20 美元值钱得多。每一位员工边翻白眼边说的"我早告诉过你"让所有问题、流程干扰因素、流程偏差和浪费因素都被掩藏在眼皮底下。流程改进就是看到问题、培养解决问题的习惯，而不是忽略问题。从我的经验来看，大多数企业领导者要么没有耐心，要么缺乏实施持续改进计划的控制力。成功需要人和企业同时具备难得的品质：目标的持续性。无论选择什么类型的持续流程改进项目，如果可以坚持下去，你会发现，随着时日的增加，点滴的日常改进会凝聚成厚积薄发的惊人力量，几个月之后，当你回顾过往，就会意识到原来已经硕果累累。习惯一旦形成，没有想不到，只有做不到。流程不只是教会你如何设计企业结构或管理生产，而是教会你如何思考；流程是关于你如何实现改进的思维流程。然而，商人通常天生不具备探索思维，但他们有逻辑思维，如果应用探索思维，那么相较于逻辑推导，发现那些躺在地上的便士会更容易。这也是罗杰·马丁所说的组织的"可靠性偏见"——条件反射式地维护现状。他写道：

　　过于偏重可靠性的企业将建立一种结构和流程，驱逐所有应对新问题的合理答案。这类企业不可避免地将维护现状视作最终目标，于是，自身进行持续设计和再设计流程的能力被磨损殆尽。

我们的正确选择

尽管缺点很多，但并不是每一件事都错了，我们历经了学习曲线，弄清楚了什么管用、什么不管用。20 世纪 90 年代，我们开始了解流程。流程重组、全面质量管理、六西格玛以及精益生产率先成为了持续流程改进的途径。汉莫对流程重组的阐述在大方句上无疑是正确的，但是他遗漏了一个要点，即思维信息技术是让所有要素发挥效力的秘密武器。流程重组的目的是拆除条块分割，将商业活动视作流程，这个观点是对的，但是相信有效的信息系统能取代流程，或实现流程加速，就是对汉莫理论的一种误用。20 世纪 90 年代，企业抓住新兴技术的潮流迎头赶上，它们跳过了拆除垂直化结构的步骤，直接应用了大量的信息技术（如复杂的、精心设计的操作系统）。虽然管理层应该用技术来打破流程，但这也并非每次都奏效，因为大部分完成的内容是我称之为的"自动化返工"。技术的初衷是改进工作本身，但是，它并没有关注到那些阻碍工作的因素。精细的公司软件（如企业资源计划系统）虽然可以追踪工作总量中 5% ~ 10% 被高效使用的资源，可是它不能解决 90% ~ 95% 的阻碍工作开展的问题。它也不会告诉你，你是否在为用户增加价值，还是在制定战略。

同样的道理，客户关系管理软件可以根据过去的经验推出一般规律，或对未来进行预测，但是对于如何构建一个有效的、能够挖掘需求的流程，它的帮助极其有限。这些自动化的信息管理系统含蓄地接受了这样一种观点，即信息是好的，信息越多越好，所有可能获得的信息都是最好的。这就是控制性运营。相反，流程思想者认为对运营的控制是浪费力气，因此，他们试图使"信息工厂"的需求最小化，而不是最大化。于是，我们再一次回到了金奈悖论。当然，我们必须拥抱技术，技术使企业能够实时管理供应链，按个按钮就可以分析海量数据，但是，在高度多样化且不断变化的复杂世界里，在产品和服务快速发展的背景下，单凭技术显然不够（如 2013 年 11 月在上海举行的全球电子论坛展示了 2.2 万种新产品）。我们需要认识到一个事实，就是大多数的分析，无论基于多么领先的技术，都是根据被动数据（即交通问题、海关清关、现状反馈、库存准确率）得出的，这些数据在生成的那一刻就失效了。举个例子，供应链计划的持续核算仍然依赖于那些不太精确的预测计划和信息，后者的时效性早已在一天、一周，甚至更长时间以前就过期了。这些过期信息越往供应链下游，影响越大，这意味着供应链终端的消费（即用户价值）或许对企业大方向下的能力建设有些用处，但是，它无法助力近期的、细化的供应链计划。

虽然信息管理系统在整体预测方面是准确的，但具体到任何一个时间点都可能是错误的。没有什么自动信息管理系统能够改正这一点，只有尽可能地减少需要猜测的信息量，并根据实际的、直观的供应链终端需求所发出的信号提供信息，保证信息流的准确性，我们才可以构建一个世界级的流程管理系统。这意味着摧毁浪费资源的信息工厂，将其从专门的信息技术办公室里拆分，并放置到流程自身实际工作的"战壕"和"采煤场"里，这样，每一个步骤都可以向之前的步骤发送当下需求。整个流程需要进行设计，使其只对最下游的端点，即用户需求作出回应。所有能提升用户价值的需求都通过这个端点得到满足。

如果我们看不到职能树周遭那众所周知的流程森林，那么实施流程控制是很困难的。

全面质量管理和流程思维

全面质量管理是对公司整体的统计过程控制（Statistical Process Control）理论的扩展（之后发展成为六西格玛），从定向角度看，它是正确的。20世纪50年代初，当企业沉溺于其所获得的成就时，戴明博士就一直在努力推广这一理论，因为全面质量管理及其各种表现形式效果显著。全面质量管理针对的是尖质（如瑕疵品）和不可靠流程的产物，以及不可靠流程制造的瑕疵品（如可靠性必须被定位为一个流程，要求每 100 件产品中 99 件都符合标准）。因此，如果我们能够确定偏差的范围和导致偏差的原因（通过抽样统计），即可消除偏差（提升质量）。然而，应用全面质量管理（流程控制）需要对产品所涉及的各项流程有全面、深刻的了解，包括供应商、生产商和消费者。若无法着眼于流程整体，全面质量管理的应用效果就会大大减弱。全面质量管理需要关注流程。在流程重组中，我们培养了正确的思维，但却未能改变企业结构以便看清流程。我们再次培养了正确的流程思维，但是未能变革企业结构，因此我们又没能看清流程。因此，在培养流程思维方面，我们是失败的。我们只是继续抬头望向各自所属的职能部门，而不是探出头看看"窗外"的用户。而现实却是，如果我们看不到职能树周遭那众所周知的流程森林，那么实施流程控制是很困难的。六西格玛也是如此。不了解工作流程相关的各项因素之间牵一发而动全身的关系，修正任何一项偏差因素或偏差因素的任何一个方面，对结果的可持续性来说都会产生潜在影响，结果充其量是减少一些耗费在打地鼠这种永不消停的游戏上的力气而已。

全面质量管理的方法论同样存在缺陷。历史上，这些变革计划被视作偶然行为，或是现有商业模式的附加品。然而，方法和内容一样重要，全面质量管理未能从根本上改变方法。全面质量管理和流程重组的工具和技术被捆绑在现有结构之上，从而导致品质副总裁这一职务的产生，以及管理瑕疵品的部门的产生。在这种结构下的持续改进独立于商业活动之外，而不是其中的一部分。外部的信息工厂使用电子表格记录生产后的不合格品，并会在每周某一天，由员工从工作中抽出一小时左右参加质量管理小组的工作会议，然后回到各自封闭的工作空间里继续按之前的方法工作。这就像钢琴学习者每周上一次钢琴课，但是家里没有钢琴；或减肥的人每周去一次减肥门诊，而在其余时间里接着赖在沙发上吃快餐。六西格玛是一个很好的例子。这是一个需要专家指导的模式，它并不关注流程思维，但需要应用六西格玛策略的组织花费数月和大量金钱培训"黑带"（即专家）。关于这类变革计划，我内心充满了疑问。首先，为什么需要这么长时间？为什么会有这么多工具？如果我是怀疑论者，我或许会建议有必要传授 30 种或 40 种工具的使用方法来证明培训一位"黑带"的成本和时间是值得的。然而，从改进流程质量和降低成本的角度看，这是否必要？是否更多的工具就能培养出更好的商人？石川馨（Kaoru Ishikawa）教授（日本组织理论家）于 1985 年说道："如果运用得好，七个质量工具就能使工作场所中95% 的问题都得到解决。"没有什么发生了改变。同时，"六西格玛带培训"过程风平浪静，主要是因为员工和流程之间不存在任何联系。为什么我们需要"黑带"？是否这种专长和精英主义与以流程为重心的根本原则并不互相冲突，尽管后者致力于打破部门之间藩篱、并通过尊重员工这一方式来提升员工敬业度？以流程为重心的企业的目标在于提升跨部门沟通效率，使来自不同职能领域的员工能够更好地共同解决问题。因此，"六西格玛掌控流程的目标"这种说法没有错，但是方法错了。如果想改进流程，我们要听流程的话，流程的心声是控制限度。现在，即使冒着被起诉的风险，我还是想说，虽然我也教条式地应用了戴明博士有关流程偏差的教学内容，即控制限度，但我从未见过六西格玛产生过实际效果。有意思的是，美国的质量评级机构 [如杰迪保尔商务咨询有限公司（*J.D.Power*）] 的报告显示，六西格玛的追随者丰田公司始终保持着汽车行业的龙头地位，与福特和大众汽车不同的是，丰田公司并未使用六西格玛。

维持简单性

这些根据完善的管理学知识得出的持续流程改进策略越来越"圆滑"，也越来越适合这个快速发展的、全球化的互联网世界。但是，汉莫的流程重组理念所建议的变革，或六西格玛所主张的"重型大炮"其实并不奏效。我们需要的是"微创手术"，以及规格恰当的"军火"，并将它们置于流程的各个节点，使流程中的员工能够改变它们。流程重组得了芝麻（即 20 美元）却丢了那个眼皮底下的西瓜。

　　我的个人经验来自于 15 个国家 100 家企业的工作经历，以及 1600 个商业流程的实践，经验告诉我，如果企业设计和各个任务的执行都被纳入流程，并且企业能够干劲十足地将价值传递给每位用户，那么，75% 的问题都是可以被发现的、能够根据常识修正的、能够通过生活和工作在流程之中的人面对面沟通解决的；另外 20% 的问题则需要更严格的深层原因分析，余下 3% 的问题需要六西格玛或其衍生工具、实验设计、统计分析等"重型武器"来搞定；还有 2% 涉及复杂资料或信息交换，可能需要更完善的流程设计。

　　过去的 50 年中，我们对企业发展与管理学的认识不断加深，但是，如果我们将项目优势与效果的缺失及较短的生命周期（平均四年）相比较，我认为所获成果距目标依然有一段距离。这些药方和解药已经令许多企业领导者乱了阵脚，他们急需快速解决方案，而不是规划长远愿景，他们从一项计划跳到另一项计划，有时候甚至没时间停下来，让企业缓口气。结果，许多人成为了怀疑论者。当然，有一些企业获得了成功，但我在全世界所见到的，并不是企业缺少精密的、能解决问题的计划，而是大家都不具备看到问题本质的能力，因为它们隐藏于分散的部门、专业化职能、不合拍的措施和旨在隐瞒问题根源的行为方式中。旧思维件隐藏问题，而新思维件暴露问题。

> 人类会穷尽所有的能力来避免思考这一艰巨的任务。
>
> —— 托马斯·爱迪生（1847—1931 年）

简单并非易事

　　为什么变革项目和持续改进计划十分普遍？据文件记载，70% 的组织都以失败告终，尤其是从员工视角出发，借用戴伯特（Dibert）的话，虚假的改革"像门廊下死亡的土拨鼠散发出的恶臭一样"。如今，大多数公司仍然十分热衷于在类似的计划上下功夫，它们躲在持续改进的保护伞下，因为这些计划俨然被视作保障企业生存的必要条件。无论我去哪里，高管、经营者和一线员工都在抱怨这些计划无法获得成功，当我询问失败原因时，自我脱责成了心照不宣的事实，按照回答频率计算，原因如表 3-1 所示。

表 3-1　持续流程改进的阻碍

阻碍因素	公司占比
1. 回归旧方法（你好，马基雅维利）	85%
2. 缺乏实施（缺乏专业知识）	61%
3. 员工抵抗（未能清除抵制变革的"拖后腿的人"）	42%
4. 被视作一时潮流（一切都会过去）	36%

注：《HPM 集团刊物》（*HPM Consortium Publication*，2007 年 10 月）所刊登的基于1000 家加拿大企业的问卷调查显示，这些企业都声称在实施精益生产 / 变革计划，但均未能实现目标。

注意看第一条——回归旧方法（1000 家企业中有 850 家企业有过的经历），这不是一个财务、策略、竞争力或科技问题，而是倒退回旧方法的问题。这是当前企业结构和管理思维件的内在问题。

如果我们想要对为了取得绩效改进而付出的努力进行调整，那么我们必须仔细观察导致失败的显著原因。我之所以说显著，是因为对我来说，所谓的原因不过是借口，或针对缺乏管理思维所做的自我安慰，后者导致症状虽然被察觉，但依旧没能得以修正。缺乏专业知识意味着无法暴露问题以及拒绝看清作业流程。员工对变革的抵制是所有借口的源头，实际上，员工会热情地欢迎变革，因为只有变革，他们才能清除妨碍工作的愚蠢因素。追赶一时潮流就是领导层的问题了。最终，所有的文饰其实都隐含着更严重的问题——管理层对学习的抗拒。大多数领导者并没有意识到任何持续改进、解决问题的方法都是一种经营理念，而不仅仅是工具和技术的集合。

不仅仅是赋权

持续流程改进是一种科学的方法，它应用于商业问题，对于大多数沉湎于证据和分析思维导图的管理方法来说，科学思维与直觉相悖。一个人不会学习新的知识，但很可能会修正自身对周遭情况的了解，测试假设的有效性，学习如何应用，以及应用多少，这就是流程思维的精髓。新思维件不是绝对真理，但丰田生产系统之父大野耐一告诉我们，新思维件能够消除误解。我们相信的大多数方法不是是非分明的，而是观察其是否与具体情况相适应。以流程为重心的企业通过实验来决定该用什么方法。甚至仆人式领导或协作式、寻求共识的领导等被认可的具有导性光辉的方法也没有对错之分，它或许能，也或许不能适用于某种具体情况。如果我埋伏在战壕里，敌人的炮火子弹如雨点般坠落在四周，我也不会请求上级立刻开一场小组会议，这是不合时宜的。我要的是立即寻找一位仁慈的独裁者，因为他会下令立刻离开。在研究无止境的协作所带来的影响时，加州大学伯克利分校的莫顿·汉森（Morton Hansen）分析了代表专业服务型企业争夺合同的 182 个小组。他发现，在向他人咨询方面花的时间越多，赢的概率就越小。协作和共识是有成本的，但也能带来效益，因此，需要权衡双方利弊，而不是盲目相信团队合作一定更好。无论是按照军队等级制度，还是蒙特梭利寓教于乐的教育法，流程思维对领导层风格并不抱有教条式的效忠心态。流程思维唯一的信条是：什么方式能让我们始终具备满足用户需求的能力？新思维件理论认为：让员工看见一道不受干扰的价值流程，给予员工应得的尊重，使他们能够修复流程缺陷，然后实现面向用户的价值传递。马基雅维利一定也赞成这么做。

流程思维不是说教式的（按照我的方式），也不是一个纯粹的赋权于人的表现（按照你的方式）。它是领导力的相互表现，可以理解为"跟着我走，我们可以共同把问题弄明白"。实际工作中，一个人无法有效地告诉几百人该怎么做以及什么时候做，那几百人也无法随心所欲地做事。我们需要寻求控制、弹性、方向和适应性之间的平衡点。我们需要使员工更容易地观察问题、解决问题和汲取教训，我们需要听取员工反馈，知道是什么阻碍了向用户传递价值的流程。这意味着给予员工自由，让他们提出新看法，同时确保他们所做的工作始终是为了实现最终目标。这是一个难以定义和尝试的项目，这个项目需要领导者不断地把握平衡，这会是一次大有可为、价值无限的旅程。

第 4 章

重要根源

我们需要停止为了让流程变得有效的努力，并着手构建有效的流程。

五年级数学暴露的问题

我作过许多演讲，也主持过研讨会，旨在谈论职能思维的功能障碍，有时我自己也会阐释这个问题。我请一名参与者协助我共同展示了一家垂直化企业和它的内在"空白格"是如何成为持续流程改进过程最大的拦路虎的。

"空白格"被定义为部门间的互动，在传统的企业结构图中，它就是白色的格子。

参与者名叫安迪（Andy），他正准备开一家生产衬衫的工厂。我在纸上草拟出安迪是如何根据应用许久的惯例（见图 4-1）设立一家公司的。安迪是老板，他决定设立一个衬衫款式设计部门，并雇用了 4 名设计师，我用图 4-1 里的 X 来表示。他还需要一名设计总监向他汇报。接着，他要招聘一些裁布工人，因此，我为裁剪部门增加了 4 名员工。然后，他还需要设置一个缝制袖子的部门，以及一个负责将衬衫各部分缝制成成衣的组装部门。现在，安迪有一个 4×4 结构的人力矩阵，他的生意开张了。第一位顾客购买了一件衬衫，想想结果如何？安迪的工厂生产的第一件衬衫质量低劣：领子缝不整齐，纽扣丢了，洗过一次后，布料便轻易扯断了。安迪保证改正错误。现在，如果你回想一下五年级时学的数学，安迪所构建的 4×4 矩阵结构其实存在 64 个分界面，或者说，是由 4 个部门 16 名员工组成的 64 个分界面，由此产生的职责能够衍生出 64 个 "空白格"。安迪需要好好观察这 64 个机会，找出衬衫质量低劣的根本原因（见图 4-2）。

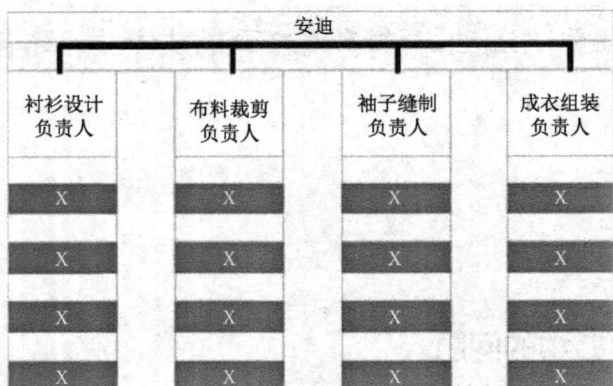

图 4-1　传统的垂直化企业结构

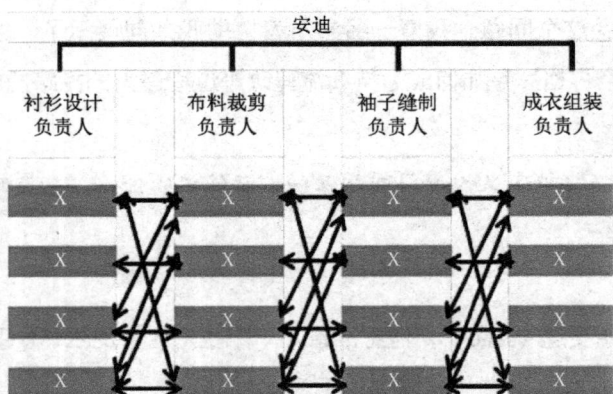

图 4-2　机会就藏在 "空白格" 里

　　不幸的是，这些"空白格"平日是看不见的，它们都藏起来了。因此，安迪用传统的方法进行了回应，他推测问题出在供应商的低劣布料上。因此，他构建了新的"X 系列"结构作为应对，即成立了一个新的独立部门——采购部门。安迪构建了一个 5×4 矩阵。至此，他又增添了一个"空白格"，从而把问题埋藏得更深了。此后，他始终饱受质量问题和客户投诉的困扰，他感到沮丧、挫败。于是，他又新加了一个质量控制部门，这又是一个职能部门，于是便有了 6×4 矩阵，这下"空白格"更多了，衬衫质量低劣的根本原因被埋得更深了（见图 4-3）。安迪所做的努力使问题加速恶化了。他在各种职能之间不断增加新的职能（和成本）不仅于事无补，还产生了更多"空白格"。虽然安迪可以一直为工厂的机械化和职能化架构添砖加瓦，但却永远找不到隐藏在流程之中的根本问题，因为没有一位"空白格经理"来监督各个职能之间的分界面，因此问题持续发酵。即使有了"空白格经理"，结果也不过是制造了更多的"空白格"。很明显，我们忽略了一个事实，就是我们根本无法从一处抵达另一处。

　　所以，安迪需要对企业架构图进行彻底的重组。当然，大多数企业有更大的矩阵，"空白格"也肯定比安迪的更多。基于这点，我建议安迪试着从另一个角度观察矩阵，即以扁平化的视角仔细观察。由此一来，设计师、裁缝、缝制袖子和组装成衣的员工都朝着同样的方向工作——用户价值（见图 4-4）。现在，安迪通过扁平化视角看到了一个截然不同的公司。

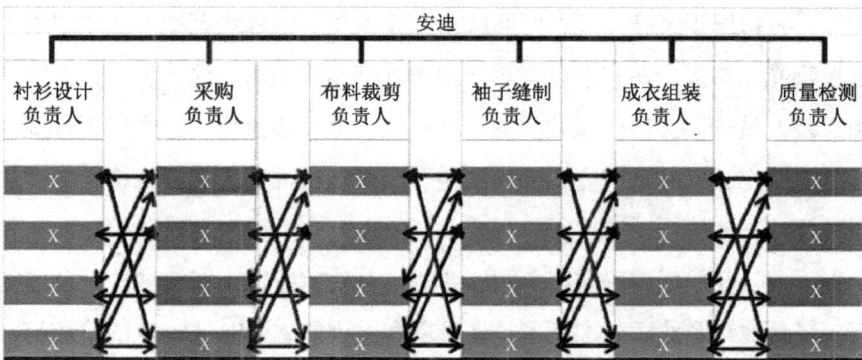

图 4-3　每一个新"条块"制造了两个新的"空白格"

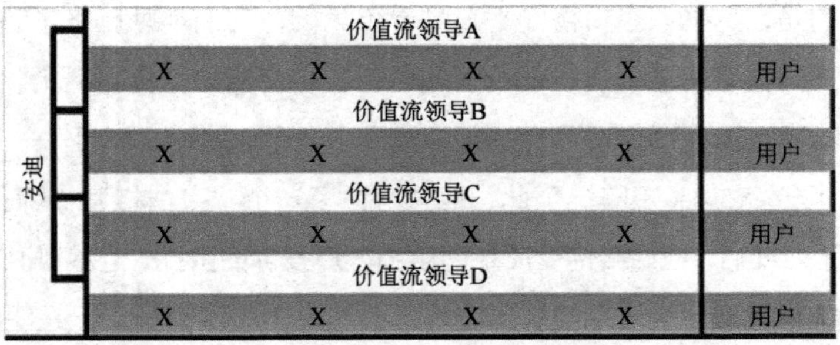

安迪	价值流领导A				
	X	X	X	X	用户
	价值流领导B				
	X	X	X	X	用户
	价值流领导C				
	X	X	X	X	用户
	价值流领导D				
	X	X	X	X	用户

图4-4　关注扁平化的价值流程有助于减少"空白格"

衬衫工厂的教训

　　安迪的设计师和裁缝与其他公司的工程师、会计师、采购经理、计算机辅助设计工程师、软件程序员和市场营销人员没有什么不同，他们都以垂直化方式工作，没有人管理"空白格"。他们不思考流程，也不会共同合作以满足用户需求；相反，以扁平化方式工作能让员工做到这些，因此扁平化必须是流程的目标。

　　安迪本该有全世界最优秀的设计师、裁缝和组装人员，但这不足以解决他的问题。袖子归袖子部门管理，可问题却出在裁剪环节，而剪裁又是设计部门的问题，纽扣属于装配问题；问题就出在无人负责的那块区域，因此问题永远无法被曝光。然而，在安迪以扁平化视角观察结构图后，他让设计、裁剪、袖子和组装人员一同工作，以共同的目标引领价值传递流程——用户满意度。这也是西南航空公司采取的方式——不惜一切把飞机弄到天上。我称之为"价值河流"，即每一位员工在其中协同工作。

　　安迪一旦开始以扁平化视角观察和思考，他就能在不增加结构复杂度的情况下，轻易地给企业添砖加瓦了。他可以增添诸如A、B、C、D的价值流，按照时间和顺序进行简单区分。这表示改变了事物的组织、循环、排序和操作方式，目的是持续不断地为用户创造更多价值，并提升收益。简单来说，流程思维要求企业支持任何一个能够加速信息、产品和服务向用户扁平化转变的因素。现在，安迪可以生产高尔夫球衫或礼服衬衫，甚至是夹克或裙装了，前提是他得遵守时间法则（即流程中任何具体活动所耗费的时间）和顺序规则（即具体活动发生的顺序）。他或许还有一个持续的流程单元——通常被称作价值流程、价值河流或单元设计——用于制作每一款衬衫。但是，他不再需要专门针对瑕疵品的单元了。例如，他可以为有口袋、长袖和短袖的礼服衬衫设计一个单元，因为对礼服衬衫的制作流程来说，无论衬衫有没有口袋，都需要长袖或是短袖这个共同步骤。加了一个口袋并不意味着需要改变流程（价值河流）的时间或顺序。然而，如果他决定设计、缝制和销售帽子，或许就需要构建另一个不同的价值流程了。任何组织、服务或制造商或许会在产品中发现数百种甚至数千种偏差因素，但流程却为数不多。当工作的时间或顺序发生极大改变时，现有流程只能改变，并出现对新流程或价值流程的需求。想一想我们的"朋友"麦当劳，当你点了一个巨无霸汉堡后，可以在两分半钟的时间（烹饪和包装的时间）内取到餐，因为那是标准化流程。然而，如果你的女儿想要一个没有夹心的汉堡包时，你或许会觉得，因为需要的材料和制作的步骤减少了，所以出餐速度会更快，但事实并非如此。这个汉堡的制作流程依旧属于标准化流程，它会经历与其他汉堡制作同样的流程，最终以正常速度出餐（简单地跳过番茄酱和洋葱等步骤）。这对于流程来说不算是个干扰因素。但是，如果你的儿子想要一个热狗，情况就完全不同了。大多数企业会让热狗通过汉堡包流程制作，而不是新建一个流程专门制作热狗，这就构成了对流程的干扰。面对点了热狗的用户，企业需要作出决策：（1）不卖热狗；（2）知道附近有一家大型热狗超市，于是构建一个独立流程销售热狗，并扩大规模；（3）把热狗塞进汉堡包供应线，把事情搞砸。遵循惯例的传统企业中，99% 会选择第三种方案，因为他们会认为这是额外的利润，通过现有的正常（可靠）流程操作，性价比是最高的。毕竟，看似都差不多……但这些企业几乎从未计算过流程干扰因素导致的隐性成本，以及每一次当有顾客点热狗时，流程受到干扰所耗费的成本。算一算有多少次，你将热狗强制塞进制作汉堡的流程中？

清除阻碍工作的因素，组织好价值流程中具有相同时间和顺序
特征的工作。

简单，简单，再简单

安迪一开始进行的垂直化设计和不断增加部门的想法只会增加企业结构的
复杂性。安迪只有一个小型的 4×6 企业结构矩阵，想一想你的企业内，有多少
分散部门？再想一想，这些部门职能中的岗位数量，以及你的企业矩阵里的"空
白格"数量会令你瞠目结舌。就像安迪一样，你或许从没有这么想过，因为你
很可能还没有看清企业流程，直到你看清企业流程，运用流程思维时你才会说：
"我目前正处于需求挖掘流程中"或"我正在进行数据转换流程，我们产出的是
关键信息。"复杂的结构矩阵会随着用户需求多样性的增加、产品和服务定制化
需求的上升而日趋捉襟见肘，而以流程为重心的企业会自我节制，努力保持简
单，简单，再简单，清除阻碍工作的因素，安排好价值流程中具有相同时间和
顺序特征的工作。许多成功企业都将简单看作提升绩效的引擎：宜家和它的扁
平化包装；麦当劳和它的汉堡；伯克希尔·哈撒韦公司（*Berkshire Hathaway*）
及其购买、改进和支持战略；西南航空公司及其廉价航空服务；苹果公司用同
一个流程制造一系列产品。这种简单背后的推动力来自于创造可靠流程的需要，
这意味着"通用的万全之策"，然而，经验来自于流程的简单性，而不是流程产
生的产品和服务，甚至简化的流程可以生成一系列产品或服务。形成简单流程
的关键是了解复杂性是由流程中的微小偏差因素导致的，这些因素干扰了流程，
而它们通常是隐形的。好比马路上可能有 100 万辆车在行驶，但是只需要十几
辆就可导致交通堵塞。同样，如果人们无法预测导致流程"堵塞"的故障并进
行提前规划，那么就没有必要新建一条"出口匝道"，因为建"匝道"是基于昨

天的路况作出的假设：既然昨天没有交通堵塞，那么今天也一样；毕竟，这是个可靠的流程。

根源

有句话值得重复：企业的持续流程改进项目之所以普遍失败，根源在于管理层没有对流程进行学习，包括不愿改变企业结构，以及不具备使用流程思维的能力。当我把这段话说给一位观众或一位首席执行官听时，他的不自在感十分明显——椅子反复挪动着。大多数经理认为他们明白"流程思维"是怎么一回事，我总能在他们的脸上看到，"啊，不！又是流程"这样的表情。当我说，"如果你没能像苹果公司一样超越你的竞争对手，那你就不能算掌握了流程；如果你无法将正在处理的事物描述为一道流程，那么你就是只'无头苍蝇'"，我还说，"别告诉我这一点难以做到"。

证据很明确，结果毫无争议。当一家企业决定了解流程的重要性时，它所获得的绩效改进成果是惊人的。其实，了解流程最艰难的部分在于努力弄明白一些并不明显的东西。如果你不知道自己究竟在寻求什么，且发觉目标难以捉摸、难以追踪、难以纠正，那改变思维方式就是唯一的方法了。改变了思维方式，你便改变了理解；改变了理解，你就可以改变实践；改变了实践，你就改变了绩效。关于思维件的关键本质，这里借用解剖学理论打个比方：它通过把一个健康的循环系统注射进你的身体（企业）内部，使身体持续产生变化，让身体不断进行锻炼，从而使得肌体更加强壮。这个健康的系统会直接发现身体（流程）中的干扰因素，并主动采取能解决问题的饮食方法作为应对，以降低大动脉受损的风险；因此，你的身体变得更加强壮了（创造了价值流程），而不是更糟糕了（职能化和碎片化），后者总是导致血管狭窄（企业内部更复杂混乱），甚至身体机能出现大问题（企业结构畸形发展）。企业的未来健康在此一举。在第 12 章，我们会细谈必要的"胡萝卜节食法"。

当务之急

从宏观角度看，技术以指数级的速度在全球范围内驱动着剧烈的变革，速度之快连马基雅维利也难以想象。从离岸外包工作到中国和印度的崛起，再到2007—2009年经济危机，技术无处不在。从微观角度看，大多数变革都是走马灯似的项目轮换，过去几十年里，我们已经历了不少。这些项目极少能持续变革，我们再也不能责备员工抵制变革了。事实上，大多数员工已经从过去对企业变革的狂热中走了出来，变成如今死气沉沉地被动接受一切。他们目睹了新理念的低效，明白不会再有什么持续的改进了。他们的抵制并非针对变革，而是针对失败；他们无法战胜"先证明后行动"的现状。这无可厚非。尤其是处于"工作环境中"（完成工作的实际场所、战壕、采煤场、耕地、修补篱笆、价值创造）的员工更加明白解决方法是什么。他们只是需要一个解决问题的原则，使他们能够获得许可去检查"空白格"，同时确保部门负责人不会奋起维护"各自为政的王国"。

之前我提到过免疫系统保护现状的问题，以及它会如何奋起反抗，保护自己的领地。好吧，我为"感染"企业管理层的"病变"取了一个称谓，我称之为"愚固层"。集体性的、陈旧的思维件就像笼罩在城市上空的雾霾，这是免疫系统的症状，是一种将人们包裹在现状思维里的惰性雾霾。它的存在就是为了抵制流程思维。丹尼尔·卡纳曼（Daniel Kahneman）（心理学家及2002年诺贝尔经济学奖获奖者）经过研究发现，尤其是当新思维打破愚固层，将原本存在的问题暴露出来时，身处愚固层里的经理们是难以接受新思维的。愚固层扼制企业管理层的创新思维，令其感到窒息，并堵塞了从企业底层向上涌动的新思想。清除愚固层的有效方式就是使公司表示对员工的尊重，并向企业"注射"健康的新思维件。我们需要怎么做，才能创造以流程为重心的管理思维，并实现流程思想的演化？答案是：应用全新的商业模式，因为它不仅涉及从垂直化到扁平化的结构变化，也是对运行中的思维件的批量式重建，它是一切商业模式的基础。新思维件是原型重心的转变，从对资源的关注转为对流程的关注，从对既定目标的专注转为对流程效力的关注，从对股东价值的执着转移到对用户价值的重视，从隐藏问题到开始暴露流程中的问题，从分析法走向实验法。

> 直到后半生，我才意识到，我们倾向于通过重组来应对新情况，这种方法的了不起之处在于，它创造了一个进步的假象，实则导致了骚乱、困惑、无能、低效和低落士气。
>
> ——佩特维尼乌斯·阿尔比特（Petronius Arbiter）
>
> （公元 66 年）

升级组织思维件

从工业革命至今，我们经历了无数公司和商业模式的兴衰，数字时代的变革速度加快了淘汰过程。1955 年的财富 500 强企业（按净利润计算）中，只有 13.4% 的企业出现在 2011 年的榜单里，也就是 56 年后，之前的财富 500 强企业中将近 87% 的公司要么破产、合并、私有化，要么跌出了前 500 名。即使这段时期内，美国汽车公司（American Motors）占据全球 95% 的市场份额，而日本汽车还是不良品质的代名词。毫无疑问，接下来的 56 年里，还会有另一番风起云涌，会有同等数量的新公司进入新的行业。1958 年，标准普尔的 500 家公司在指数上能够停留长达 61 年，但如今，平均仅为 18 年。诺基亚的手机产量在 2000 年缩减了四分之一，到 2013 年 9 月，诺基亚已将手机业务出售给了微软（弱小得更加不堪一击）。思科（Cisco）、易趣（eBay）、麦当劳、微软和雅虎（Yahoo）代替了美国汽车公司、斯图贝克（Stubaker）、底特律钢铁公司（Detroit Steel）、美泰克（Maytag）、全国制糖公司（National Sugar Refining），而它们的替代者 Facebook 和 Twitter 急速兴起并迅猛发展。当今，许多企业都在审视各自的商业模式（如媒体、出版、音乐广告和零售业）。教育体系和医疗行业需要新的模式，银行、法律界、邮政系统、计算机制造商和电信工业同样需要。所有公司在摸索正确模式的道路上都历经艰难，或许原因就在于它们都缺乏正确的思维件体系。大多数公司并不具备流程思维所带来的胜任力，主要原因在于流程思维并未被视作必要因素。15 年前，我在《思维件：改变思维，企业将实现自我变革》一书中讨论了新思维的必要性，然而，时至今日，我仍然要说，大多数企业需要严肃认真地升级流程思维件。

> 人经常被真相困扰，但是大多数人装作没看见就走了。
> ——温斯顿·丘吉尔（Winston Churchill）

　　就像戴明早在 40 年前所发现的，无论是深陷经验泥淖的管理者还是穿着考究的工商管理硕士，大多数人所运作的商业模式都深受传统的束缚，垂直化思维就是最好的体现。我们现在虽然拥有尖端技术和先进的管理实践，但"可恶的流程事务"依旧继续被误解和忽略。来自美国的管理顾问加里·哈梅尔（Gary Hamel）在其著作《为未来竞争》（*Competing For the Future*）中写道："把一位 20 世纪 60 年代的首席执行官放进时间机器，将他送到现在，他会发现今天的大量管理惯例和一代，甚至两代人以前的企业管理方式相差甚少。"他是对的。我们固守着旧思维件不放，以至于它阻碍我们前进。讽刺的是，大多数人都认为这是个全新的世界——快速、激变和难以预测——然而，我们继续运作着背着沉重外壳的、耗费资源的流程，舔着自我伤害所导致的"伤口"，这一切都是遗留下的政策思维和企业"空白格"数量激增的结果。企业的"病理"很明显，管理层拒绝臣服于过时的部门王国，企业再一次盲目遵从于自上而下的、由内而外的视角，股东价值，而非可持续的以流程为重心的方法，成为了驱动发展的引擎，尽管后者强调的是坚定不移地以用户的视角由外向内看问题。许多公司高谈阔论"客户至上"这一理论，但如果它们没有实实在在地把重心放到满足客户需求的价值传递流程上，"客户至上"只是一句空话而已。

过去 20 多年来，我曾访问过许多行业、企业和不同地方的各种工作场所，包括后勤部门、工厂、实验室、客服中心、矿场、银行或流程生产者，我不断地看到同样的特点：优秀的、娴熟的职能经理们正努力提高生产率和绩效，优化各个部门；同时，他们对来自于其他部门、并流向自己的职能部门的流程干扰因素感到惊讶。值得注意的是，这些经理从直觉上明白，表象之下，在他们的管理范围之外，真实的价值是以扁平化方式流动的，由于用户受到垂直化结构的约束，因此流程也被扰乱了。他们明白这一点，却不能也不打算解决这个问题，因为这个问题看起来太难，它逾越了规矩，也超出了想象。

除非我们修改模式、改变对通往用户的扁平化价值流的看法；否则，我们只会原地踏步——继续优化我们各自的垂直化责任和利益，而这些都与整个流程的运行方式相悖。

空白格

大多数干扰流程的因素都无法通过垂直化视角观察到。安迪在我的课堂上明白了这一点，他还了解了当今的商业结构；这些结构的复杂度超出大多数人的想象。空白格这个概念是由已故的吉尔里·拉姆勒（Geary Rummler）提出的，它指的是系统、部门之间的流程关联性，而不是重要的部门。我们将焦点放在了错误的对象——小盒子，而不是空白格上。现在，我们已经学会了怎么观察空白格，这就是实现重要改进并将其维持下来的重中之重。拉姆勒提出的空白格概念和它的同伴——浪费，是如影相随的，它们对于流程思维十分重要。为了看清空白格的全貌，我们需要观察并倾听空白格发出的"噪声"。

回流

说明旧思维件的另一个好的例子就是劳动力套利，它指的是在全球疯狂地寻找最低工资。令人惊奇的是，我们很高兴与"魔鬼"进行这笔交易，以低工资率换取延伸式供应线。流程思维可不会接受这一条款。以低工资率换取延伸式供应线反映出了现代管理之所以失败的一个重要原因——它进一步加深了专家和工人在思维和操作方面的隔阂。这是一份误诊"药方"，"药方"提供了较低的工资，却招致了潜在的副作用，例如供应链成本的上升以及对传递用户价值流程的干扰。不幸的是，这些副作用难以被察觉，它们隐藏在总成本的"细则"之中。通常来说，它不过是短期救急的"创可贴"。

日本福岛核事故（2011 年 3 月）发生后，有近四分之一的欧洲国家的企业和美国企业才开始回归理性，缩短了各自的供应链。一场灾难暴露了延长供应链的问题，也猛地将经理们拽出旧思维件和设计糟糕的供应流程的窠臼。普渡大学（Purdue University）的大卫·休莫斯（David Hummels）和田纳西大学（University of Tennesse）的乔治·舒尔（George Schaur）认为，一天的运输时间相当于付出 0.6% ~ 2.3% 的关税（零部件的最高关税）。

当这些费用全部加起来，企业原本以为"便宜"的进口产品的成本便大大增加了。西班牙 Inditex 集团是全世界最大的两家服装产商之一（瑞士的 H&M 是另一家），它用旗下的主要品牌 ZARA 占领了欧洲市场。Inditex 集团的成就归功于其扁平化、以流程为重心的商业模式。其他的服装企业选择在海外制造服装，虽然劳动力价格的确便宜了，但当货船绕过半个地球时，产品已是昨日黄花。相反，Inditex 在本土（西班牙、葡萄牙和摩洛哥）生产产品，从表面上来看，成本好像增加了，但由于供应链很短，Inditex 可以针对流行趋势快速作出反应，由此获得竞争优势，这弥补了其在劳动力成本上的支出。这样的流程极具说服力，它能够不断进行自我调整，从而满足时刻变化的用户需求（潮流），这和可靠却速度极慢的"来自海外的货船"截然相反。ZARA 没有把赌注压在明天的最热门穿搭款式上，而是缩短了创意和销售的时间，因此它也没有受到库存积压的困扰。ZARA 甚至以全价售出了更多产品。2001—2015 年，ZARA 的销售额翻了两番，达到 191 亿美元。还记得苹果公司是如何拥有供应链优势的吗，这种优势意味着，不在货架上的商品每日能够增添 1% ~ 2% 的附加值。通过改进分销和供应链流程，企业能获得的可不止区区几便士。

　　因此，如果你是零售商，请不要从地理位置遥远的国家购买任何东西，然后抱怨无法为一个需要花费数月从千里之外运来货物的供应链提供足够资金。如果你是制造商，请注意一下生产周期，而不是劳动力（即员工数量无关紧要），前者才是成本压力的源头。ABC 胶水公司就深谙其中道理。缩短时间的终极回报就是现金，与隐藏问题的会计结构不同的是，现金不会说谎。当管理层只盯着劳动力成本，不管其他因素（如缓慢的货物和速度极慢的流程）时，就会作出许多错误决策。如果我们换一个角度来关注扁平化的端对端流程，我们就会作出截然不同的决策，并且能拥有更加快速和高效的供应链。对一个注重流程的企业来说，在北美地区为这里的客户制造商品，当将制造成本全部计算在内，而不是仅仅计算工人工资时，结果也是经济实惠的。因为劳动力成本只占商品总成本的一小部分，更大的成本来自于延长的供应链和与其捆绑在一起的现金。

　　从福特到达尔文（Darwin），再到马基雅维利，历史经验表明，我们总是随时准备好逃避流程思维所要求的"重物抬举"，找一种轻松的方式躲开，实则将自身置于险境。2013 年，亨利·福特提出流程思维理念之后的 100 年，中国和美国并驾齐驱，成为全世界两个最大的制造大国。150 年之后，达尔文依旧是对的，他说："生存下来的物种不是最强壮，也非最聪明的，而是最能够适应改变的。"垂直化结构无法适应，因此，它们躲不过像恐龙一样灭亡的命运。

更多根源——没有问题就是最危险的问题

　　扁平化企业最重要的两个特征包括：

　　（1）要求流程设计能够暴露问题（对大多数人来说，这是个可怕的想法）；

　　（2）要求身处流程之中的员工愿意，并能在问题暴露时解决问题。

　　这与之前的商业运营模式截然不同，据我所知，这是唯一能够增加生产率，进而跑赢所有竞争对手的方式。

　　每一家企业都有一堆隐性问题，它们包括但不限于：不可靠的机器、很长的安装时间、不稳定的流程、未经严格训练的工人、低劣的质量、不尽如人意的产品开发、不科学的规划、不合格的服务、不良的客户关系，当然，还包括库存。大量的时间被浪费，并以多种形式表现，但是库存或许是内置时间最显著的代表。库存增加了运营成本和次品数量，并成为供应线的缓冲区，这已经够糟的了，但更大的问题在于库存"惯于暗处作恶的盗贼本质"。我所说的"暗处作恶"是因为它掠夺了企业里最宝贵的资源——时间。时间是硬货币，偷窃时间是不尊重员工的表现。库存是实物，因此浪费的时间或虚报的时间是很容易被发现的；可在服务业、交易流程和知识流程中，浪费的时间就自动隐身了。21世纪前十年中期，一些社交媒体发布了消费者报告，主题是大众化的航空旅行和相关的"消费者权益"，这份报告吸引了众多关注，于是，航空公司开始压缩时间表以维护声誉，并隐藏问题——在时间上动脑筋。为了被媒体报导为严谨守时的航空公司，它们改善准点率的方法是让飞机准点离开登机口，却在跑道上长时间地等待。这不过是在数据上的躲猫猫游戏而已。如同实物库存一样，虚报时间不过是在掩盖真正的问题：乘客提取行李的混乱状态、无效的登机活动、飞机清理工作的拖延、低效的登机安排、慢速的飞机维护、迟到的机组人员和超额预订。虚报时间和数据游戏就像库存一样，隐藏了流程的干扰因素，掩盖了真实问题（"宝藏"就在于此）。尽管绩效毫无改进，用户价值也没有增加，但是从纸面上看，航空公司的表现的确好多了。这种隐藏了的"宝藏"在日常操作中数不胜数：客服中心里客户排起长队，候诊室里的病人数量超出了门诊室的接待能力，价值1亿美元的飞机闲置在登机口，顾客在琳琅满目的大卖场里到处晃荡只为找到那么十几件商品。今天，超市和大卖场正在适应时间要求，提供范围较小的购买场地，使越来越多经常光顾的消费者可以快速买到商品。消费者不需要把大量商品塞进购物推车里，然后排着望不到头的付款队伍了；现在，他们可以小批量地购买商品，节省了每次购物的时间。客服中心也是罪魁祸首之一。打个比方，他们说"为确保服务质量，电话内容可能会被录音"时，这不仅仅是在浪费我们的时间，更是侮辱了"尊重员工"这一原则，这样做唯一的效果就是阻碍了向用户传递价值的流程。当他们说"您的电话对我们十分重要……"时，这简直又是一次更大的冒犯，因为在这之后，通话时间又被拖延了 15 分钟。在大多数流程中，相较于实际工作和不受阻碍的流程所需的时间，这些浪费的时间多达 10 倍以上。

> 隐藏问题制造了毫无问题的假象；然而，没有问题才是最危险的问题。

我们都清楚这一点，但却仍在提出临时的纠正措施和权宜之策，加之以草率的反流程操作和技术，例如部门内的激励措施；对漏洞百出的流程进行国际标准化认证；对生产线不具有发言权的"黑带"认定；摊销浪费以追求单位劳动成本，却忽视更重要的端对端流程；部门间的工作小组在解散后，重回各自的条块分割领域；每个月末，沉湎于业绩目标的管理行为；延长的供应链；不必要的复杂程序；相信一个软件可以解决所有问题。

我们需要停止为了让流程变得有效的努力，而是要着手构建有效的流程。缺乏对真实的流程创新和对设计的彻底理解，正是这些公司花费时间和精力用于创新、持续流程改进和提升技术能力，结果却与预期相差甚远的原因。真正的阻力来自于管理层，他们缺乏斗志，不愿着手构建有效的流程。管理层的挑战在于从云霄飞车上下来，不再强调短期的上下波动，找到什么才是可持续的，正所谓"种瓜得瓜，种豆得豆"。早期我出过一本书，书名在今天依旧适用，《未来：不是从这里出发就能抵达》，那时我的确是这么认为的，可现在我想说的是：历史将重复，未来将会继续犹如昨日，除非我们改变思维件，铲除深层次问题。

现金流是所有流程之母

2008 年，几家大型的金融机构之所以破产，原因在于企业和用户之间的信用流程受到了破坏，这些破坏力一直隐藏在复杂的财务结构当中。从 2004 年到

2006 年，新增的低质量次级抵押贷款从历史最低点 8% 上升至近 20%（在全国许多地区都算是较高的比例）。美国房产开始逐渐负债，债务和个人可支配收入的比例从 1990 年的 77% 飙升至 2007 年年底的 127%。但是，集体视角从未发现这个问题，而一小部分问题只能通过独立的机构和企业视角才能观察到。没有人看到整个流程，也没有人为财务流程中出现的干扰因素担负明确责任，并提出纠正措施。当问题最终暴露时，更严重的全球衰退已经席卷而来。"没问题"变成了致命的灾难。从理论上来说，隐藏的流程大而不倒。于是，专家学者开始四处忙碌，给金融机构、监管者、评级机构、政府的房地产政策、消费者等各个角色安上不同的罪名，但事实上，真正的罪魁祸首就是所有商业流程之母：宏观现金流程。现金流遇到了问题并遭受了干扰，如降低的借贷标准和更高风险的抵押（次级借贷）被隐藏了起来，等它们爆发时为时已晚，其后果就是缺少现金流、债务拖欠、机构破产和丧失赎取权。这些问题蓄积已久，但是始终隐藏在流程的各个分散部分，并迷失在"空白格"里。从华尔街到"大街"，付出的代价是惨重的。

　　我担心我们的企业会遭遇类似的危机，除非我们能够重新设计流程，使流程运作公开、透明，即所有员工都可以清楚地看到价值流向用户的过程，并在中途纠正流程中出现的问题。通过提供用户价值，我们用较少的成本（销售回报率）创造了更多的产量，并提升了资本周转率，这两项数据为企业创造了价值。以流程为重心的企业设计是一种良好的财务管理方法，它不涉及如何花最少的钱（降低成本），它关注的是如何花最多的钱用于增值活动。比尔·瓦德尔（Bill Waddel）是一名傲慢且具有深刻洞察力的精益会计思想领袖，他的制造业主题博客拥有广泛的阅读群体，他日复一日地高呼流程思维和端对端用户思维的必要性。他建议把财务和体现企业流程效率（即精益程度）的数字关联起来——增值费用占总支出的比重。我把它称作"成本—目标"比，依据工作成本和工作总成本进行衡量，再计入处理阻碍因素的花费。例如，增值工作值多少钱（用户认为什么有价值并值得花钱购买），是什么阻碍了工作（用户认为什么毫无价值且不值得花钱——管理、监管、货物搬运、检查、维修破损产品、销售和营销、合规性及行政等）。要记住，问题并不在于什么对公司有价值或是必要的（即

合规性)，而在于什么对用户有价值。虽然必要的成本在用户看来并不算附加值，但是它却增加了公司的实际成本，而且它也不能转化为更高的价值（即用户愿意支付的价格)，因为它并不会提升用户的购买意愿。瓦德尔进一步提醒，这并不算一个基准工具。唯一重要的事情是"成本—目标"比是否每一天都在朝着积极方向改善（今天是 40%，明天会是 39% 吗)。当然，总目标是持续地暴露和清除浪费因素，并只把钱花在增值活动上。究竟是什么增加了价值？在大多数企业里，没有人知道答案。因此，需要众人对此达成高度一致。我将在第 10 章提供一种方法，使这类讨论能够更深刻、更有意义。

第 5 章
设计流程和尊重员工

员工有权在每一份工作上获得成功。

糟糕的流程和不良的关系

总结一下到目前为止针对流程效力所进行的讨论，我断定，所有企业都有各自的商业模式，无论清晰与否，企业的商业模式都代表了它们向用户传递价值的方式，且目标是盈利。流程提供了运转的引擎和循环系统，引擎用于驱动商业模式，智慧流程丰富了公司的商业生命，使公司不断发展与壮大。与此同时，劣质流程只会导致嫌隙和懒惰。流程设计不仅能够暴露出企业在实现用户价值的过程中所受到的干扰因素，同时培养了一批员工，他们愿意并能够在问题出现时随机应变，从而使问题在影响用户之前就被解决。然而，碎片化的流程隐藏问题，给员工带来不必要的压力，迫使员工转入"地下工作"，寻求权宜之计。因此，企业只有尊重流程中的员工，流程才能保持健康的肌体，并驱动绩效的改进。

尊重员工意味着企业要抱有"员工有权在每一份工作上获得成功"的信念。工作的艺术在于发现流程中的干扰因素（我称之为寻宝过程）并实现改进。如果管理层真正地尊重员工，他们就有义务传授员工发现和解决问题的方法，因为这需要员工能清楚地看明白价值流向用户的过程，并拥有信息、技术、话语权来清除干扰因素。

尊重员工的理念早已跨越了赋权这一空洞虚无的概念，或者类似的陈词滥调。由于当前的商业活动青睐于各自为政的企业形式，因此，这些公司并没有表现出对员工的尊重。尊重员工意味着真实地了解并撬动人的力量、人的经验、人的创造力和知识。若是不在日常实践中尊重员工，那么，所有持续改进的教学方法，例如全面质量管理、波多里奇（Baldrige）、国际标准化组织（ISO）、六西格玛、流程重组（Reengineering），等等，都将无法成功。有尊重，员工才可以做回自己，发挥聪明才智，同时不因政策和政治、繁文缛节和官僚体系而感到挫败。尊重员工意味着员工可以把工作重心放在关键事务上，毫无保留地应用解决问题的技能、创新能力和自发的活力。这是流程改进的秘密武器，只有整个流程，而不是分散的部门，都应用了这个武器，它才能奏效。了解用户价值的员工将无一例外地使用良好的判断力取得最终胜利，他们不会在乎别有用心、一成不变的"我们总是这么做"的标准运营程序。在我访问过的许多企业中，尊重员工这一原则的缺失公然存在于光天化日之下，劣质的流程便是最佳佐证。

"尊重员工"这一原则要求企业创造有效的流程，而不是通过日常的变通计策或被动的改革措施使流程起效。这意味着企业的核心流程及其蕴含的商业目标清晰明确，用户价值比月末会议和季度审核准备工作更为重要。总部设在洛杉矶的咨询公司 Kelton Global 于 2013 年进行了一项有关企业员工对企业了解情况的问卷调查，结果令人惊讶：40% 的调查对象认为自己不了解或从未听说过公司的未来规划。

流程效力属于自我学习体系，它最终将暴露问题并指导企业调整方向，但前提是这些问题能通过具体实践而被发现，且这些问题没有藏身于碎片化的流程之中，为了应对这一问题，员工每天都不得不发扬英雄主义精神——当尊重员工的原则无法实现时，员工就会花费过多的时间用于处理工作中的干扰因素，于是，当一切失控时，大家便召唤"英雄"，期待"英雄"能够解决燃眉之急并快速恢复秩序。然而，在一个健康的商业流程中，尊重员工是基本的构成要素，我们是不需要"英雄"的，因为每一位员工都与流程亲密接触，并努力使流程更加完美。"英雄"只能提供短期的补救措施；而尊重员工却能够为企业提供长期的、持续的改进。

不做无用功

有这样一则名言被广泛流传：当你发现自己正骑着一匹死马时，最好的策略是立刻跳下马，这是尊重的表现。然而，在今天的商界，"尊重员工"这一原则并非居于首位，于是以下策略经常被采用：

- 购买更粗的鞭子（即绩效激励措施或更严格的规定将无法改善碎片化的流程）。
- 换一个骑手（即上优秀的人才运作平庸的流程，产生平庸的结果）。
- 用终止活动威胁马（即重置劣质流程，让其在新地点依旧表现得一团糟）。
- 任命新的委员会研究马匹（即招聘更多的顾问和专家，貌似他们比年复一年操作流程的员工懂得更多）。
- 安排人们前往其他地方参观，看看别人是怎么骑死马的（不必多解释）。
- 雇用其他承包商骑死马（即外包给劳动力成本低的国家，最好是具有长供应链的海外国家）。
- 给几匹死马套上马具，尝试骑着马并加快速度（即让愚蠢的流程实现自动化，于是变得更加鲁莽和草率）。
- 降低标准，把死马当作活马（即放松监管，追求低成本基础上的螺旋式发展）。
- 宣布死马的间接成本较低，因此，对账本底线的贡献大于其他马匹（即使用创造性会计架构，积累更多库存，降低单位成本）。
- 增加投资，试图改进死马绩效（即宣布破产，从而获得政府补贴）。

许多惯例就像死马，除非做到像一位智者曾经说的那样，"离这匹死马远点"，否则，你是无法提高生产率或改进绩效的。不改变商业流程，你就不具备提升绩效的条件，其他任何实践不过是任性、武断的表现，并注定失败。

当我对一家公司进行首次访问时，通常我会被邀请坐在董事会会议室，我的回答永远是一样的："不去会议室，我对那里发生的事不感兴趣。"接着，我会提议："不妨逛一逛工作的地方。"俗话说，"眼见为实"。教育学家经过研究证实，人类83%的学习是通过视觉实现的，剩下的17%通过其他感官实现（11%通过听觉，3.5%通过嗅觉，1.5%通过触觉，1%通过味觉）。大脑加工视觉图像的速度是加工文本速度的6万倍，大脑接收的信息有90%都是视觉信息。因此，你要做的第一件事就是深入流程走走看看，追踪流程，亲眼看看流程在哪里，它是怎么激发、生产、传递用户价值的，以及哪里出了问题。我把这个过程叫作"寻宝之旅"，对此我将在第10章进行详细阐述。深入流程需要观察力，借用我那爱好玩滑板和单板滑雪的儿子的一句话，它需要"完全浸入"。只有一头栽进流程、和流程之中的员工聊天、尝试"寻宝"，你才能认识并了解流程。你必须了解流程，使员工全身心投入其中，做到这些需要遵循两个原则：直接观察和尊重员工。

不久前，我受人邀请参观了目前最先进的、耗费数百万美元建立的物流中心，该中心已经运营了18个月，其容积为900万立方米，占地15.5万平方英尺（约合1.4万平方米），负责为1200多家零售网点供货。它融入了最新的建筑设计风格和技术理念。但是，它的表现却令人失望，因为它无法及时为所有网点供货。每一天，它需要处理3500份订单或42万个独立单元，以及安排85辆拖车运货。我们逛了一圈，有人问我感受是什么。我回答："换做我，就不会这么设计。"很明显，设计者没有流程思维。幸运的是，他们没有把我一脚踹出门，而是希望我作出进一步解释。我的回答是："我们再回去看看，来场'寻宝之旅'。"

眼见为实

"寻宝"就是在工作场所走走看看，靠近问题，亲眼发现问题所在，彻底弄明白症结所在。流程设计师不会相信自己亲眼所见之外的事物，尤其是当你想试着弄明白流程的现状，并且不盲目推崇与流程相关的具体部门或职能时，这点就显得更为关键了。价值存在于工作场所中，它可以是办公室、研究实验室、拖网渔船、地下煤矿、生产车间、零售网店或物流中心，因为在这里，你可以目睹流程，只有看见流程，你才能问出对的问题。从位于加拿大北部地下 7400 英尺（约合 2256 米）的镍矿，到锻油工业，直至印尼巴淡岛（Batam）丛林里的金属热处理操作；从印度的客服中心到芬兰的化学炼油厂；从大城市的律师事务所到制药实验室和核设施，我曾在不同行业、不同的工作场景中进行过 1600 多次"寻宝"，每一次，我都能发现未知的"宝藏"，抓住些许简单却微妙的契机进行流程改进，而在我之前，它们从未被其他人发现过。因为这些"宝藏"戴上了面具，躲进了"空白格"的缝隙，隐藏在每一份遗留下的政策和程序中，埋没在构思欠妥的信息工厂里，迷失在对接不良的指标体系中。虽然几乎所有公司都在一定程度上接受并采用了持续改进项目，但是，它们还没有做好拥抱流程思维的准备，也没有应用"直接观察"和"尊重员工"的根本原则。公司管理者们身处遥远的会议室，面对着错误百出的电子数据表和系统数据的"狂轰滥炸"，他们选择了在蒙住双眼的情况下，不断地改进绩效。

我们一起走走看看

第一次前往物流仓库观察时，我设定好了直接观察的目标，这是一个简单的订单分拣员工作流程：分拣员安妮挑拣所需货品并将其安放在拖车托盘上，然后等待装运。其详细的工作流程是安妮首先从仓库的管理系统中取出提货单，然后乘坐电动托盘车前往拣选区域，选取订单里的货品，接下来她要将货品放在拖车托盘上运送到装卸站台等待装运。有一次，她遇上了前方的另一名分拣员布莱恩，布莱恩看起来动作比较慢，他停在那儿正在寻找货品。这时候，安妮做了什么呢？她跳下车施以援手了吗？没有，她绕过布莱恩，径直前往装货地点了。我问身边的主管："她为什么不帮忙？"主管告诉我，为了提高生产率，他们不得不制定一项政策，即每名分拣员要在每个班值分拣 1350 件货品。我想了想，自言自语道："嗯，有意思，我想请问，他们工作的目的是装货，还是挑货？"对方顿了顿道："……呃，装货。"这就是关键，我常常需要回到这个重点上：当完全浸入一个流程时，需要弄清楚流程的目的究竟是什么，这点十分重要。

我们继续观察，安妮抵达装卸站台后，把她的货物暂时卸在了一个合适的货舱门前，因为这时还没有轮到她装载货物。她把次序搞混了，虽然比布莱恩早一步将货物运抵站台，可是布莱恩的货物应是首先装运的那一批。这时候，布莱恩到了，他无法把托盘运到指定的拖车上，因为安妮的货物堵住了通道。这个班值结束时，他们总共往站台运输了 850 个托盘的货物，并等待装上拖车。在这个过程中，货品被处理和检查过许多次，数据也被录入过许多次，由此产生了大量重复数据的电子表格，而这种"游击战术"被用来应付每名分拣员每班值完成 1350 件货品这一拙劣目标。1350 这个指标从未考虑这个流程的目标，但是，这不要紧，由于员工们拼尽全力来实现分拣目标，部门的分拣业务倒也显得欣欣向荣。流程目标——按时将货物装上拖车，准时交到用户手上，对这个部门来说并不算是一件值得担忧的事。通过直接观察和简单的"寻宝之旅"，我们发现了一些"宝藏"，它隐藏在流程思想之下，却由于企业文化中牢固的条块分割思维而被人忽略。毕竟，订单分拣主管以分拣数量作为衡量分拣员工作绩效的标准，却忽略了装货的拖车数量或有多少用户（零售网点）的需求得到满足。很明显，1350 件货品政策扰乱了流程，而不是促进了流程。这项政策带来了更多的阻碍，而不是提高工作效率。它导致了流程中的浪费，当然，它也并不尊重那些一直低头拣货、奋力实现 1350 件目标的分拣员，于是，用户被无辜连累。就这样，简单的"寻宝之旅"便发掘到了一份有价值的"宝藏"。

在我去过的所有地方，这是一个普遍问题：流程不断受到政策、指标和激励措施的干扰，管理者们只顾优化流程的一个部分，牺牲的却是用户价值。它衍生了独立的"小王国"，"小王国"里的员工更像是在为特定职能服务，而不是为流程终端的用户服务。

这些干扰因素最令人反感的地方在于破坏性极大，却是企业自找的，尽管它们的初衷是好的。为什么布莱恩在这个订单上遇到了困难？（实际上，他的条码阅读器的电池快耗尽了，所以需要他重复读取。）可以采取什么对策来避免类似的事情再次发生？当安妮与布莱恩擦身而过时，问题就被忽视并藏起来了，直接导致浪费被忽略了（根本原因是劣质的电池充电器），却没有人采取任何的遏制措施或制止行为。在我观察的流程中，其实真实的需求是建立一个能够实现拖车装货目标的流程，在这里设立分拣目标并不具有相关性，反而会对结果产生负面影响。在这个流程中理想的状态是触碰一次就装车，除此之外的其他任何因素都算偏差因素，属于有待曝光和解决的问题。现在，就像我们在热门电视剧《犯罪现场调查》（CSI）里看到的——证据被发现和分析得越快，解决问题的概率就越高。

> 如果完成任务是执行用户订单的必要组成部分，并且只有这一项工作时，系统就是以目标为导向的。

当然，订单分拣员工作流程真正的目的是完美地将订购货品交给零售店。完美的订货应该是及时、完整、依照要求而完成、没有过剩或短缺、没有破损的，可这些因素并非紧密相关，于是首席执行官会不断接到各处的来电，听到加盟商们抱怨服务质量太差。讽刺的是，新的物流中心本应该改善服务，因为企业能够从自己的工厂内供货，而不是经由第三方。但是，这种转变策略却没能被很好地执行（下一章会详细阐述）。同样，策略要求开设更多的零售店，因此企业需要处理更多类别的任务、运送更多的产品、满足各个店铺的不同要求，以及增加冷藏和冷冻产品。困难度由此上升。到了那个时候，企业完成"完美订单"的成功率仅为 70%，同时使用第三方物流公司处理 20% 的店铺事务。当然，我很好奇，为什么只有 70% ~ 80% 的用户需求是通过该中心处理的。因此，"寻宝之旅"还需要继续进行。

工程师的城堡

　　工业工程部生活在自己的城堡中，用户价值并非衡量其价值的指标，它的价值是根据增加的效益和减少的成本来衡量的。例如，工程师分析了托盘的拉伸膜，确定分拣员停下、手动操作包裹拉伸膜需要花费 1 分钟。这个计算结果是根据理论上的标准时间并通过远程分析而得出的。为了降低成本，他们得出结论，如果有一个自动化的缠绕包装机，那么，包装托盘的时间就会从 1 分钟降至 26 秒。自动化设备的运转使员工人数减少了，从而节省了劳动成本。于是，他们申请了 9 万美元的预算，可最后得到了什么呢？当托盘车驾驶员在等待包装货物时，新的码垛机前早已排起了 5 ～ 7 分钟的长队。驾驶员又在做什么呢？他们会下车，自己亲手包装，他们并不愿意排队等着，因为每个班值的分拣数量决定了他们的工资。司机们的潜意识里依然知道流程是重要的（分拣流程是他们工作的一部分），所以，他们为包装的延时找到了变通之计。不幸的是，他们依旧没有关注正确的目标——将货品装上拖车。由于增加了不必要的资源，问题开始恶化，最终拖累了整个工作流程。对流程中的一小部分来说，劳动成本减少了，但工程部存在的问题是，管理者既不直接观察，也不尊重员工。尽管如此，这个部门的发展却欣欣向荣，因为他们完成了上级的任务。而且他们认为，这对整个流程的妨碍作用并不显著。那么，怎么又会出现数百个货物托盘被运往装卸站台后，排队等待装上拖车的情景？工程部和订单分拣部一样，不仅仅成功地为流程制造了更多麻烦，更糟糕的是，还隐瞒了证据。最终，任何一段流程都变得和最薄弱的环节一样糟糕。无论是医院里等待就医的病患、游乐园里排队的游客还是物流中心的托盘，道理是一样的。独立的订单分拣流程选择政策（即分拣 1350 件货品）作为隐瞒手段，工程师们则把人力浪费伪装成了流程改进。

　　无论何时，当你只关注资源而不关注工作流程时，成本永远只会上升；相反，当你只关注工作流程时，成本永远只会下降。

工程师们以垂直化、分割化的视角吹响了减少劳动成本的号角，却仅仅关注分散资源——托盘包装。实际上，这项独立的活动根本没有增加用户获得的价值，它不过是给下游环节施加了约束，其目标并不是减少托盘包装成本，流程的目的也并非从拣选区域挑出货品。流程的目的应该是准时将货物装上拖车，并按时送达，从而满足用户需求。

在"寻宝"过程中，发现一个"宝藏"总是意味着后面还有更多"宝藏"。我们继续在这个"挑拣—装货"流程中"寻宝"。在物流中心里，每个班值需要将货物装上 35 辆卡车，因为物流中心有 35 个站台。物流中心采用了"波次拣货"的分拣方式，即对大量订单进行优化分拣。虽然这是分拣的最快方法之一，但却不是把货物运上车（即整合、分拣核实等流程目标）的最好方式。按照站台上托盘的排队顺序，员工依次从拖车的前、中和后三个位置进行装运（每个拖车运载 2 ~ 5 家商店的货品），结果是 32 辆拖车只是部分装满了。接下来，更多的"宝藏"被挖掘，这一次，它们来自于牺牲端对端流程以优化部分（分拣操作）这一操作。金奈悖论卷土重来，体现在一次性装货和卸下满载的货物（即满足部分用户的需求）。这么做比将 35 辆拖车部分装满（即无法满足用户需求）好多了。库存再一次以闲置的拖车这一形式表现出来。未载满的拖车是对流程的干扰（即库存或时间），它耗费了人力成本，却没有带来任何收益（即应收款项）。这就好比你工作了一整年，但只在一年的最后一天拿到了薪水。这样的现金流模型可谓苦其心志。

成本降低 44%，时间缩短 74%

如今，通过"摧毁"条块分割的部门、取消愚蠢的政策（即分拣目标），并坚持"触碰一次就装车"的流程原则，新流程使物流中心每 22 分钟就能完成一次装货和卸货。分拣和将"中等量"订单（能够装 235 件货品）货品装运的时间从 44 分钟降至 35 分钟，缩短了 20%；成本（有偿劳动时长）从 4.56 小时缩减至 2.53 小时，减少了 44%；平均每辆拖车占用的时间从 5.7 小时缩短至 1.46

小时，减少了74%；暂存订单数量（即分拣完成，排队等待前一份订单完成装运的货品）从72份降至2份，减少了97%。同样，肩并肩分拣这个安全隐患被清除，改善率达到100%。站台不再是混乱一团的了，交叉配送的货品数量增加40%；这个流程使货物能够从一辆卡车直接装载至另一辆，而不是先接货，搬货，然后再放入仓库，并追踪库存变化。他们所做的就是跳下死马。决策者不再骑着分拣目标这匹死马，工程师也不再骑着资源修复这匹死马，财务人员也不再执着于使用率这匹死马。

如果在你的流程中继续"寻宝"，并采取"直接观察"原则，价值连城的"宝藏"便数不胜数。如果你秉承"尊重员工"的原则，这些"宝藏"会将浪费转化为财富。第10章给出了"寻宝"的方法，这个方法一经采用，便可以极大地提升组织的运营效率，实现财务成功。可以说，"寻宝"即完全浸入流程，它需要企业借助最熟悉流程的员工们的双眼看清流程，也需要对员工抱有敬重之心。会议室或闪耀的灯塔对"寻宝之旅"无济于事，"宝藏"藏在工作场所，也就是大街上。

从会议室观察业务，就像游客选了旅行套餐，走马观花地参观一座城市，旅行社安排好了一切，观光大巴的行车线路是绝不会远离众所周知的地标建筑和旅游陷阱的。游客所看到的不过是管中窥豹而已，他们看到的是符合预期的景色，而非全貌，也不是城市的本质，而是被曲解的现实，是众人都能够接受的城市景象。这是金奈的简化形象。现在想一想，有一位游客租了一辆自行车，打算自己探索这座城市，他去了人迹罕至的咖啡馆，还去了地段偏僻的居民区，于是，真实的城市生活直观地呈现于眼前，等待他亲自体验。如果你沿着蜿蜒曲折的道路前行，迷失了方向，那么，就让那些意料之外的事物自动出现吧，例如，听听咖啡馆里人们在谈论些什么，或是在公园里和当地人聊聊天。如果你选择亲自观察和体验城市的流程和韵律，会发生什么呢？你将不会只看到历史地标建筑，购买千篇一律的纪念品，你会感受到失望（如钱包被抢），但是你会拥有无限的机会、更广阔的视角来发现新事物，也会获得一些独一无二的体验，它们能够激发新思维，让你获得和以往不同的新看法。这项实验可以发掘出无尽的"宝藏"。之所以作出类比，是因为"寻宝"需要完全浸入，而不是坐在会议室里审核绩效，毕竟电子表格或幻灯片演示的不过是呈现一个浮夸、虚假的工作旅程。"寻宝者"能够亲眼目睹最真实的流程、它所包含的汊痾痼疾和所有破坏因素，它们类似那些每日使出浑身解数寻求变通之策，却只是为了"行得通"的员工们。在那里，他们看到订单分拣员彼此擦身而过，缠绕包装机前排起的长队，35 辆拖车只装载了一半货物，于是，一切都简单明了了。会议室里的人只是看着目标，粉饰真实情况，埋头思考，推断目标无法实现的原因；"寻宝者"目睹了流程效力，明白目标无法实现的原因，并且知道该怎么办。

流程效力

如果流程无效，那么目标是绝对不可能实现的。正如一位弓箭手的射箭过程：他有射击目标，也有弓箭用于射向靶心，可弓箭和靶子之间存在开放空间，一旦箭离开了弓，弓箭手就无法控制箭了。在这个过程中，弓箭手唯一能够控制结果的方法就是确保射箭过程尽量做到最好，无论是在后院练习还是为奥运会做准备。射箭流程的目标是让弓箭飞的路线越精准越好，并命中靶心（即实现完美的订单并发车）。在射箭运动中，想获胜必须要有一副好弓和好箭、良好的学习心态、参加培训、勤于练习、研究和适应射箭环境，并且无论有什么干扰因素，都要心无旁骛地拉弓射箭，命中靶心。因此，"寻宝者"必须完全浸入流程，观察和了解流程效力，这不仅是目标所在之处，也包含了实现目标的全过程。

高尔夫运动是流程的另一种隐喻。我无法告诉你要怎么减少差点，但是我可以告诉你，改进流程就像打高尔夫，你必须改进击球的流程。流程的目标是尽可能精确地击中球，而不是非要达到标准杆数或购买最贵的球杆。我们都知道，对流程的理解程度决定了击球成绩。哥伦比亚广播公司（CBS）的 *Swing Vision* 节目曾使用高速像机记录了泰格·伍兹（Tiger Woods）和菲尔·迈克尔森（Phil Mickelson）的挥杆动作并加以分解，这使得我们可以清楚地看到每一个细微动作和其间发生的所有偏差因素。当我们看到流程时，我们便开始了解流程并暴露问题了。只有到了这个时候，我们才会着手进行实验，开始学习，学习看清流程里的每一个微小细节，观察毫无修饰的真实情况，实实在在地拒绝任何借口或粉饰太平的心态。试着适应，并慢慢地获得越来越好的成果。在整个流程中，关键节点的持续改进是为了产生越来越好的绩效。正如泰格，有多少次对着分解慢动作（流程）以寻求改进？不管你有多么优秀，即便是全世界排名第一，只要想提高成绩，就需要改进流程。为了改进流程，首先你必须观察流程，只有亲自观察你才会发现，事实并非如你想象。伟大的艺术家画出他们亲眼所见的对象，而非想象中的对象。

尊重员工——权利和责任

持续的流程改进思想或许不如马基雅维利的理论历史悠久，但它至少可以追溯至 19 世纪，那时，人体工程学实践已经展开，并已用于简化工作，使工人提升生产率。谈到尊重员工，我们不得不提丰田公司。事实上，尊重员工是丰田公司发展的基石。丰田财团的创始人丰田佐吉（1867—1930 年）从纺织品贸易起家，他发明了自动换梭织机，并在 1935 年成功出售了织布机业务，开办丰田汽车公司。在此之前，他见了塞缪尔·斯迈尔斯（Samuel Smiles）（1812—1904 年），塞缪尔写了一本书，名为《自助者天助》(*Self-Help*)，和这本书同年出版的书还有达尔文的《物种起源》(*Origin of the Species*)，约翰·斯图亚特·穆勒的（John Stuart Mill）的《论自由》(*On Liberty*)。塞缪尔的作品是一部从世界范围来看都具有开创性意义的作品，其中阐述的关于个人责任精神的理念至今激动人心。塞缪尔传递的信息是：如果你告诉员工该怎么做，你就剥夺了他们的所有权和责任感，因此，作为管理者，重要的是给员工明确的职责，激励他们针对各自职责范围内的问题提出应对之策。塞缪尔对于人这一因素的思考引起了丰田佐吉的兴趣，他的儿子丰田喜一郎（1894—1952 年）和丰田喜一郎的侄子丰田英二（丰田汽车公司的第五任社长）把塞缪尔关于"对人的基本尊重"的教诲融入了公司运营里，成为丰田生产系统的基本组成要素。《自助者天助》这本书至今还放在丰田佐吉出生地博物馆的玻璃展示柜里。尽管 15 年来，精益思维已被视作主流思维，并有数万名员工接受了培训，了解了精益原则，然而，在任何一堂精益课程当中，依然很难见到这种自助的道德精神和实践信条。

自助是个人自我发展的基础。许多人的生命历程都表明，自助是国家繁荣和实力壮大的真正源头。来自外部的帮助通常会弱化成效，但自助却无一例外地带来兴旺发达。从某种程度上说，无论你为个人还是一群人做了什么，都会同时带走激励措施并减弱自助的必要性；过度的指导和管理永远只会导致更多的无助感。

再没有一家公司能够像丰田一样，建立首屈一指的商业流程（戴姆勒可能是最接近的）了。为什么做不到呢？因为它们接受的是抽象精益工具和技术的培训（即单元设计、拉动系统和标准化作业等），而不是对精益原则的教诲或领悟，而精益原则才是塞缪尔·斯迈尔斯教育丰田公司的关键：尊重员工，使他们担负起责任，针对工作中的问题寻求解决方案。这听起来使人震惊。尽管精益已经成为一个无所不在的变革管理品牌，尽管丰田公司敞开大门，欢迎任何想要一探"精益斗篷"之下究竟的人，尽管现在通过研究机构、各类会议、文章、出版物、标杆参访和产业旅游能够获得海量的精益知识，尽管有人试图保密精益的奥秘，尽管近 20 万家美国制造商声称正在开展"一些精益活动"，但是它并没有真实地发生过。这令人感到苦恼，但却不是一团谜。当领导层没有积极接受"尊重员工"这一原则时，当运营团队的变化或短期目标成为日程重点，精益活动就会渐行渐远，人才也随着时间的流逝而日益被消磨。

员工权利

尊重员工意味着员工有权在每一份工作上获得成功，也意味着企业管理者必须做到以下三点：

（1）明确地确定流程目标；

（2）使员工看到通往用户的价值流；

（3）赋予员工修复流程干扰因素的能力。

我常会听到有人宣称"当然，我们尊重我们的员工"，其实，这种声明与现实可能有着天壤之别。我想说，如果你亲身体会了典型的"寻宝之旅"所带来的成果之后可能会发现，实际观察到的生产活动中，能产生附加值的不到10%，这是对员工的极度不尊重。你让他们生产的产品中，有90%都一文不值，他们也明白这一点。如果客服中心告诉来电的用户，他们需要监听员工关于工作内容的谈话，而这只是因为员工可能会把工作任务搞砸（推断），这是否意味着不尊重话务员？企业要做到尊重员工，关键是要给予他们一个有效的流程，给予员工有效流程的唯一方式就是赋予他们能力，使他们能够根据自身对目标的理解来设计流程。这是一个划算的交换条件。如果你尊重员工，你就会为他们提供所需要的信息，赋予他们话语权和技能，以构建更好的流程，那时候，他们才会持续不断地为你改进流程。

信息、话语权和技能

我的初次经验来自于我还是一名工厂经理的时期，我从一位享有命令控制权的经理手中接替了这个角色。刚上任的一段时期，我的办公室门口常常排起长队，他们都是来询问我各种各样的问题的员工，他们希望我告诉他们下一步该怎么做。为了确保我践行了"尊重员工"这一原则，我想象着每一位员工来到我的办公室时，背上都趴着一只猴子，猴子就是问题，他们的目标是把猴子扔到我的办公桌上，而我的目标是让他们把猴子带回去，并且带着解决方案再次来找我。如果他们拥有能够解决问题的信息、话语权和技能，我就能实施这个原则，让他们自己背着猴子；如果他们没有这三项条件，他们所缺乏的就是我欠他们的，他们就可以把猴子丢给我了。为了作出回应，我列举出另外三件事，它们必须是组织所固有的，以激发对员工的尊重：

（1）员工必须以扁平化视角看待流程，知道自己适应哪些环节；

（2）员工必须对流程目标有清晰、明确的了解；

（3）员工必须根据流程目标提出衡量偏差因素的方法。

许多领导者都在谈论员工敬业度和赋权，实际上，这些标签或自我感觉良好的言论并没有带来持续的改进，因为他们没有在员工和流程之间搭建才智和实践的桥梁。完全浸入早已跨越了敬业度和赋权，所有员工都有权在每一份工作上获得成功，这就是关键。为了使员工能够完成工作，管理层的职责是提供尽可能好的方法，并将实实在在的尊重转化为绩效改进。据我所知，员工敬业度或赋权与产量之间毫无联系，但是，尊重员工和产量之间却存在紧密的联系。几十年来，公司总说"员工是我们最重要的资产"，但是，有些领导者却始终不尊重员工、不理解流程是如何影响员工工作的；领导者甚至不知道员工是怎么想的，以及如何表现的。丰田喜一郎和丰田英二明白这一点，他们知道，如果管理层需要员工发现问题、作出改进，他们就有义务提供方法。管理层的角色是创造流程思维文化、暴露问题，以及使员工能够以自己的方式尝试并改进。我将在第 9 章详细介绍实验原理。成功的实验基于这样一种文化，它不仅允许失败，还鼓励失败、传受失败、宣传失败。不努力避免失败的人会遇到更多的问题，解决更多的问题，从而加倍地创新。

> 在我找到正确模式之前，我曾经经历了 5126 次失败，得出了 5127 个原型，我从每一次失败中都汲取了经验，这就是我提出解决方案的过程。所以，我并不介意自己失败，我总是在想，学生应该以他们失败的次数来评分，尝试最奇怪的事物并经历过多次失败的孩子很可能更具创造力。
>
> ——詹姆斯·戴森（James Dyson）
> 戴森吸尘器的发明者

　　回顾物流中心的案例，流程的目标在于装货上车，接着，更高的目标就是实现对用户的承诺——为加盟商完成完美的订单。为了使物流中心的每一位员工都能够了解自己的流程目标，个人层面的了解和思考十分重要，只有这样，员工才可以明白自己的角色。物流中心最重要的目标是建立并向加盟商发送完美订单，但有一个很现实的问题是，时薪 11 美元的仓库工人并没有和目标挂钩（和用户相距十万八千里）。因此，管理层需要提供易于员工理解、消化的流程及大方向，例如，"你的工作要求是触碰一次就装车"。策略需要转换成相关行动，员工的工作内容就是落实行动。有时候，我半开玩笑地说："我希望你能建立一个更好的流程。顺便说一下，如果到最后你还有一些时间，那么可以再往托盘上装货，或者做几管胶水。任何阻碍因素都算是问题，都需要解决，然后重新设计流程。"然后，我会安慰他们，拖车会被装满，胶管也会顺利出厂，他们照做了。管理层对于流程重构的理解和承诺是第一步，然后才是要求员工构建尽可能好的流程，这是尊重员工的基础。

　　下面我还将列举一些不尊重员工的企业和尊重员工的企业的例子。

　　我曾在一家规模较大的客服中心做过一些调查，我发现，实际上最糟糕的流程位于投诉部门，因为这是一个典型的自上而下的命令流程。在投诉部门，正当员工拿起电话接听用户投诉、试着解决问题时，电脑屏幕上会突然跳出一行字，写着提示：别忘记努力推销。它提示员工该推销什么以及该说什么。这是一个非常糟糕的主意。首先，它违背了销售第一法则：与用户建立关系；其次，它会导致话务员在处理投诉来电时，失去应答的弹性空间。很明显，他们的回答被一个根本不在流程中的人的"建议"所控制，而这些人根本不了解具体情况，他们从未生活在流程中，或根本不了解流程对于改进结果的重要性。客服代表正忙着处理愤怒的客户的来电，他／她却在此时要求客服人员试着推销其他商品，这对于客服代表和用户来说都是不尊重的表现。这个例子中，决策者没有让身处流程中的员工去做员工认为的最好方案，而是让员工听取来自于流程之外的不现实的自动指令。

　　还有一次，我为一家公司筹划领导层会议，这家公司在印第安纳州的一座小镇开设了工厂，距离辛辛那提市有一小时的车程。我在周日就抵达了目的地，然后租了一辆车，于傍晚到达了酒店，却发现墨菲定律先我一步抵达了——尽管我在两天前就寄出了所有的演讲资料、工作手册、模拟方案等，可现在还没送达。我立刻给快递员打了电话，等待接通时，我笃定地认为我会听到一段事先录好的语音留言，类似"你的来电对我们十分重要，但是，此刻我们已经过了营业时间……"，最好的情况不外乎是人工客服询问一些拐弯抹角的问题，例如"运单号是多少"。我们都经历过这一切，但令我吃惊的是，杰弗里接听了我的电话，并接手了我的问题。他找到了我的快递（由于国土安全部实施了新的跨境法案，包裹仍在加拿大，到那时为止，我所经历的可靠流程还从没遇到过这种情况），将包裹及时调往清算中心，空运包裹至印第安纳波利斯市，然后，由大巴送至哥伦布市，最后搭上出租车被送往了我的住处。杰弗里及时地回复我的问题，而且并非是因为公司政策或上级命令所致。他有信息、技术和话语权，以及对目标的清晰理解，他知道如何传递用户价值，事实上他也是这么做的。这就是对员工和用户的尊重，这就是塞缪尔所说的自助原则。

起初，在 ABC 胶水公司，我们在流程中就发现了很多不尊重员工的情况，例如，车间工人知道解决生产难题最好的方法是什么，却无人问津。例如，在 ABC 胶水公司用来盛装密封胶的是一个带有"鲭鱼线"、外形似"香肠"的容器。之所以采用这种包装是因为作为同一种类型的产品，这种包装形式有利于承包商提高产量。可问题在于，灌装"鲭鱼线"的过程就像真正的香肠生产线一样，对细节十分挑剔，一不小心就会出现"鲭鱼线"容器开裂，或者产品洒得到处都是的情况。这项工作很容易引发混乱，弄坏设备，还需要员工花很长时间清理。而灌装"鲭鱼线"容器的工作每周只有三次，所以，当员工不填充"香肠"时，他们就前往其他生产线（即最大限度地利用劳动力）工作，留下的烂摊子一直等到下一轮"香肠"填充工作开始时才会被清理干净。当工人回来时，他们需要花大量时间清理设备，就像赛车进站后，维修人员才开始准备更换轮胎，而不是当车还在赛道行驶时就开始准备了。在这个流程中，我们要改变的真实目标就是尽可能快地做到整装待发，同时得精心维护设备，确保其光亮如新。我们将思维方式向后勤团队靠拢，他们开始像全美汽车比赛协会成员一样思考。维护团队不会说："噢，老弟来了，我得换轮胎了。"事实上，他们工作的附加值并不在于花 8 秒或 12 秒完成换胎，而是花一个又一个小时的时间准备、磨合流程，以确保能在 8 秒内完成换胎，这就是流程思维。当"香肠"任务到来时，准备工作已经做好，因此，它并不需要耗费 24 小时（3 个班值）来完成；预期只需要 8 小时（1 个班值）。为了实现这个目标，他们必须时刻做好准备，而不是依旧在清洁和维修机器。之前，他们受限于旧思维件的指令，如果手头没有工作，就应该另找事做；而现在，当没有"香肠"订单时，他们的工作就是做好清洁，准备迎接下一次工作。

　　效力的可用性变得比关注流程、扁平化企业更为重要，而对效力的使用也变得比垂直化结构更为重要。ABC 胶水公司的员工继续着手解决问题，他们发现，"香肠"胶管裂开的原因是供应商在胶管下方制作了缝隙，这些缝隙可以帮助他们制造出更长的胶管，采购部购买较长的胶管也会获得优惠价格。维护团队参与了采购过程，他们与厂商谈判，以同样的价格购买到了没有缝隙的、较短的胶管。他们的流程目的在于随时做好准备进行高效的工作。现在，他们只需要 24 小时就能完成原本 3 天的工作量，而不是之前的 42 小时。

持续改进通常收效甚微

　　正如之前所提到的，在过去 20 多年的大多数时候，企业为持续改进所付出的努力收效甚微，它们并非彻底失败，而是远远未达到本该达成的目标。无论我去哪里，我都能遇到一些同样的问题：垂直化结构、错误的目标、错误的指标和对员工的不尊重。话虽如此，但是，我的确看到教学法的钟摆更加用力地偏向了新思维件这个我所认为的正确方式。然而，它必须从企业的领导层开始实行，领导层需要针对企业策略进行清晰、高效的沟通，更重要的是，企业需要一道有效的流程来应用这些策略。

第 6 章

流程的重要性——战略运用和财务绩效的决定因素

> 每个人都有一个完美计划，直到被一拳打掉下巴那一刻。
>
> ——迈克·泰森（Mike Tyson）

计划并非战略

温斯顿·丘吉尔（Winston Churchill）曾说："我们塑造了工具，工具又塑造了我们。"没有什么能比以传统方式管理的企业更适用这句话的了。"行走的王国"限制了我们运用创新战略进行变革的能力，影响了财务绩效，是时候拆除各种令人晕眩的高塔了。虽然我们身处一个垂直化的世界，但也需要逐渐意识到，企业只有采用扁平化思维，才能实现持续的绩效改进。就像金奈悖论一样，它效果惊人，人们需要学习如何应用必要的商业模式。

当然，企业管理层总希望将财务分析作为改善绩效的第一步，但利润只是结果，是成功执行战略的副产品。更好的起点始于商业战略本身，具体来说，就是如何传递用户价值。战略为企业指明了总体目标，如此一来，就不会对企业的条块分割部门过分关注。管理学家、作家彼得·德鲁克曾经把商业的定义浓缩成一句话：商业的目标是创造并留住用户。这是真理，也是一个传递用户价值的流程，最终的落脚点就是用户履约满意度。我之所以使用履约这一词，是因为它所蕴含的不仅仅是一时的满意度，它指的是从长远看，企业能够留住用户，并且保持用户忠诚度。因此，流程思维从战略开始，但是，采取的方式或许和我们一贯采用的大相径庭。

流程思维从战略开始

战略的重点与其说是计划，不如说重在执行。战略规划是对未来的假设，针对的是不确定的未来，于是，当未来逐步在眼前展开时，计划就常被证明是鲁莽而草率的。19 世纪德国陆军元帅赫穆特·冯·莫可（Helmut von Moltke）曾经说过："没有任何计划能在遇敌后继续执行。"英国著名的军事战略史学家劳伦斯·弗里德曼（Lawrence Freedman）在著作《战略的历史》（*Strategy: A History*）中强调了这个观点。弗里德曼观察到，虽然有战略总胜过没有战略，但是，除非你做好适应任何突变情况的准备，否则，战略不会让你捞到什么好处。他分析了战略的定义及其发展演进的历程，发现无论是在战争、政坛或商界，战略永远没有终点，它不断解决如何从一个阶段过渡至下一阶段的问题，列出每个阶段都需要解决的一系列问题，确保你能够顺利抵达下一阶段。一份面向 300 家大型企业的问卷调查显示，高管们认为，执行战略比开发战略要困难得多。战略部署需要通过数个流程共同执行，以确保实时的学习和适应效果；我们不执行战略，我们只是在不断地改进战略（见图 6-1 和图 6-2）。

图 6-1 战略规划

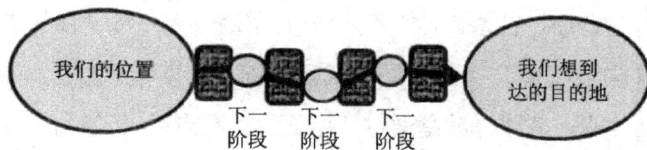

图 6-2 战略应用

战略规划：如果我们认为"未知水域"是清澈的，我们不过是陷入了盲目且预设的应用模式。

战略应用：保持敏感度，对流程中的真实情况作出回应并不断学习，以积极适应流程条件变化，从而顺利穿过前方不明确的未知领地。

在划时代巨作《丰田套路》（*Toyota Kata*）中，麦克·罗勒仔细探究了丰田生产系统，并作出了说明。

> 虽然我们都在仔细地学习和观察丰田，对丰田所采取的一切措施了然于心，但是，究竟要如何实施以流程为重心的设计依旧不甚明确。
>
> 或许只有三件事是我们能够并且需要搞清楚的：我们所处的位置、我们想到达的目的地以及能够令我们把握好未知领域并成功抵达对岸的方法。剩下的部分或多或少地含糊不清，因为我们无法预测未来会发生什么。我们所处的位置与通往目的地之间的通道是一段灰色区域，充满不可预料的阻碍、问题和事务，只有迈开步伐，沿路往前走才能有所发现。

换言之，正如罗勒和弗里德曼指出的，战略并非计划，它必须是战术应用。我们能做到的最好的程度就是掌握好的方法，利用这些方法来应对前方的未知旅途，继而通往理想状况，而不是依靠行动的具体内容、步骤和解决方案。我们发现成功的唯一方式就是采用高度严谨和有灵活性的流程不断学习、自我适应。但传统的企业结构并不适合我们采用灵活探索的方法，因为企业结构的灵活度本就不足。值得庆幸的是，战略可以通过智慧流程得以应用。前行的途径并非是预设的实施方案，而是通过创造一个应用流程，使我们在探索的旅程中能够获得足够知识，并妥善、充分地处理未知事物。

战略所带来的挑战与其说在于规划，不如说在于应用。它的关注点在于如何将战略转化为行动，使战略成为每一个人在每一天、每一秒的工作内容，并不断地学习和自我适应。例如，如果我们仔细观察西南航空公司或其效仿者，就会明白，其战略规划或许就是通过"用低价和准点率吸引乘客，把飞机载满"这个方法而获得利润的。然而，这是一则关于"要什么"的说明，而不是一个不讨论"怎么做"的空洞计划。应用的全部核心在于流程，"怎么做"就是战略性的应用部分，在这个事例中，廉价航空公司的"怎么做"或许是缩短跑道上的快速过站时间（即节省时间和金钱）。让飞机更快地过站是一次执行战略的契机，即用更少的飞机（大多数时候在空中）搭载更多的乘客。无论员工在运营中担任什么角色（机翼上方、机翼下方、座舱或飞行旅途中），流程就是成功的关键，它需要所有职能向着单一目标共同努力：过站时间。战略能否成功取决于流程的有效性，与过站时间相关的关键节点包括乘客登机、下飞机、装卸行李、飞机加油、清理机舱、厨房服务，等等。鉴于难以计数的外部变量（即天气、乘客行为、机械设备老化等）都需要我们持续地作出相应调整。只有在所有职能都绝对忠诚于流程的情况下，这样煞费苦心的努力才能通往成功。也就是说，所有人需要向着同样的目标努力——快速、安全地过站。流程思维的三个核心要素——目标、指标和行动——也就是为此而设计的：确定目的地（目标），根据风浪大小（指标）实现目标，最重要的是，中途需要不断地调整风帆（行动）以实现目标。这里隐藏着一些问题。如果流程中的各项职能彼此孤立，当突发情况发生时，要实时、同步地做出调整几乎毫无可能，结果就是战略执行不力。只有以流程为重点的模式能够圆满地执行战略，只有流程思维才能够有效地执行战略。

我不是战略家

　　我不是战略家，我只是在推动战略的实施，将其转化为具体行动以改进绩效。如果战略是正确的，成功率就取决于组织实施战略的能力。企业具备流程思维能够促进战略的实施，今天的安排、资源分配、政策、流程的应用，就是为了抵达明天。《财富》（*Fortune*）杂志最近的一篇报道称，高达 70% 的战略失败不是因为战略不当或缺乏好的想法，而是没有得到良好的执行。《哈佛商业评论》（*Harvord Business Review*）的一篇文章进一步说明了这个问题：10 家企业中有 9 家都不能成功地执行战略；具体说来，只有 5% 的员工知道公司战略是什么，只有 15% 的执行团队每月芘 1 小时以上的时间讨论战略，只有 25% 的经理推出了与战略挂钩的激励措施，只有 40% 的企业将预算和战略挂钩。

关键问题是：我们该如何把战略转化为行动，使战略成为每一位员工的工作内容？战略的实施需要一个涉及所有职能和管理体系的日常流程；实际上，应用战略比战略本身的优劣更为重要，战略的成功实施是判断商业流程是否健康的直观指标。

流程的重要性

战略就是企业创造价值的方法，以及企业打算如何从目前的"依照现状"转变为"理想状况"，流程就是正在实施中的战略。没有行动，就没有执行；没有流程，战略就无法顺利实施；没有实施，则无战略可言。职能化的企业结构着眼于日常规划，并不服务于战略。想一想西南航空公司及其效仿者是如何在流程层面上（跑道过站时间）执行战略的，以及苹果公司是如何为实现产品的快速交付而将库存压缩至 4 天的。

智慧流程旨在持续地了解用户需求并作出回应。

技能、话语权和信息

智慧流程是实行战略的载体，当行动可以和战略对接时，战略应用通过技能、话语权和信息的布局使行动制度化，这将确保战略的执行企业能依据情况变化采取应对之策，这也是唯一一种能够搬动并移除企业内那些巨大的、笨重的、费解的"拦路虎"的方法。当然，在一个由多个部门所构成的企业内，着眼于企业整体的战略只能面临施展无方的窘境。

战略是一种意图，它通过流程中的重点来确定实施过程中会遇到哪些阻碍因素，观察这些阻碍因素所处的位置，以及该在哪里控制它们，从而缩小它们的影响范围，确保阻碍因素对整体流程不会构成危胁。

每天都有数百万人买比萨，无论是从必胜客（Pizza Hut）、比萨比萨（Pizza Pizza），还是高档意大利餐厅。假设我们喜爱这个产品，那么，余下的就是流程了。每个比萨的制作流程就像比萨饼配料一样各不相同，因为每个比萨有不同的用户价值主张和战略，它们的成功依赖于流程执行战略的能力，以及能否履行对用户价值主张的承诺。

像达美乐（Domino's）或比萨比萨这种提供外卖服务的大型企业，它们的战略是建立在对顾客的承诺之上，即如果不能在30～45分钟内完成送餐，则餐费全免。它们需要做些什么？其实，最好的方法是拥有全球领先的（不产生浪费的）履约流程。当顾客来电时，他们不会花时间询问："你好吗？"他们的第一个问题就是："您的电话号码是多少？"一眨眼功夫，上一次的订单就被调出了。"和上次一样吗？"每一个回应都指向一个假设，即如果他们能够在30～45分钟内完成送餐，顾客会十分满意地付钱，并且再来消费。相反，必胜客的价值主张和战略与达美乐完全不同，它讲究的是多样性、创新性和新鲜的体验。必胜客不断出炉新品比萨：松脆的、芝心的、深盘的、薄皮的、无麸质的，等等，它的菜单上经常会增添新选项：比萨饺、夹馅比萨卷、巧克力棒。为实施战略，它的流程目标不是像达美乐一样越快越好，而是构建一道推出新品的流程，以满足顾客不断改变的口味需求，并尽快把新想法转化为比萨和收入。能吃到比萨的第三种选择是独具特色的意大利餐馆，在那里，你可以享用意大利餐和"托斯卡纳"（Tuscany）以外最好的比萨。来这里的顾客不在乎30～45分钟的送餐时间、特色甜品或吃起来嘎吱作响的松脆边；他们需要一个能够带来美食、亲近感和优质服务的流程，他们唯一想要的多样性来自于酒窖。

从三家披萨店可看出，流程需要有一个明确的目标，这个目标来源于战略方向。正如之前所说的，要根据目标和战略设计流程，构建绩效衡量体系用来评估流程实现战略目标的能力，而不仅仅是简单的战略或目标。如果流程无效，那么目标也是无效的。我们必须通过流程和对流程（而非战略）的日常监控来实施战略。

获胜需要流程思维

这些年来，我花了很多时间和精力照看我的四个孩子，现在，他们长大了，他们的爱好是在足球场上、曲棍球场上、篮球场上和橄榄球场上运动。我一直在观察他们（从流程视角），有时候我的孩子也感到惊讶。许多人写过关于运动的隐喻，内容不外乎是：运动是如何像一面镜子般地反映人生。有时候，我会借用运动领域的一些事例来阐述流程，因为获胜队伍了解流程，他们关注每一场比赛和每一次练习，获胜只是最终的目标。战略或许根据比赛的不同而有所差别，例如攻击型比赛或防守型比赛；然而，执行战略的流程需要具备实时的衡量指标的能力（而不是遥远的目标）。教练常常会说明队伍在一个赛季以来取得的进步，这就是一个流程。我经常使用的例子是关于我的儿子布兰登的，他在高中篮球队里担任首发控球后卫。以下就是我衡量他表现的分析。我认为，他要关注的唯一一件事就是助攻比和失误比，因为根据运动规则，每一次助攻得 2 分，这和他投篮得分一样好，每一次失误意味着有可能失去 2 分。当然，有时候他会选择投篮或前往篮下，但这也是助攻 / 失误比的一部分，是以流程为重心的衡量指标。他必须投篮，虽然未必一定得分，但这么做会改善他的助攻。计算方法很简单。通过观察数据，我们发现，只要他在一场比赛中实现了 10 次或更多次的助攻，他的队伍都将获胜。一场比赛中，如果他的助攻是失误的 4 倍，他的队伍也将获胜。这个结论给予了他特定视角——把流程、成绩指标和战略都结合在一起。

根据特定指标衡量个人的表现着眼于获胜流程的具体部分。如果我们讨论的是大型赛事，就需要运用截然不同的指标，那他的流程会是关于抢得篮板球数和二次进攻得分。曲棍球和足球也遵循同样的道理。队员们不关注比分领先，即使这是队伍的最终目标；他们关注的是进球得分或触地得分的必要流程。他们明白，如果能够有一个更好的流程，让每一个动作都能产生价值（根本因素：摸索、检查、障碍、解决），就能超越竞争对手获胜。把冰球从角落中推出是得分的关键；后退到本方守区阻截是阻止对方得分的关键；足球队员联合起来拦截对方球员，是本队队员带球突破得分的关键。流程中一旦发生故障（干扰因素），就难以取得预期成效。持续地减少每一个故障能够提高边际绩效，进而提升获胜概率。

从我的经验来看，企业极少关注这些根本性因素，其中可能包括一些暂时性的故障，企业也极少采取预防性的干预措施。当一家工厂面临零部件短缺时，它会立刻采取对策，遏制类似情况的发生，可是，企业是否会继续挖掘并探究问题根源，进而修复流程，最终消除未来隐患？当航空公司丢失了乘客行李，它是否会意识到，流程的某个部分已经失灵，应该立刻想办法预防类似事件再次发生？如果餐馆服务员将调制好的沙拉送到餐桌边，而客人的要求是沙拉与酱料分离呢？如果这些干扰因素日复一日地出现，影响了满足顾客需求的流程呢？所有这些因素都与规划的战略性应用相关，也与企业学习如何通过流程改进而"获胜"（即实现财务目标）有关。不关注这些重点，战略就无法实现，更别说可持续地应用了，进而财务目标也无从实现。只有当流程的具体部分改进了（想一想成本动医，例如助攻与失误比），财务目标才可以实现。战略应用涉及确定和实施这些流程细节上的具体改进（即提高助攻与失误比）。换言之，利润是妥善管理的结果，它的核心原理来自于作为流程改进指标的"平衡计分卡"。

21 世纪极具影响力的商业理念

在任何一种商业活动中，流程改进都是相似的，它涉及了解、观察、实践、学习和改进流程，从而持续地改进战略，使其随情况变化而主动适应流程。相较于一台运转顺畅的"设备"，流程改进的作用在一家笨拙、低效的企业上体现得更为明显。战略遒过各类测试和"尝试风暴"得以实施，虽然它与直觉相悖，但它是正确的，前提是你确实想取得显著的绩效改进。过去 1000 多年，科学方法逐渐形成了技术进步的根基，尽管失败多于成功，却总归令尝试者获益颇多。托马斯·爱迪生拥有 2000 多项发明，他曾说："我并没有失败过，只是找到了10 000 种不可行的方法而已。"经验会验证猜想，于是，我们可以提出假设，进行验证，进而对假设作出肯定或否定的回应。

商业活动中，战略的角色就是假设，流程负责"测验"。罗伯特·卡普兰（Robert Kaplan）和戴维·诺顿（David Norton）于 1996 年共同出版了革命性著作《平衡计分卡》（*The Balanced Scorecard*），他们将战略和流程相结合，根据衡量指标来判断成功与否，并构建了一个框架，为管理层指明了一条完成实验的道路。这本书中提及的内容被誉为 "21 世纪最具影响力的 75 个商业理念" 之一。他们提出的平衡计分卡是一种反馈机制，它是一个仪表盘——商业流程绩效与商业战略相结合，并基于战略提出综合性指标的框架。流程必须围绕战略而建立，这样，流程就可以提供持续的、实时的反馈，以此来说明行动是如何围绕战略展开的。只有以流程为重心的企业能够做到这一点。就像管理学的其他理论一样，平衡计分卡的应用受到了职能化企业的严格限制，使它不得不削足适履。虽然多达三分之二的美国公司声称，它们正在使用平衡计分卡，然而，只有不到 20% 的公司能够获得成效。职能化组织中的"维持现状者"再一次成为这个被认可的管理概念值得一较高下的对手。平衡计分卡的成功应用，就像所有可靠的管理学一样，需要流程思维。

最初，以图表展现的平衡计分卡被视作循环流程（见图 6-3）的核心。然而，当把它视作一个等级化的概念（见图 6-4）或作为财务结果（即利润）和满足用户需求能力之间的因果联系时，它更受青睐；反过来，流程的"健康"程度（想一想"成本—目标"比）决定了这种能力，而对于流程的投入则决定了流程是否健康。具体说来，对流程的投入包括：持续的流程改进培训、恰当的使能技术、对员工的尊重、文化，等等。

了解了因果联系的发生过程，一个明确的假设（即战略）就建立了，核心杠杆点是内部流程。

以流程为重心的企业不会设定只有事后才能评估的（即评估性的）战略目

标。反之，企业会设定迈向下一阶段的条件——罗勒在《丰田套路》里所说的：沿着导航指标驶向圆满的理想状况。

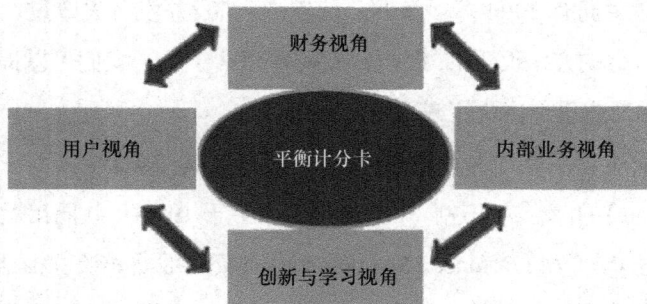

图6-3 《平衡计分卡》中用于衡量战略的指标体系

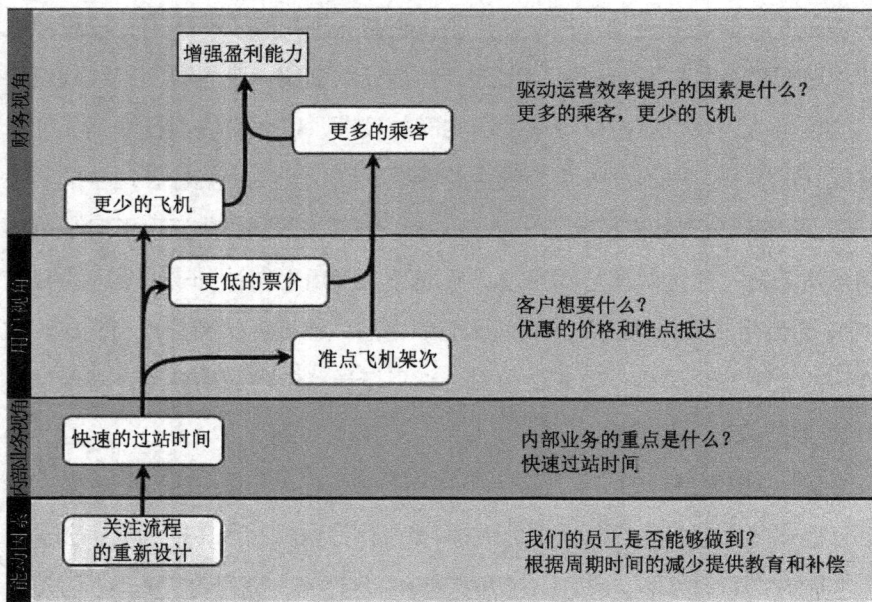

图6-4 将平衡计分卡作为企业整体战略沟通的因果框架

这些必要条件与流程中员工紧密相连并由员工操控，战略目标与员工并非毫无关联。战略作为一项计划，提出应该采取什么措施；战略作为一项应用过程，提出如何实施计划。在我儿子的案例中，战略或许就是每年都获得联赛冠军，他的任务就是赢得比赛。然而，可胜在敌，胜不可为。他所能控制的就是助攻和失误的次数，这就是他该努力的内容。以流程为重心的企业关注导航指标、流程偏差，而不是目标和得分。正如前文提到的，当箭已出弦，目标就脱离了你的掌控。控制存在于训练、实践和学习的过程中，目的是掌握射箭流程。当流程无法实现目标时，执着于目标的管理便产生了破坏性，它导致整个企业过度焦虑。没有什么比在企业中确立一个流程效率所不能及的目标更不尊重员工的了，精益理论称之为"超限应力"（即精益生产体系所称的超载设备或超负荷的工人）。一段时间后，它在人工设定的节点便显示出来了，如"月末"或不现实的项目截止日期。

相较于沉湎于目标，执着于导航指标或许更为有效，这些措施用于了解和改进流程，从而激发解决问题的行动。我们来看看下面这个例子。我的另一个儿子迪伦（Dylon）爱好曲棍球运动。高中时，他是球队守门员，他随球队去过很多地方比赛。有一天，他回到家告诉我数学考试得了 F，我的评估本能告诉我，这个成绩很糟糕。然而，我的导航直觉告诉我，我需要看一看他的曲棍球比赛日程和考试日程，我发现，他是在结束客场比赛后开始数学考试的。他在考试前一天晚上 11 点才下了球队的大巴车。对考试来说，这并不是一个有效率的方法。因此，我们开始研究类似情况会在何时再次发生，并制定应对措施，例如，再出现类似的日程安排时，就在比赛前一周留在家里好好学习。

导航指标能够引导人们解决问题，评估措施可以帮助人们在不采取行动的情况下进行判断。战略应用是自下而上的，流程会持续地对接具体情况，以实现战略目标。规划是自上而下的，但是执行却是自下而上的，在执行过程中，流程是载体。流程思维以战略目标和具体目标的形式由管理层往下派发，但是，它需要人们通过内部流程对导航指标进行完善；反过来，这些措施将不断地一步一步往上攀爬，实现最终目标。

首席执行官视角

我们现在回顾一下之前谈到的事例，并简要地讨论更广阔的图景，也就是以自上而下的视角了解流程的重要性，这一点十分关键。由于平衡计分卡将内部商业流程视作实现战略目标的重要支点，因此，在创造组织的扁平化视角和相关的流程改进上，平衡计分卡提供了重要的助力。平衡计分卡关注财务目标和用户价值，同时激发流程内部的行动力，并要求企业对员工未来的学习和成长进行投入。观察流程思维，平衡计分卡的四个视角定义如下：

（1）财务视角：实现积极的现金流；

（2）用户视角：实现我们所承诺的；

（3）流程视角：设计和实施流程；

（4）员工视角：尊重员工，因为是他们令流程运转。

没有用户就没有商业；没有现金流，商业就不存在；没有正确的战略，成功就无法实现；没有以流程为重心的模式，就没有成功的战略应用（见图6-5和图6-6）。由图6-5可见，导航计分卡衡量流程效力，流程中策略的执行情况是由目标的实现与否所衡量的。

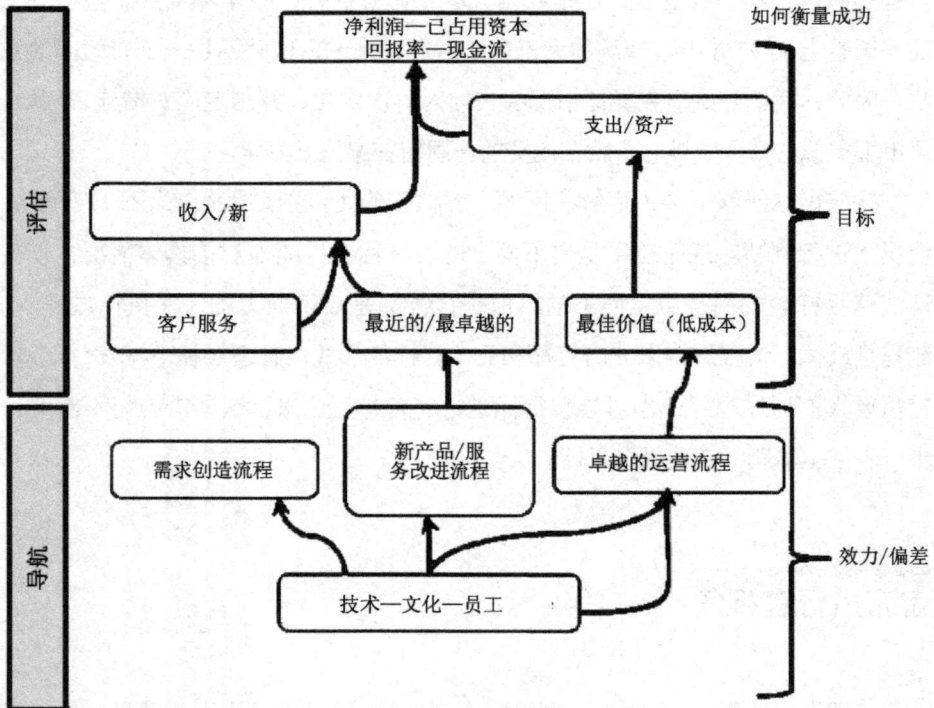

图6-5　因果假设架构图

在图 6-6 中，评估措施的关键特性位于图表上半部分，导航指标位于下半部分。

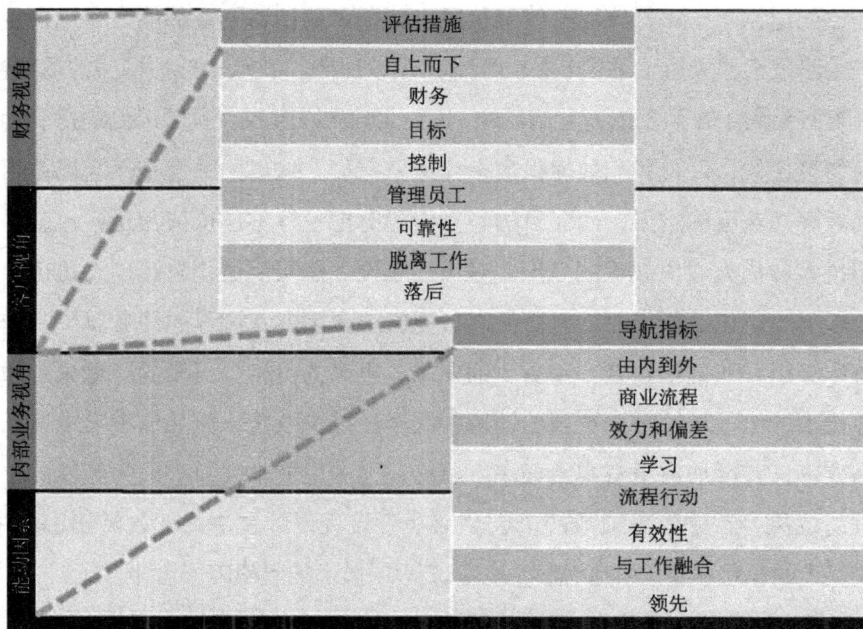

| 评估措施 |
| 自上而下 |
| 财务 |
| 目标 |
| 控制 |
| 管理员工 |
| 可靠性 |
| 脱离工作 |
| 落后 |

| 导航指标 |
| 由内到外 |
| 商业流程 |
| 效力和偏差 |
| 学习 |
| 流程行动 |
| 有效性 |
| 与工作融合 |
| 领先 |

财务视角 / 客户视角 / 内部业务视角 / 能动因素

图 6-6　评估措施与导航指标

价值创造——管理工作流程，而非资源

我们都知道财务指标、用户和员工的重要性，但是，我们却常常忽略流程对于上述三者的重要性。流程就是管理工作流程，而非关注其中的资源。卓越的流程管理（就像蒂姆·库克为苹果公司所做的设计）为企业提供了重要的传递用户价值的机会，因此，如因果假设架构图所示（见图 6-5），流程管理为财务，尤其为已占用资本回报率指明了战略方向。

图 6-6 展示了从客户和财务视角（目标）来看，计分板的评估指标具有哪些关键特性。同样展示的还有从流程视角（内部和能动因素）的角度看，计分板的导航指标具有哪些特点。流程思维主要体现在导航指标上。

我们都知道，大多数首席执行官的主要担忧是财务业绩，而非流程、产品或员工，这无可厚非。他们的直觉认为流程以占用资本回报率的形式创造成果，但是他们通常不了解，流程的健康状况决定了企业创造财富的能力和已占用资本产生回报率的能力（见图6-7），而非产品或服务。我从未低估赚钱的重要性，因为没有利润（在盈利的商业活动中），企业就难以生存。我想谈论的是我们该如何衡量金钱，以及我们如何根据指标采取行动。这里的关键在于，已占用资本回报率是流程的结果，而非目的。我们暂时把目标称作价值创造，也就是我们将投入转化为用户注重的产出。对用户来说，购买价值比自己创造价值（知识产权另当别论）更容易，也更便宜、更便捷，因此，流程的任务就是从市场竞争中吸引并留住消费者。用更少的成本、更高的价格、更多的产量来刺激盈利性需求的流程能够带来更高的销售利润率，减少浪费以满足这种需求有助于提高效率，并增加占用资本回报率。最终，已占用资本回报率成为健康的核心流程的成果，改进财务绩效的机会会存在于流程设计之中，即设计出海量的、花费巨大的流程浪费/干扰因素，改变流程中10:1的阻碍因素占比。

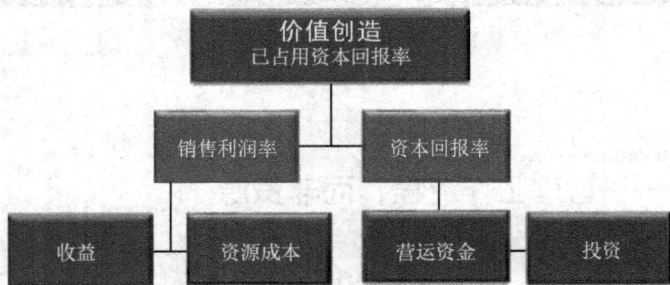

流程改进计划的效果不存在最低限度，除非：
(1) 增加产量（收益）；
(2) 减少支出（资源成本）；
(3) 减少投资（营运资金，例如库存）。

已占用资本回报率 = 销售利润率 × 资本回报率

$$资本回报率 = \frac{收益}{运用资本}$$

$$销售利润率 = 收益 - \frac{成本}{收益}$$

图6-7　与流程思维件相关的财务指标

流程具有三个根本性价值驱动力，包括：

（1）流程中的资源总量；

（2）消耗资源的流程设计；

（3）流程所需的工作总量。

除非你可以控制需求（回答"不用，谢谢"的顾客，我们不需要你的产品）或控制资源（我们再招聘 1000 多名员工吧），否则唯一实在的支点就是流程创新、再设计和改进。资源的应用是为了创造价值，从商业角度看，即收益，但是流程的健康状况决定了利润和已占用资本回报率。图 6-8 提供了一些能够影响流程的切入点。

图 6-9 深入探讨了已占用资本回报率模式（见图 6-7），目的是说明价值创造和流程设计之间的关联——通过流程创新驱动价值创造。重新设计的流程清除了不具备附加值的活动，减少了所需资源，因此，资产转化率更高，产能更高，从而增加了满足客户需求的可能性。流程是任何一种"赚大钱"模式的核心，绝非偶然。

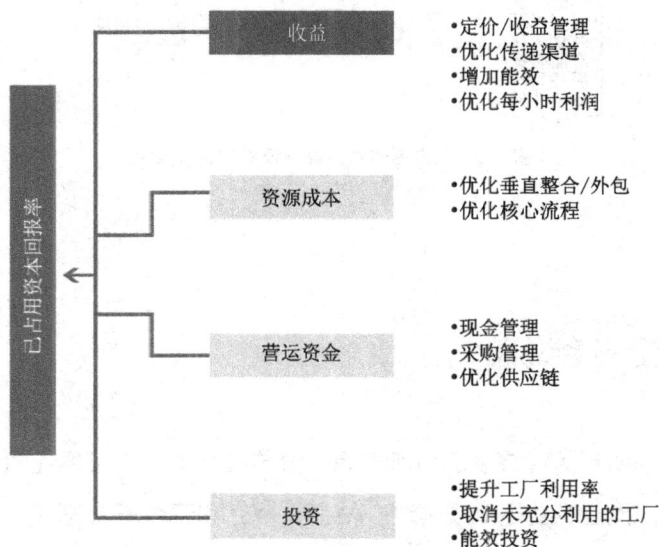

图 6-8 撬动潜在的流程改进机会

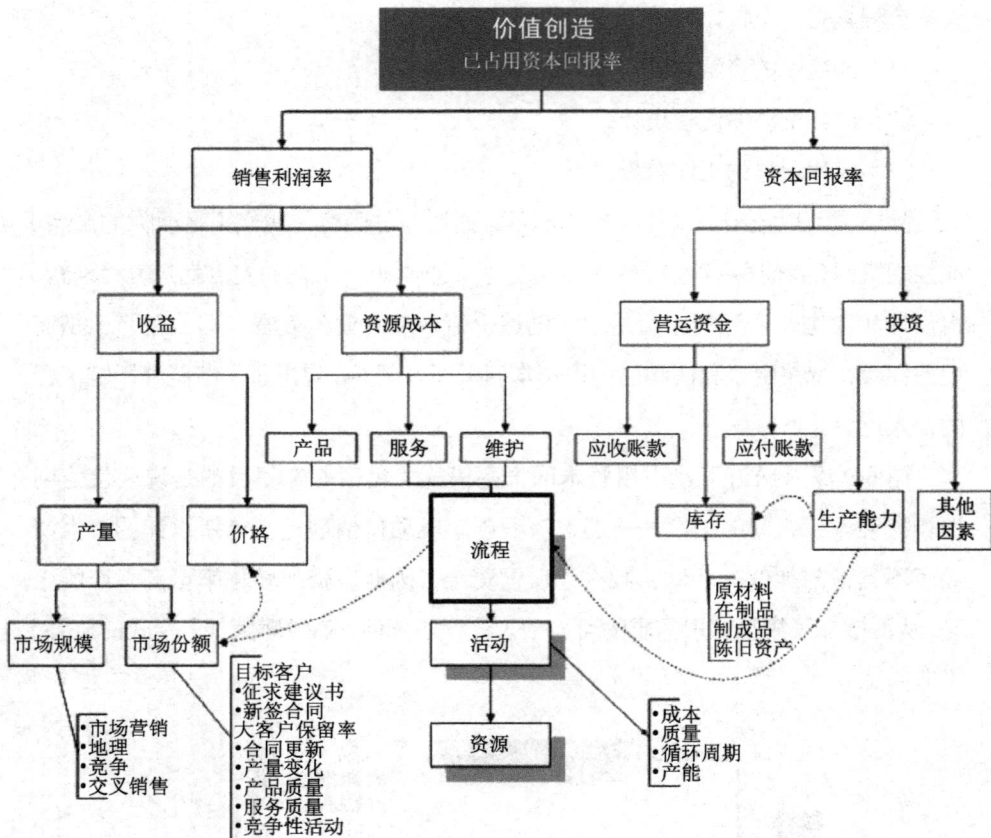

图 6-9 已占用资本回报率模式的深入探讨

库存和现金不会说谎

2007—2009 年的经济衰退为所有想了解传统会计架构可靠性的人上了代价巨大的一课，损益表就是直观体现；然而，库存和现金不会说谎，这是从未改变的现实。想一想苹果公司高达 74 次的库存周转，以及黑莓手机制造商减记 2 年的库存金额，你就知道现金是在哪个环节被绊住的了。如果你想知道一道流程是否健康，你就需要观察这些因素：现金流、库存规模，以及处理信用卡申请的等待时间、机场停机坪周转时间或处理保险理赔的周期，等等。这些都是体现流程健康与否的典型指标。

想要将劳动成本减少 35% 吗

流程思维者对与财务绩效相关的三个因素感兴趣。在你回答了以下三个问题之后，企业是否采用了新思维便一目了然了。

（1）产量：如果你的流程实现了产量增加 50%，这意味着什么？

（2）时间：如果你的流程可以用一半的时间完成，这意味着什么？

（3）营业费用：如果你可以用一半的费用在同样的流水线上实现同等产量，这意味着什么？

当我与一些高管就这些话题进行第一次讨论时，常常被反驳道："是的，但是……我们的业务不同，这可能真得不太适用。"因此，在进行深入讨论前，我想提供一些来自全球各地、各个行业、规模各异的公司的证据（卓越成效）。以下是我曾经合作过的公司所取得的绩效平均成果：

- 前置时间（现金周转期）减少 70%；
- 资产利用率提升 50%；
- 营运资本（库存）增加 100%；
- 质量成本减少 50%；
- 生产率（每个员工的产量）增加 65%；
- 生产能力（相同的投资数额）提升 83%。

然而，只有当我们深刻了解运营驱动因素对财务的影响时，这些成果才会产生。这意味着我们需要了解什么能降低成本。拿库存来说，在我们将其转换成产量的过程中，以及实现更短的循环时间、更短的前置时间和更快上市之前，现金都是被占用的。生产力是流程通过销售转化为现金的速度"控制器"，只有当产品或服务交付给了用户，用户接受了产品价值的时候，产量才算有效。总成本，也就是实际成本——与平均单元成本这种毫无意义的预设的参数不同——

是企业将库存转化为产量所需的所有支出。从流程思维的角度看，生产率是产量与实际成本之比。因此，真实的财务绩效来自于减少工作中的阻碍，使得工作和价值能够以更少的成本、更高的效率实现。营运资本生产率这一概念就是对这一流程的最好概括，也是流程思维的财务架构。

营运资本生产率

这个指标十分重要。上述三个问题共同构成了营运资本比率的杠杆，它主要用于衡量绩效的改进。平均营运资本生产率（20% 的收益率）是根据北美地区一般制造商的数据得出的。这意味着，每 1 美元的货物中，可用营运资本占20 美分。进一步说，如果你能使用到这部分可用营运资本，就相当于你将劳动生产率提升了 35%。

营运资本生产率的三个因素应该按次序进行考虑。首先，解决产量问题；其次，解决时间问题；最后，解决成本问题。如果你是一个面临着艰难困境的生产商，那么你首先想到的应对方式是减少成本，这一点通常从裁员开始。但事实上，这一措施对于绩效改进毫无益处，它是一种错误的思维方式，也是一种旧思维件和错误的开端。一开始就决定减少支出会直接使我们伤及筋骨，产量也就难以复原。因此，如果你希望劳动生产率提升 35%，那就需要减少生产时间，用一半的时间将产品推向市场，这种理念适用于任何流程。

2007—2009 年经济衰退期间，国内银行业务（即信用卡、抵押贷款、个人贷款和吸收存款）是（现在依旧是）每个主要零售银行的日常生计来源。当时，我正和一家大型特许银行合作，研究如何促进信用卡和投资组合的业务增长。我们将流程思维与战略、财务绩效和流程进行了衔接。

最近，他们授权一家战略研究公司开展了一项重要研究。研究发现，信用卡从申请到发放的周期每缩短 1 天，用卡消费就增加 10 个基点。但实际情况是流程直截了当地设定了 2 天的周转期：首先操作员会将申请输入系统，接着，申请会被发送给信用咨询公司进行核查，然后，信用咨询公司根据银行设定的风险门槛作出评估，最终决定同意或拒绝申请。这是一个 2 天的裁定时间。在最初的评估阶段，我们选取了一些申请样本，发现只有 20% 的申请是经过自动裁决程序生效的，其余的申请都受到了干扰。管理人员认为我们选取的样本不具有代表性。然而，在对 20 组共 200 多份申请进行检查后，我们发现，没有任何一份申请能够经过自动裁决程序生效。因此我们获得的经验是，自动流程的 2 天处理时间相当于平均 28 天的人工处理时间，有一些申请甚至需要 40 天或更长时间才能得到回复，让我们看一看这个典型事例。

信用卡实验

拿丹尼尔的信用卡申请过程举例，当我们进入"寻宝之旅"——对流程进行仔细观察时，发现他的经历能够说明许多问题。首先，他需要前往当地支行，在被称为区域市场代表（Field Marketing Representation，FMR）并受担保的外包客服机构填写申请表。这些机构受权保障银行支行、制定零售店、机场和其他客流量大的地方的申请权益。申请会被收集并提交至区域市场代表的中心办公室，在那里工作人员会计算数量、批量处理，然后在每个周末通过邮件发往银行的处理中心，7 天后，丹尼尔的申请被输入系统。无论什么时候，系统里都有 3 万份申请，每年系统会接受 100 万份申请。换言之，因为每一天都意味着 10 个基点的潜在信用卡消费增量，所以 14 天的等待和运送时间是不必要的浪费。由于区域市场代表（有 3 家签约公司）看重的是数量而非质量，因此，这些申请信息的清晰性和真实性总是不尽完美。回顾当前的垂直化组织结构，我们可以看到批量和排队思维能够优化流程的每一个节点，而不是流程整体。要记住，流程的目的是"用卡消费"（见图 6-10）。

图 6-10　丹尼尔信用卡申请流程
注：从流程视角看，丹尼尔的信用卡申请需要 14 天。

　　申请通过扫描光学字符阅读器输入系统，其自动审核系统将文件从手写的纸质文件自动转化为申请模板，以便于操作员对申请进行阅读或作出必要的改动。光学字符阅读器是一种相对新型的、昂贵的系统，用于减少操作员手动输入申请的时间。然而，讽刺的是，这个系统表面上节省了操作员手动输入申请的时间实际上却增加了整个流程的所需时间。要记住，任何时候，当一个人致力于优化流程中的分散资源时（除非是普遍流程中的明确限制因素），成本就会上升。只有着眼于整个流程（面向目的），成本才会下降。操作员向我表示，当我们坐在"大街上"这一真实的工作场地中开展实际工作时，丹尼尔的信用卡总会弹现在信用咨询公司，而不是自动审核程序里。我们能确定的是，丹尼尔的信用卡之所以跳出来，是因为他的姓氏被光学字符阅读机误读了。当我询问缘由时，她对我解释，光学字符阅读器的工作原理是"模糊逻辑"，意思是，它只在 80% 的时间里是准确的。由于区域市场代表为完成申请指标而匆忙工作，许多申请表的填写情况并不理想（如书写潦草、漏失数据点、在错误的位置填写错误的信息，等等），加上缺乏质量审核环节，申请者们极有可能被拒绝。虽然操作员可以做一些微调，但讽刺的是，这比重新填写申请表所需的时间还要长，而且，按照特许银行的欺诈处理部门（独立部门）所设定的风险因素，他们无法改动关键数据，如姓名。打个比方，如果某人在申请表上将自己的名字 "Smith"潦草地写成了 "Smth"，光学字符阅读器会认为这是一个不完整的单词，并会主动加上 "i"。问题是，它也不确定这是不是正确拼写，也有可能正确的拼写是 "Smyth"。在使用光学字符阅读器之前（银行对此投入的资金数额多达 6 位数，并签订了维护合同），操作员会对潦草的字迹进行仔细辨认，然后将 "y" 加进名字里。现在，他们只能眼睁睁地看着这份申请从信用咨询公司的人工流程，而非自动审核流程中弹出，却无能为力。这与流程思维中的"尊重客户"原则是相悖的。

于是，丹尼尔的名字被放在了需要等待 8 天的欺诈队列里，等待被纠错并返回给操作员。现在距我们进入"时间线"已有 25 天。于是，操作员长叹一声，表示即便是第二次向信用咨询公司提交申请，丹尼尔的信用卡也会再一次出现在公司流程里。她说，信用卡申请地址，即马特兰大街 30 号 401 公寓已经被系统列入方言化表述清单。她还说，同一个辖区里所有带有公寓房号的地址都会跳出来，因为设备只能识别马特兰大街 401-30，而不是马特兰大街 30 号 401 公寓。于是这份申请又排上了欺诈队列等待纠正。信用咨询公司的这两趟流程将时间线延长至 29 天（见图 6-11）。

当信用卡第二次通过欺诈队列时，一组操作员便会手动拦截申请流程超过35 天的申请。原因在于，这个系统安装了内置算法，会自动过滤在系统内停留超过 35 天的申请（见图 6-12），因为没有方法能够让这些申请停留那么长的时间。我们可以确定的是，这些申请需要重新输入系统，进入又一个 35 天的等待周期。

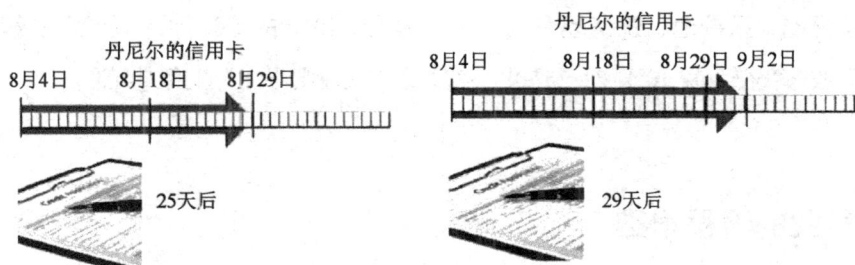

图 6-11　丹尼尔信用卡申请时间从 15 天延长至 29 天

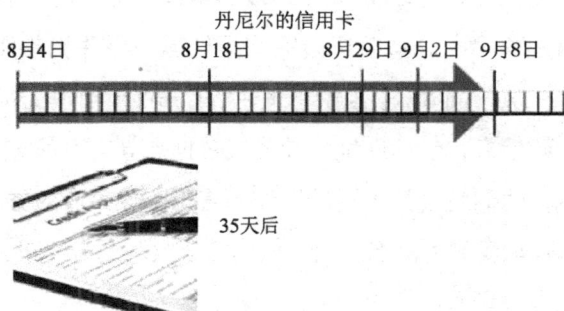

图 6-12　丹尼尔信用卡申请 35 天后的状态

自申请之日开始算起，这份信用卡申请最终于第 39 天通过审批，并在第 40 天发放（见图 6-13）。

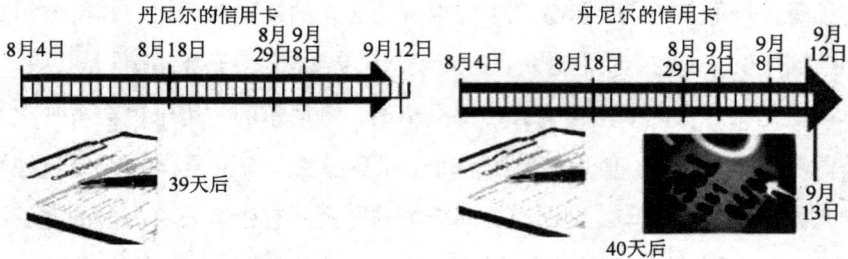

图 6-13　丹尼尔信用卡申请 40 天后的状态

最终，我们浪费了 40 天时间，期间仅包含 10 分钟的附加值工作，其余的流程活动无非是阻碍工作的开展——流程的浪费因素和干扰因素。10 分钟仅相当于操作员拿手指触碰键盘并将申请输入系统的时间。然而，银行把所有的精力都放在了采用光学字符阅读器处理申请的流程上，目的是节省出这 10 分钟。当然，更好的结果是能够延长这 10 分钟，使操作员可以在第一次输入申请信息时缓慢地、系统地、正确地完成输入。因此，40 天的流程问题便得到了解决，而不是只获得节省 10 分钟的成果。这就是"欲速则不达"的经典范例。

银行业的流程思维

今天，银行能在 2 天内自动审核 90% 的申请，这归功于流程思维的应用。通过实验，银行建立了一个持续运转的流程处理中心并将其作为试点。现在，欺诈调查员与操作员一同办公，操作员以手动方式将申请输入系统。如果他们看到明显的不一致信息，包括地址、姓名或数据点等有可能导致信用咨询公司无法读取的信息，他们就会打电话给欺诈调查员，讨论应对方法。一旦后者判断现场改动在风险承受能力范围之内，操作员会立刻进行修正，申请随即发送。随后，操作员在办公场所中间放置一块白板，用于记录每一个偏差因素，以及在什么情况下，这些错误是长期反复出现的问题，而非偶然事件，操作员也因此重新掌控了改动信息的权力。这样做就能清除光学字符阅读器所带来的阻碍，操作员更能投入于流程之中。在实验进行了 90 天后，新的流程就被设定为标准工作程序。现在，我们设立了 11 个类似的中心，结果令人惊喜。端对端的资料处理和控制流程时间缩短了 83%，员工在不需要花费更多精力的情况下，生产率提升了 400%。员工专心致志地投入流程，并且被赋予了话语权，因此他们能够对流程结果产生更多影响。

正如之前提到的，我常常斥责那些依旧采用旧思维件的管理层，要求他们想一想，如果去了劳动力成本较低的国家，他们就会发现，35% 的劳动生产率优势足以提升绩效。我之前也说过，考虑到所有成本，他们应该待在家里，弄明白如何将生产时间从 6 周缩短至 3 周，并实现相同目标。动力是什么？是每 1 美元的可用营运资本就能够使收益率比原先增加一倍。如果你发现流程里其实有 80% ~ 90% 的工作内容都是无效的，那么，毋庸置疑，即使你实现了 50% 的改进，也不会费太大功夫。事实也是如此。这也是为什么我可以"保证"50% 的改进——最低限度。

不改变流程设计，企业就无法提高生产率。任何其他意在触发改进的方法都是决策者的一厢情愿，注定只能带来极其微小的成功概率。

无关乎技术

我发现，企业总是依赖技术寻求解决之道，它们会认为如果实现了自动化，效率则会更高，并且系统也会更可靠，最终，绩效就能获得改进。大多数时候，这种推断并不成立；相反，它们可以通过清除流程中的浪费因素来获得更高的产量，产能也能由此获得提升。更高的产量、更少的时间、更少的消耗，以及更低的成本，是所有公司改进的目标。因此，许多公司会浪费一整台运钞车的现金，投入巨资用于增加产量，而不是选择最简易的方法。我说过："如果拨款是为了产量，那么，取消它；相反，如果拨款用于提升能力，那么，让它经过正当流程。"流程思维可以帮助你了解产能和效力之间的差异。

流程思维应该是所有节约成本和产能思维的一部分。我已经记不清有多少次听到经理们称："我们必须在全公司安装企业软件系统。"（如企业资源计划软件）。但是，我从未听到任何人提起过这么做是为了什么。如果流程具有稳定性、重复性，并且不发生变动，那么这款软件是可行的。如果不是，这样做什么问题都不能解决。麦塔集团（Meta Group）对 63 家安装该软件的企业进行了问卷调查，这些企业来自各行各业，规模也各不相同。他们分析了从软件安装之日算起的 2 年内企业花费的维护成本（包括专业服务、软件和硬件成本），这些花费的额度令人侧目，其中，花费最低的仅 40 万美元，而花费最高的达 3 亿美元，平均值为 1500 万美元，分摊到每一家企业的每一位使用者身上，平均花费为 5.332 万美元。而且该软件的使用成本还会随着企业规模的扩大、员工数量的增加而上升，其总成本通常是企业收益的 0.5% ~ 1%。但是，这些成本中没有一项花费着眼于持续的流程改进。虽然注重可靠性的管理系统对于任何一家大型企业来说十分重要，但它不是灵丹妙药（见图 6-14）。罗杰·马丁在《商业设计》（*Design of Business*）中指出，企业资源计划系统能够实时地追踪查询资源是否被充分利用，但它无法催生成效显著的战略。

成本类别	金额（美元）	%
许可费用	150 000	24%
维护费用	81 000	13%
聘用顾问费用和客制化费用	180 000	29%
基础设施升级费用	40 000	6%
内部费用	180 000	29%
总成本	631 000	100%

图 6-14 企业资源计划系统成本

　　我常常听人说："要是你早一年来这儿就好了，因为我们不久前刚花了一大笔钱提高产量。"有一次，一家公司建造了一个仓库，在我们帮助其减少库存后，那座仓库便再无用武之地了。

　　迈克尔·彭斯（Michael Burns）在《特许会计师杂志》（*CA Magazine*）（2011年8月）中提道：企业在固件软件上的开支巨大，我们却尚未发现有助于提升绩效的明确商业案例。

　　产能的核心就在于流程。在一些案例中，流程思维为公司节省了建造工厂的费用；在另一些案例中，为公司节省了一条生产线。

　　我留给高管们的问题是：为什么不深入考察流程？我们的障碍并不在于缺乏成功的证据——成功案例有很多，而在于管理层缺乏内在的意愿去了解流程的重要性、流程对战略应用的直接影响以及将已占用资本回报率作为衡量指标的财务汇报。在接下来的三章中，我会详细解释如何应用"目标—指标—行动"模型建立一个以流程为重心的组织。

第 7 章

绩效目标

> 如果你无法将正在处理的事务描述为一个流程，那么，你就会像一只无头苍蝇一样毫无头绪，你并没有基于目标设计流程。

三个关键因素

在商业流程的构建中，目标、指标和行动是必不可少的关键因素，这三个因素能够最大限度地激发生产力并满足用户需求。它们共同构成了运营体系或企业的思维件，同时也是商业战略的驱动力。

无论位于何处，信息交换和流程总是相伴而生的，在流程发生之地，必然存在以下三个要素：目标——满足用户需求；指标——更好地了解和改进流程，基于指标的行动——推动流程活动。在接下来的三个章节中，我们将对这个模型进行探讨（见图 7-1）。

运营模式说明：指标使我们了解与目标相距多远（偏差）。这

种了解将激发行动（一项实验）。接着，指标用于对实验假设进行
验证（即验证我们是否更接近目标）。

要构建一个以流程为重心的企业，我们需要了解目标、指标和行动三者之间的关系。请注意，我指的是适用于商业模式的运营体系，而非某个不断改进的工具或技术。正如我在前文所述的那样，设计一个有效的流程总是从目标开始的。

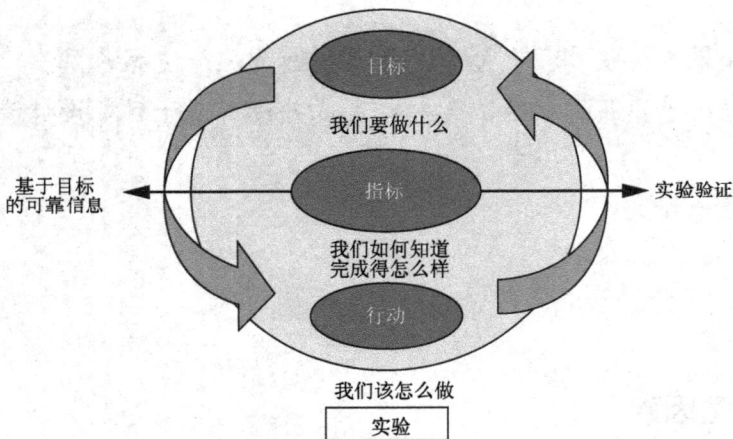

图 7-1 "目标—指标—行动"模型

流程的目标是基于需求来设计的，它是决定绩效的主导因素。了解流程目标，由此发现阻碍目标实现的活动，是改进绩效的重要一课，它将改变我们对企业的看法。设计高绩效流程从说明和沟通流程目标开始，紧接着，瞄准目标进行流程设计。最理想的设计结果是，流程仅包含对实现目标有所助益的活动。如此一来，流程就能以最低成本运营。这被称作流程赋权点（Entitlement Point），也就是说，根据企业当前对流程的投入水平（即人力资本、结构资本和金融资本），流程能够在特定的绩效水平上运营（即"成本—目标"比）。事实上大部分流程的运营成效达不到实际可实现的绩效水平的一半，这意味着，在不增加资本投入的情况下，如果看准目标进行流程设计，那么 50% 的改进空间唾手可得。当流程中的浪费大于收益，这一结论十分重要，但只有当合理界定收益（目标）后，浪费才是直观的。

赋权于商业流程

流程是一系列活动的总和，这些活动在消耗资源（成本）的同时，也把投入转化为产出（目标）。因此这些活动决定了流程所需的资源总量，反过来，资源总量决定了将投入转化为产出所需的成本。由于流程设计决定活动总量，因此，绩效主要取决于流程设计。显而易见，活动越少，消耗的资源就越少，成本就越低。然而，除非我们十分确定减少的活动总量并不会削弱流程实现目标的能力，否则，减少活动总量将不可避免地阻碍目标的实现。我们必须获得减少活动总量的权利。通常，企业会将核算问题视作一项挑战，并大胆地量化产品成本，以从产品和职能中精确地追踪间接费用。这么做是为了弄明白如何分摊损耗，而非将其消除。流程思维无需对产品成本紧追不舍，它更多地关注流程的组织与运营，以求最终减少和消除间接费用。它不需要复杂的核算投入和控制，所需的一切信息已被嵌入流程，因此它要么提升价值，要么只能维持现状。

以换胎流程打个比方。换胎需要以下活动：把车停下，把车抬起，拆旧轮胎，换新轮胎，把车压下，开车上路。对这一系列活动（流程）来说，专业的赛车维修人员只需几秒就可以完成。一个由 20 人组成的一级方程式赛车（Formula 1）维修团队，换完 4 个轮胎所需要的时间不到 3 秒（目前为止的最快记录是 2.3 秒）。对于同样的流程，一个普通的司机需要 20 ~ 30 分钟才能完成，我们在流程上耗费的时间来自于附加活动（如阅读说明书、从后备箱里取出备胎和寻找工具）。那么，哪个流程略胜一筹？哪个流程的"成本—目标"比更值得推崇？我们可以结合企业的目标，通过评估这些流程的绩效水平来回答以上问题。更重要的是，只有了解目标，我们才能提升绩效。

一级方程式赛车维修团队的目标是赢得比赛。为此，他们设计了一个流程，将所有无效的附加活动"驱逐下线"。寻找工具和设备等活动早在进行流程的关键途径之前就已经完成了，因此，换胎所需要的时间缩短了。当然，成本（20

名成员）是基于目标而确定的。你和我或许也能够在数秒内完成换胎，但是，
却需要一名训练有素的专业人士进行指导，并事先在行李箱里备好压缩机和空
气管，还得常常练习。当然，这听起来有些滑稽，原因在于我们的目标是截然
不同的，所以，我们的行为便需要作出相应改变。我们不需要完成一道世界一
流水平的流程，因为它无法给予我们竞争优势。我们面对的竞争并不要求我们
在 2.3 秒内完成换胎，我们的客户也不愿意因为我们在 2.3 秒内完成了换胎而多
付钱。但是鉴于一级方程式赛车的投入以及客户的支付意愿（即获胜奖金），他
们有责任在 3 秒之内完成换胎。对于专业赛车手来说，维修人员节省哪怕 1 秒，
都会直接影响到赛道时间和排名（即竞争优势）。然而，我们可以重新设计一道
属于我们这些外行人的"换胎流程"，这就是一个赋权流程，所以，即便资本支
出保持不变，绩效也将比原来提升 50%。这意味着我们必须始终怀揣目标，及
时地、高效地抵达终点。我们该怎么做呢？

我们可以下功夫改进一些线下流程：首先，在闲暇的周六上午随手翻开说
明书，阅读更换轮胎的步骤，然后在私人车道上练习十几次；其次，我们需要
整理行李箱，不让里面的高尔夫球棒、健身背包和堆积的垃圾构成阻碍；最后，
熟悉必要的工具以及备胎的位置。或许下一次，20 ~ 30 分钟的换胎时间能够
缩短至 10 ~ 15 分钟。在这种情况下，我们可以把流程所需时间缩短 50%，并
且削减成本（即资源），改进"成本—目标"比。专业维修团队的权限是在 3 秒
以内完成换胎，而我们则有 10 ~ 15 分钟的时间。然而，如果我们目前的成绩
是 30 分钟，那我们就具有巨大的空间持续地改进流程设计，以获得权限。完成
赋权流程的过程就是不断地发现和清除对成果毫无助益的活动。即便是专业的
维修团队，也需要重视持续的流程改进。最近几年，专业维修团队至少节省了 1
秒的加油进站时间，这要归功于流程改进，例如，法拉利维修人员会接受具有
奥运参赛经验的高水平教练的培训。像所有涉及许多职能、部门和资源的流程
一样，员工之间的高效协作十分必要：20 个维修人员基于同一个目标，协作处
理同一辆车，即使每一种职能承担的角色各不相同，但都着眼于流程整体的成功。
几乎所有的商业流程都会涉及许多员工、职能和部门，但最重要的是，流程里
的所有元素都能够聚焦于一个中心，共享同一个清晰、明确的目标。

只有用户才能够定义价值。

流程目标由用户定义

　　如果企业对用户价值不给予明确且统一的关注，那么设计高绩效商业流程就是纸上谈兵。因此，持续满足用户需求是设计流程时无可争议的要求。这意味着我们要消除对目标毫无助益的活动，如果正在进行的工作刚好能够满足用户需求，那么，流程便是高效的，它将成为赋权流程。而附加价值只有用户才能定义，例如，用户自主决定是购买商务舱机票还是经济舱机票；选择通宵送货还是 2 日内送达；是花高价购买手工面包坊的糕点，还是逛逛超市的廉价食品。

　　根据目标而设计的流程与传统上"人工费率压倒一切"的商业模式形成了鲜明对比，后者是通过减少资源（即员工数量或低劳动成本国家）来降低成本的，这是实现绩效改进的主要方法。这种方法立竿见影，至少从短期看，能够降低成本。然而，这样的改进实则徒有其表，只因它从未触及成本—目标比。在减少资源的同时，如果不减少那些对流程改进毫无助益的活动，绩效改进的目标就会难以企及。任何所谓的绩效改进都可以被归为根据预设目标对改进进行的调整，这里所说的预设目标（即不是用户所定义的目标）可以是："满足预算""减少劳务成本"或"减少单位平均成本"。可从用户看来，除非能带来折扣，否则这些目标毫无价值。另外，"满足预算"这一要求意味着流程中的每个部门需要"捣鼓数字"，以最简易的方式减少上、下游部门及流程中其他部分的成本。回顾一下物流中心是如何将成本压力转移至下游的，他们只关注分拣员的分拣数量以及托盘包装岗位的裁员目标。流程预算招致的是用户不愿意为之付费的各类活动，如解释为何预算会出现偏差的会议。

用户价值由用户需求定义

　　需求能够也应该拥有完美的定义，而不仅仅是被模糊地衡量。需求需要精确，甚至要以数学方法来计算。例如，我们需要根据产品数量（即小部件、电话、购买需求、服务人数、创新想法、条形码、订单等）界定需求。接着，根据供应时间对数量进行分类，这样就可以确定有多少种产品、需要以何种速度完成整个流程。这种方式能够使用户需求成为流程履行其职责的主要动力。在第5章中提到的物流中心里，1250个客服网点每年会收到17.9万份订单，总共需要发出2167.8833万件货物（等待归类的散乱货物）。即使物流中心的工作人员全天无休，他们也需要每天处理490份订单，分拣5.9393万件货品。如果一个托盘可以搭载700件货品，那么，物流中心每天就需要装载85个拖车。因此，为了实现目标，我们需要赋权——利用现有资源使流程有能力每隔17分钟完成装载并放行一辆拖车（见图7-2）。

　　我们要意识到，需求是从用户的角度出发的，因此流程的产能并不在其考虑范畴内，例如资源需求或流程效力（如分拣—装车流程的周期）。然而，现在流程设计者会发现，他们手中的不等式包含两个变量：（1）完成流程需要多长时间；（2）完成流程需要多少资源。在这个案例中，7名员工花了不少于2小时将货物装上一辆拖车，因此，设计流程时就必须考虑到这个需求，流程改进的结果应是不再需要2小时或不再需要7名员工，但任何变动都不能违背17分钟的装卸和放行需求。

需求分析				
每天需要多少辆拖车	☐ ☐	5.9393万份	☐ ☐	84.85
将拖车装满货物的间隔时间多长	☐ ☐	每天工作1440分钟 每天需要85辆拖车	☐ ☐	16.94

图7-2　需求分析：针对需求寻找一个通用的衡量单位十分重要（该例子中使用的是拖车）

正如用户需求算法所定义的，决定流程目标的关键在于将目标看作可衡量的对象，并令其余的分散对象服从于目标。可流程改进的问题在于，这个行为是否能够帮助我们更加接近 17 分钟的拖车装卸 / 放行效力？挑战在于：以马基雅维利式的理念战胜垂直化商业模式的职能化单元。我们需要果断地下定决心，以流程目标为核心。要做到这一点，各个部门的单一目标就不应该成为阻碍。例如，每位分拣员在每个班值分拣 1350 件货物的效率无法满足每隔 17 分钟装载一辆拖车的需求，如果每小时分拣货物数量继续增加，那么 17 分钟频率这个指标将给下游操作人员造成压力。因此，构建一个更优质的线性流程，实现每小时分拣 2470 件货物（一个团队）是更好的选择。

回忆一下物流中心的工程部门是如何将托盘的包装时间减少 60%，同时节省一名操作员的人力的，部门为这项改进投入了 9 万美元的资金（即系统不再需要操作员，能够用改进前三分之一的操作所节省下来的时间完成包装）。然而，订单分拣员必须等待 11 分钟（平均时长为 7 分钟）才能使用新设备，这个环节增加了人力需求以完成端对端流程。由此可见，减少 60% 的托盘包装时间是单一部门的目标，但是对于总目标来说，它会带来损耗而非价值。当每位员工都在不断地分拣和装载时，增加的工作时间便隐藏在条块分割的流程中，于是更多的托盘形成了积压。预设目标的蓝图是减少流程中的分散资源的成本，同时不影响最终产量。它关注的是具体职能而非工作流程。虽然减少人力会令工程部门得到嘉奖，但一个基础性的问题就再也无人问起：这些投资将如何改进流程以实现目标（17 分钟的拖车装运间隔时间）？

图 7-3 说明了物流中心最初的职能化结构，图 7-4 说明了重新设计后的结构，它包括横向三个价值点或价值链（情境产品、冷藏产品和速冻产品），17 分钟的拖车装载间隔频率是共同的目标。要注意的是，在职能结构重新设计后，横向流程覆盖了垂直化流

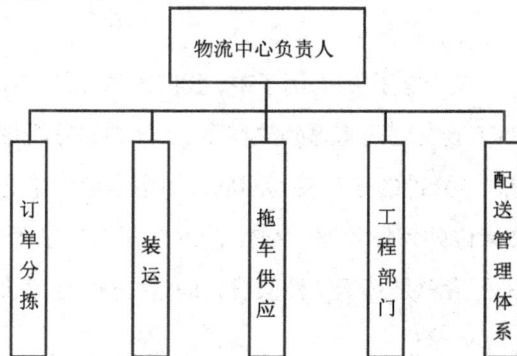

图 7-3　物流中心最初的职能化结构

程（如订单分拣员、装运流程、工程部门等），原因是它们的重点已被放在了用户需求上——装载拖车。

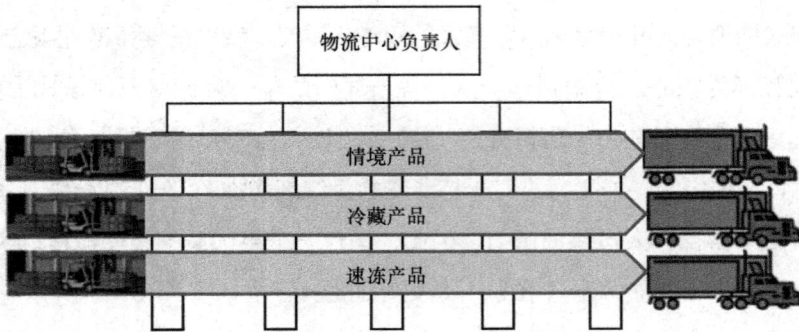

图 7-4　物流中心采取的以流程为重心的结构

　　流程是一系列行为的总和，这些行为统一指向一个具体目标，工作流程内所包含的活动要么能助力目标的实现，要么毫无助益。以换胎为例，把车抬起这个动作有助于赛车手赢得比赛或迅速抵达终点，因此，它属于工作内容之一；检查行李箱、清理杂物、寻找备胎等行为对于实现目标毫无助益，它们是工作的阻碍。我们的挑战正是消除后者，加强前者。管理者只有清楚地了解流程，才能具备区分两种行为的能力，以及采取适当措施的实力。

流程文化

　　在之前提到的例子中，我们的焦点都放在流程目标上：20 世纪 90 年代中期，西南航空公司将重心放在了 10 分钟的停机坪周转时间上；物流中心关注的是确保 17 分钟的拖车装运间隔；信用卡申请中心后勤部门的申请审批人员关注的是 2 天内的审批效率；ABC 胶水公司瞄准了每班值运送 60 个托盘的目标。持续改进行为总是基于一种假设，即这些行为会使他们更接近目标。

　　"共同目标"（Common Purpose）这一理念并不新颖，事实上，它近似于常识。对目标有明确认识的公司的表现优于目标缺失的公司。将精力用于实现用户界定的目标而不仅仅是追求纯利润的企业，比那些缺乏目标文化的企业表现得好。德勤（Deloitte）（一家专业服务机构）的一项调查显示，过去一年中，相信企业具有强烈的目标意识的人群中，90% 的人实现了卓越的财务绩效。当一家企业的所有员工能分享共同利益，保持良好的战略沟通，并将资源投入到流程目标上时，成效将十分显著。

　　对活动涉及面广而复杂、物流运作风险颇多的商业活动而言，企业唯一可靠的成功方法就是专注于流程目标、注重面向用户的扁平化流程、将用户需求视作唯一信条，以及减少次优职能。这样的流程成效显著。

　　了无生气是垂直化企业的特点，再加上一个预设好的目标，企业的生产效率便会低下，因此难以实现必要目标。这类传统的组织结构迷失在各个职能次要点、部门的职能交错、管理层的狂妄自大以及毫无意义并且偏离重点的指标的迷雾之中，从而无法直击流程目标。

回顾过去，面向未来

　　20 世纪 40 年代，为了满足军用市场需求，波音公司瞄准目标进行了流程设计。操作人员使用了用户需求算法（飞机数量除以可用的时长）。波音公司采用视觉信号使产品按照既定速率、依次经过 U 形装配线的各个岗位（见图 7-5），每天，能够生产 17 架高质量飞机，相当于每 1.3 小时生产 1 架飞机，同时，成本下降了 51%（从 24.2 万美元下降到 14 万美元）。直观地向所有员工展示建设数学视角下的装配流程是必要性。然而，市场需求消失后，这一集体目标便随即失效，装配流程又重返"正常状态"，即垂直化的部门。

图 7-5　波音公司装配线

注：20 世纪 40 年代，波音公司采用流程思维装配飞机，该装配线位于华盛顿州西雅图市。[美联社（Associated Press）资料照片，《丹佛邮报》（*Denver Post*），2010 年 9 月 15 日]。

像大多数厂商一样，波音公司抛弃了以流程为重心的生产模式，于 20 世纪五六十年代采用了以结果为核心的生产思维。运营理念转变为"生产资源计划"，离散的日程（预测）是新理念（即优化部分而非整体），而"物料需求计划"则是其核心，即根据预测（日程）带动物料需求，用户需求不再是其驱动力（依据数学方法得出）。像大多数制造商一样，20 世纪 60 年代以后，波音公司犹如一个被蒙蔽双眼的"信徒"，执着于物料需求计划的虚幻愿景之中，盲目地全盘接受固有交易损耗，不知疲倦地"喂养"野兽般庞大而复杂的系统，追踪完工前每一个阶段的所有订单和岗位内容，结果是库存猛增，大量的文书工作接踵而来。而简单流程的真理和能够直观被感知的证据则被彻底遗忘。当然，波音公司的情况并不是个例，它体现了那个时期几乎所有制造商的运营理念（批量和排队），即便时至今日，依旧如此。

我们如何走到这一步

物料需求计划及其更加复杂的衍生理念——生产资源计划和企业资源计划来源于 20 世纪 60 年代的职能化工厂设置理念。企业的本意是希望利用计算机高速、随机读取的优势。但是物料需求计划的逻辑使流程设计者偏离了端对端流程的本质目标，却花大力气实现了各个部门和具体职能的最优化。这一逻辑不仅仅被制造业和物流业所采用，服务业同样受其桎梏。想一想在后勤部门里，工作人员手递手传送和处理保险索赔单、采购订单、账户申请，或者在客服中心里，话务员将一名客户来电转接给另一名同事的情境吧，可以说在今天，类似的旧思维件仍无处不在、暗中为害。

物料需求计划由约瑟夫·奥利基（Joe Orlicky）于 20 世纪 60 年代首先提出，并且在位于威斯康辛州拉辛市的凯斯公司（J.I.Case）首次得到应用。位于康涅狄克州的史丹利工具公司（Stanley Tool）的欧力·怀特（Ollie White）随即效仿了这种做法，两家公司合作后于 1967 年将物料需求计划纳入美国生产与库存管理协会（American Production and Inventory Control Society，APIC）资格认证考试范畴，在随后的 45 年间，该项资格认证是卓越运营的金牌证明。这段时期内，前置时间长、边际品质、大批量、多样性匮乏和巨大的物料支出等问题一直都存在。雪上加霜的是，从流程视角来看，20 世纪八九十年代，会计（生产资源计划）和其他的业务职能（企业资源计划）也被纳入了考试范畴。如今，企业资源计划已是供应链管理思维的核心，但它仍旧以 20 世纪 60 年代的逻辑为基础。这种思维的唯一改变就是对该考试名称首字母（APIC）的重新阐释——领先的生产力（Advancing Productivity）、创新（Innovation）和赢得竞争（Competitive Success）。即使这个糟糕的法则没有任何流程改进的内在方法，我们却仍然在继续使用着它。

对于当今的精益生产来说，企业资源计划力量微薄且前途渺茫，而且从根

本上看，企业资源计划的设计意在隐瞒而非暴露流程中的干扰因素，它的日程
计划最擅长的就是确保河流里的水量（浪费因素）足够多以掩盖岩石（问题）。
企业资源计划并没有考虑当前的现实问题，即市场的高度多样化和高速运转，
在这种情况下，将工作置于商业流程之中对于较短的循环周期来说就无法实现
了。可对于流程思维来说，时间就是王道，我们需要把工作从流程中抽出来，
让岩石（问题）暴露，这样，我们才可以发现问题并解决问题。20 世纪 60 年代
的职能思维和今天的相比，最主要的差异在于旧思维件假设自动化信息管理对
企业运营有好处，并且所有可以利用的自动化信息都是最好的。

40 年之后

　　幸运的是，40 年之后，波音公司和其他公司终于醒悟过来，试图重返扁平
化工作模式，并且采用更加精益的运营体系。1996 年，他们聘用了日本新技能
顾问有限公司（Shingijutsu）的创始人中尾千寻（Chihiro Nakao），他不仅是日本
著名的精益大师，还是丰田生产系统的最初缔造者。当他到达波音公司时，他
说："在造飞机方面，你们的祖父辈所做的远胜过你们（指 1944 年的波音公司）。"
他看到，当年满足战时用户需求的生产目标已经被预设目标和短期财务目标所
取代。漏洞无处不在：公司为货物装运环节设定目标（即预设目标，因为用户
只会在自己的订单上发现价值），这个目标只关注如何令工厂持续运转；员工认
为返工部门可以处理一切麻烦；装配线上的员工承担着最重要的工作，却最不
受重视；调度员和检查员的地位高于其他工种的员工。20 世纪 40 年代，波音公
司的成功取决于操作员是否依照既定速率组装飞机，20 世纪五六十年代，衡量
公司成功与否的标准变成了员工是否完成了日程安排。由于调度员与生产车间
相距甚远，因此他们转而依靠信息工厂制作日程安排，公司里形成了以日程为
驱动力的工作氛围。他们基于预测和批量订购来优化成本。完成日程安排是预
设目标的另一个例子。对于质量来说，道理是一样的，检查员是新的品质专家，
而不是那些一天造 17 架飞机的员工。为什么工厂本可以过后再检查，却一定要

将质检环节安排在生产过程中？更好的做法是让生产线持续运转，使其根据预测和批量规模优化实现装运目标。这些都和用户价值这一实际目标毫无关系。

身处一个不鼓励员工、关心用户的大环境中，个人是很难主动关心用户的，只有当目标被描述成"服务用户"，员工才可以从用户视角理解流程设计。

沉迷于目标的管理行为或许是改进财务绩效的最大阻碍。

在满足用户需求的真实目标被预设目标所取代后，企业受其影响将焦点放在了分散的资源上，代价则是整体流程的损失。几乎所有的企业预设目标都可以被归纳成一条简单的说明：在工程办公室里，预设目标或许是"计费小时数"；在客服中心，它或许是"平均受理时长"；在制造车间里，它或许是"设备利用率"。通过回顾，我们可以发现难以计数的商业活动并没有瞄准目标，它们不过是增加成本以实现预设目标。经验告诉我们，计费小时数和准时合规的产品交付没有关系；平均受理时长的长短与投诉是否能得到一次性解决没有关系；如果设备能够满足用户需求，那么，关注设备利用率的高低则毫无意义。从某种意义上来说，设备的可用性与流程目标的关系还紧密些。而我们想要实现的则是像之前提到的那样，一级方程式赛车的维修团队仅仅用了 3 ~ 6 秒（比赛总时长 7200 秒），但他们的存在对于比赛获胜却至关重要。当然，如果你正在阅读这本书，因为想让车更好地"被利用"，就让别人帮着你开车在街区转悠，这是不合理的。这种做法与在职能化和次优化的流程中预设目标相比，荒谬程度不相上下。毋庸置疑，所有预设目标都来源于"月末综合症"，它由季度股东价值目标所驱动。反过来，这种刻意设定的日程安排强迫员工疲惫地奔波以应付月末数字（即每月第四周的货物运量通常多于第一周）。如果每一家坚持"即便没有持续流程改进，也能在每月的最后一周完成工作"的企业都给我 1 美元，那我会立刻变成大富豪，因为月末的账簿总结意味着所有的资源必须被完全占用。我猜，他们一定有强烈的批量思维。为什么不选择每天结一次账呢？

实际需求与预测需求

中尾千寻带给波音公司的是"回顾过去，面向未来"的视角，通过学习丰田生产系统的经验，在不改变车间生产流程的情况下使企业适应具备物料需求计划特性的日程表算法（如企业资源计划）。他深入了解了波音公司的生产运营模式，它代表了如今几乎所有企业的大规模生产方式。这些企业使用着一成不变的设备调度和安排物料计划程序，从而制造出无数浪费，同时，他们还需要大量额外的库存以适应单项操作的"调度风险"。新技能公司的员工引导波音公司（和其他公司）重新采用前辈的思维，即明确目标——满足用户需求。他们重新审视了整个价值链，采用简单的视觉控制和问题解决工具构建真实需求，而这些是与耗费数百万美元的企业资源计划系统相悖的。像丰田这样复杂的工厂，每天制造数千辆汽车，使用数百种排列算法，然而它并没有将企业资源计划软件用于车间管理上（企业资源计划 / 物料资源计划关注的是能力规划和财务成本，但车间管理是基于实际需求所进行的纯粹的人工操作）。当然，瞄准实际需求而采取行动，而非根据预先假设（预测）这一理念也是一条法则，适用于所有行业中的流程，包括服务业。约翰·塞登(John Seddon)在其最新出版的见解深刻的《从指挥和控制中解放》(*Freedom from Command and Control*) 中明确提到了这一点，他敦促我们重新思考对于服务业的管理，并将焦点从与行动相关的指标（如预算）和短期目标转移到最终目标上来，并建议我们把服务业视作"消费者拉动系统价值"的行业。

在流程设计中，要确保流程满足需求，我们只需要利用两个变量来构建不等式：第一，流程中的资源；第二，流程设计。每一道商业流程中都会包含三个根本性元素：（1）流程中由某驱动因素驱动的资源数量（ Q ）；（2）消耗资源的流程设计（ P ）；（3）流程所需的工作总量（ D ）。

由于流程所需的工作总量代表流程目标，因此它并不是变量，而是定量，可以用数学公式表示，这也是我们需要解决的不等式。其他两个元素——资源总量和流程设计是变量（$D = Q \times P$）。因为资源总量代表流程成本，如果其数值增加到一个企业无法支撑的临界值（即成本过高时，商业流程难以运转），则无法满足用户需求，最终的结果就是未满足用户需求。因此，在临界值以内，解出不等式的唯一方式就是流程重构。回想一下你在商店、通信运营商、机场、医生办公室、健身中心和餐馆体验到的服务。如果企业能够以一个可持续的方式设计并运营流程，将你的理念渗透贯彻到其中，并使其在你重视的方面作出回应，那么这就是一个设计优良的流程。

股东价值是一个预设目标

说到设计高绩效的商业流程，我虽认为股东价值是一个预设目标，但并不是说投资者无权或没有需求从金融投机中获取回报。我想说的是，股东价值无法保证用户价值，然而，对用户价值的关注却能够带来股东价值。如果股东价值是流程指标，那么，低迷的股价就是糟糕流程的表现。

我们需要提醒自己，基于时间的规划是良好的流程设计的关键，缩减时间的目的不是令工作完成得更快，而是清除工作中的阻碍因素。正如短跑选手跑完 100 米的时间比跨栏选手要短，挑战并不在于跑得更快，而在于清除障碍。盖屋顶的人捶打得再快，也不能迅速地把三角形屋顶铺好，正确的做法应该是准备好足够数量的屋顶板和钉子。在大多数企业中，时间虽然被消耗了，但却没有用在完成目标上，消耗的形式多种多样——等待、运输、搜寻、因出现不良品而不断返工、制造出超过目标所需的产品（即病人排队在牙医诊所等候，人数远超过医生能够处理的限度；这也是库存）。然而，所有这些都属于股东价值模式，该模式只是简单地评估投入的资产是否能带来利润，它占据了绝对优势，并将库存视作资产。股东价值模式从未将"浪费"——就像库存——等同于"成本"，对于流程思维者来说，这个想法很荒谬。当然，如果你想将库存从股东价值模式中剥离，那么这个模式会立刻崩溃。在这个模式中，或许消耗时间最多的并非是为了实现目标而付出的努力，而是复杂的程序。实际上，在生产产品的过程中，最好是一次生产一件，然后以最快的速度将其从生产线上取下，这样流程就简单得多了。一旦你清除了库存，并专注于单件产品的卖出速度，你就会意识到，复杂性的产生主要源于企业缺乏对目标始终如一的关注。即使是略微偏离满足用户需求这一目标（如让企业重视诸如平均单位成本之类的预设目标），超量延时和异常偏差等问题便会接踵而至，它们会破坏流程，最终企业不仅未能实现流程目标，还增加了总（实际）成本。

要记住，库存并不是资产，亨利·福特和丰田公司都明白这一点。然而，通用汽车公司于20世纪20年代采用了杜邦财务模型（DuPont Financial Model）（最初由杜邦公司于20世纪20年代采用，至今几乎未做变动），它无异于宣告库存就是金融资产，于是，持续的流程改进被迅速地抛弃，从此无人问津。对于垂直化组织来说，股东价值犹如一座神坛，大祭司就是各部门经理。这种商业模式一直延续了90多年，而用户价值始终被人们抛之脑后。福特汽车公司、德尔福汽车公司、通用电气、波音公司、IBM和其他上市并进行垂直化运营的美国制造商都视库存为资产。幸运的是，丰田公司始终坚持着自己的运营理念，保持着持续的流动性和明确的库存量。从运营的角度看，库存就是废料，这是个关于预设目标的经典陷阱。杜邦财务模型利用"库存增加，生产成本（售出的商品成本）则下降"这一事实，通过提高投资回报率，成功地提升了股东价值。这种延续多年的诡计是经典的"经济订货批量理论"及其衍生理论的一部分——单位劳动成本和设备利用率。规模经济的确可以通过库存的增加而减少些许成本。因此，瞄准目标而设计的流程便屈服于股东价值。高绩效企业（如苹果公司、丹纳赫和麦当劳）将流程建立于速度（高库存周转率）之上并非偶然，碰巧的是，这些公司的股东似乎也很满意。这些公司瞄准目标设计流程，从而减少了库存。其决策者明白，现金和库存不会说谎。杜邦财务模型视库存为资产，并假设库存可以随时转化为现金。然而，在今天，多样化的产品和服务使许多产品和服务的生命周期是以月计算的，例如智能手机，所以只有当库存转化为收益（生产能力就是将库存转化为收益的能力）时，它才能算作资产，而在转化为收益之前，高库存都是债务，并随时面临着被淘汰的风险。库存周转率或库存一周期比，例如飞机在停机坪的周转时间，都是商业流程健康程度的重要体现。因此，时间—目标比（如库存周转率）是最关键、最能体现流程健康程度的指标。简而言之，在流程中，满足用户需求的所需时长越短，成本越低。

　　那么，为什么我们没有看到越来越多的公司在采用以流程为重心的商业模式？原因很可能在于，当你已经有了类似股东价值的预设目标的时候，管理层就不会愿意告诉华尔街，公司打算通过冲销库存中累积的间接费用来获得一笔可观利润，然后宣布未来这些库存将不再耗费成本。这也是在最近的一轮经济衰退中，各个央行和政府所面临的"大而不倒"的困境。服务业也是如此。要把一个客服中心关注的重点从"平均受理时长"转变为"解决用户问题"，企业就会在短期内面临成本上升的风险，因为接电话的时间会延长，或许会需要更多的资源保障。然而，从长期来看，重复拨打电话的数量将显著减少，因为企业已经提前预防了问题，而不是待其发生后再遏制其蔓延。采取长远的视角看待这个问题并为此努力是一项严酷的"胡萝卜节食法"（见第 12 章），可大多数首席执行官们并不愿意只吃胡萝卜。在经理办公室里，股东价值这一商业理念根深蒂固，大多数经理都深信这是唯一能够对商业进行量化的方法。

经济订货批量思维的风险

　　对于以用户为核心、以流程为重心的商业模式来说，其流程的关键驱动因素（按重要性排列）有以下几项：（1）产量（即产生的收益）；（2）交付目标（即库存）；（3）减少妨碍工作的活动或流程的干扰因素（即运营成本）。这种将流程固定下来的思维最初会被守旧的经营者认为威胁到了成本。在垂直化企业中，我们是很难看清成本和干扰因素之间是如何产生关联性的。经济订货批量（Economic Order Quantity）理论认为低成本有助于完成规模和成本目标，因此，更大批量的货物能够转化为更低的成本。如果企业的产品类型单一，所有需求一致且毫无变动，这个理论或许还可以成立。但事实上，通过生产 10 件产品而不是 1 件（当需求只是 1 件时）来降低单位平均成本有可能会增加流程运营总成本，而剩下的 9 件产品有可能永远不会转化为收益，它们会变为债务而非资产。

这一代的智能手机库存还未完全售出，下一代智能手机已经上市，那该怎么办？股东价值这一旧思维件认为，从提供一项服务或产品变为提供另一项服务或产品需要一次耗费时间、增加成本的转型（即提供现有产品或服务的替代品，或完全更换产品或服务所需的努力和活动）。众所周知，根据单位成本的说法，生产 10 件产品能够将转换费用分摊给所有小部件。这种思维认为，一次性转换后，生产 10 件产品而非 1 件将减少单位成本，由于库存是种资产，因此剩余的 9 件产品不会带来任何问题。要记住，苹果公司 60% 的收益都来自于那些出厂不到 4 年的产品。重点是，当顾客需要 1 件产品时，我们没有时间生产 10 件，我们需要用生产 10 件产品的成本来生产 1 件产品。

与之相反的是，基于流程经济学所设计的流程思维件调整了流程设计（$D=Q \times P$），暴露和清除了阻碍流程的因素。对于任何着眼于目标而重新构建的流程来说，减少转换时间或等待时间都是其根本性的出发点。例如，你正在一家快餐店的收银柜台前排队，想尽快完成交易。当队伍变长时（建立库存），或许另一个收银柜台会开始工作，又或者餐馆会对顾客进行区分，按照消费类型构建一个收银流程，例如只想点热咖啡，不要午餐的顾客可以在特殊收银柜台前结账。当今世界，多样化成为常态，每一项交易都无法 100% 地被预测，在这种情况下，流程思维的重要性更加显著，医院的急诊病房就是一个很好的例子。在英国大奥蒙德街儿童医院（The Great Ormond Street Hospital for Children）中，先天性心脏病手术的死亡率很高，工作人员发现，从手术室到重症监护病房的一段路程对于患者（库存）来说风险极高，并且手术室和重症监护病房的交接也存在问题。由于交接手续的登记并不充分，因此医生用录像带记录了内部流程，并与法拉利维修站团队展开合作，开发出了全新的交接程序，包括记录标准工作流程以改善信息交接，从而获得更高效的程序，使医疗团队能够更加紧密的协作。他们还对员工的岗位职责作出了更精确的界定，例如，麻醉师负责协调整个团队的工作，其角色类似于一级方程式赛车中的"棒棒糖人"。"棒棒糖人"负责高举维修站标识（看起来像举着一个巨型棒棒糖），告诉车手该在哪里停下，什么时候可以出发。他要确保换胎之后，赛车能够安全驶出。医院在采用新流程之前，20% 的医疗差错源于技术失误和信息失真。改进后，失误率减少了 10%。

因此，只有管理好端对端流程，成本（在这个案例中，指的是医疗事故）才会持续地减少。如果你不处理好流程，情况是无法改善的。

停止让流程起效，开始构建有效流程

假设有这么一刻，你正坐在高级餐厅里，享用着美味的牛排。但是，这时你该离开了，却要等待很久才能结账。于是你会想，要是餐厅少花心思在提供更加美味的牛排上，而是在如何更好地提供服务方面投入更多精力就好了。当然，牛排（产品）必须完美，但是价值（客户）却会因为拙劣的流程而受到影响。想一想电子设备吧，例如智能手机，大多数人都有智能手机，这些手机基本上没什么差别，有人或许会认为，手机制造商在客服方面或许存在差异。其实不是，相反，手机制造商在努力区分"批数""计划"和"交易"，而这些概念对于消费者来说复杂又难懂。当然，它们不是流程的目标，虽然新西兰电信公司的首席执行官曾公开承认，电信公司将"复杂"作为营销手段，由于该公司的产品、绑定服务和交易太过复杂，于是，那些原本想要更换运营商的消费者最终未能成功，因为更换手续同样复杂。除此之外，即便更换了运营商，消费者得到的待遇未必会更好，他们就像被绑架的人质。《华尔街日报》（*The Wall Street Journal*）的一篇报道指出："实际上，无限网络套餐……成了加州旅馆般的存在。用户常常发现即便不断地要求退房，却也永远无法离开。"《华尔街日报》报道，美国的四家主要运营商总共提供 700 种智能手机套餐。通常来说，我们习以为常的话费账单或有线网络背后都有着很多问题。不久前，我正准备前往澳大利亚进行演讲，这趟旅途将耗时 2 周，途经 5 座城市。就在出发前，我的智能手机铃声响了，于是，我陷入了一场令人绝望的、复杂的交流之中——充满废话的交流过程。当我打电话求助的时候，我不假思索地接受了"请别挂断电话"这一充满命令口吻却需要浪费时间等待（库存）的信息，最终我被告知："您可以在手机背面找到序列号，并将其输入空格处，同时您需要提供您的 IP 地址，并准确提供您所听到的错误信息。"什么？还不如让我解出一道数独游戏呢。无论其产品多么优质，可流程太令我失望了——包括这家公司和其所属的整个行业。但是，他们成功地逃避了后果，因为他们的流程也很糟糕。但是同时这也是个机会，只要有人能够打破陈规，挑战现有秩序，就可以创造一道高效可用的流程，最终在市场竞争中获胜。

将多样性融入流程

当今世界纷繁复杂，设计商业流程的最重要原因就是帮助企业有效地适应用户多样化需求的不断增长。2012 年，全球工业产出是 1900 年的 57 倍，其增速高于全球经济整体增速，主要原因就是商业的智能化趋势始终没有停歇。其中，科技、电子设备、生物技术和互联网成为了撬动发展的支点。最令人瞩目的则是产品和服务的多样性不断发展。每年，全球有 100 亿种不同的产品上市，比全球总人口数量还要多。在全球范围内，生产根植于庞大的供应链体系，这些体系需要流程思维，以确保全球供应链可与每一个人挂钩。全球供应链意味着企业会在一个国家设计一件小装置，在另一个国家组装，用于组装的零部件来自于其他十几个国家。同时企业还得设计一个具有敏捷性和快速性的商业模型，使其成品能够满足用户需求。传统的商业模型设计基于这样一个前提，即每当产量翻番，成本都将下降（每件成本下降 15%）；因此，企业会一次性制订好计划，然后参与到市场竞争中。现在，我们知道了每当单位成本增加 20% ～ 35% 时，产品种类就会翻番，因此，企业有必要随着种类的变化频率制订计划，并一次性加工一件商品。事实上，2013 年在上海举办的全球电子设备论坛上共有 2.2 万种新产品参加了展示，这意味着在当今的商业活动中，企业需要考虑日益增加的产品种类。我们不能够再依靠旧思维件参与竞争了，那是工业时代的模式，它依赖于分散的职能运营，并强调效率胜过一切。

当前的管理模式所能解决的问题与尚待解决的问题之间的鸿沟不断扩大，尤其是当我们对于自己的无知毫无意识的时候。垂直化模式和我们当前采用的扁平化模式之间的差异可以从软件开发上看出来（见图 7-6）。软件开发所涉及的商业模型可以用瀑布模型来定义：一个小组确定产品，另一个小组构建实体模型，然后工程师按照具体规格开发产品。这是一个漫长且艰难的流程，涉及无数次职能的交接，在当今软件生命周期按月计算的环境下，这种模型作业耗时长且成效甚微。还有一种软件开发的方式比它更高效，就是"敏捷方法"，它是一个很好的应用了流程思维的模型。敏捷软件开发能够在产品的生命周期中快速地实现增量和迭代开发，2001 年，一群开发者签署了敏捷宣言（Agile Manifesto），提倡个人和互动胜过管理和工具。

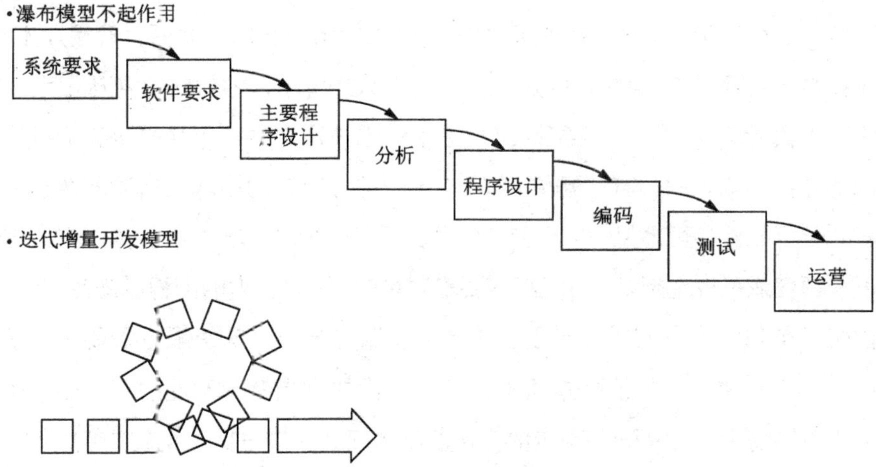

图 7-6　垂直化模式与扁平化模式之间的差异

注：敏捷开发产生于快速的"测试—代码—测试"的代码循环周期（迭代式），与"测试—测试—测试—测试—代码"（瀑布模型）相对应。

可靠性与有效性

在传统的制造模式中，技能娴熟的工匠大师使用简单的工具小心翼翼地制作独一无二、高质量、定制化的人工制品。这种模式的问题在于，他们需要花费巨大的劳动成本（即小时数）。所以在后来的商业流程的设计中，我们大部分的精力都用在了减少劳动成本上，甚至以优质和定制化作为代价。我们通过构建以绩效可靠性为目标的流程来节约成本（通过高度指令和控制下的无差错的重复活动来确保可预测性）。我们这么做，首先损害的就是为满足需求而构建的流程。流程可靠性是错误的设计理念，它阻碍了 50% 的绩效改进。如果你对于绩效改进感兴趣，那你就需要对那些声称自己可以提升流程可靠性的机构或组织保持谨慎，因为它们被冠以国际标准化组织、六西格玛黑带、企业资源计划供应商和鼓吹经济订货批量价值的标准成本会计师的名头。用可靠性遮掩问题的话，问题永远得不到解决。用一句老话来描述这种思维十分合适：眼不见心不烦。

    当然，在产量高和种类少的流程中，可靠性十分管用。然而，管用还不够，除非你是一位名副其实的商品提供者。正如前文所述，零售银行业认识到 80% 的收益来自于 20% 的客户（实际上，这个帕累托定律存在于几乎所有流程中）。银行就像自动取款机一样，想降低 80% 这一部分收益的成本。自动取款机的价值来源于可靠性和可预见性。但是，当面临高利润客户需求的竞争时，诸如按揭、信用卡额度或投资选择等，组织就需要定制化的、有说服力的流程以满足定制化、个性化、单独的客户需求。对于这些产品和服务来说，零售银行需要一个关系流程。一个有说服力的流程本质上应该是迭代的且具有探索性的，它能够挖掘独特的市场需求，并在一些预定的变量范围内设计解决方案（见表 7-1）。

表 7-1　以流程为重心的企业设计汲取了工艺制作和大规模生产的精华

工艺	大规模	以流程为重心
高技能劳动力	技能有限	高技能劳动力
简单、灵活的工具	单一目标的活动/流程	高零活度的活动/流程
定制化以满足个人需求	无法实现定制化	适应大规模定制化
一次制作一件	批量	一次制作一件
高成本	低成本	低成本
低产量	高产量	高产量
高度多样化	缺乏多样化	高度多样化

目标与能力

依照目标设计商业流程的另一个隐患是指标。指标是传统企业的主题,几乎总是以财务形式确立,而这种行为使流程与真实目标(用户价值)偏离。如果流程无法帮助你达成指标,那么指标就毫无意义。在根据目标设计流程的过程中,企业需要用性能,更精确地说是性能(即实现目标)的偏差来代替指标。市场瞬息万变,流程也时刻处于变化之中,它就像天气一样,我们很难对几小时、一天或二天之后的市场状况作出预测。随着我们对未来的预见性逐渐减弱,指标也日渐显得难以达成,于是它逐渐偏离我们的设立初衷,并成为压力的主要来源。沉湎于目标的企业创造了绩效衡量指标和管理体系,它们使得企业走上了与绩效这一设计初衷相悖的道路。从本质上来说企业的衡量对象是错误的。

企业创造一道高绩效流程的有效方式是改变衡量业务的方法,这能够帮助企业了解并提升实现目标的能力,也能够激发瞄准目标的行为。下一章我将阐述这种衡量方法及其与目标的关系。

第 8 章

衡量重要的对象，而不是容易衡量的对象

> 不是所有有价值的东西都能被计算，不是所有能计算的东西都有价值。
>
> ——阿尔伯特·爱因斯坦（Albert Einstein）

这不是天气预报

我曾经在演讲中问过听众："为什么我们需要拥有以指标为基础的业务衡量体系，对每月、每季度，甚至每个财年年末的业绩进行预测。"随后，从后排座位传来一句充满沮丧的回答："为了让天气预报好看。"这句话说到了点上，要是你再加上一句，称气象学家是唯一一份尽管半数时候都在犯错，却依旧领着薪水的职业，效果就更好了。然而，预报明日天气所采用的科学方法虽不准确，但总好过100%准确地"预测"昨天的天气，因此，天气预报对于用户来说依然是有价值的。我们的挑战在于，要持续地改进流程，使未来的天气预报能够更加准确。

如果我们想要改进绩效，那么衡量什么以及如何衡量就显得尤为重要了。衡量方法必须源于这样一种理论，即衡量流程的性能十分重要，最起码，它应该比衡量昨天的预报是否准确更为重要。我们需要的是先行指标，而非滞后指

标。我们需要评估目前的天气情况，以及基于当前天气来预测未来天气的能力，而不是仅仅满足于播报过去的天气。久而久之，我发现了过度依赖历史指标所导致的内在风险。上文的爱因斯坦名言虽然针对的是物理学，但是，如果说这句话是学术准则，我确定他也会同意，即使商业的艺术性胜于学术性，这个道理在商业活动中也应当是适用的。我坚持认为，无法精确地预测未来的天气并不意味着我们就不需要尝试——断定它是行不通的。从某种程度上说，能够预测未来（如天气）的预示性指标比能够完美"预测"昨天天气的指标更有意义。毕竟，相比于一个无效的精确衡量方法，一个不尽精确却对预测未来十分关键的指标要重要得多，至少，这是流程思维的视角。流程需要方向和导航工具，使得企业能够实时地制订通向未来的导航计划。它还需要先行指标、参照物、沿路路标，以及诠释先行指标的方式。这些都是导航指标。但这并不意味着我们要完全忽视评估指标，企业需要评估过去，也需要规划未来。导航计分卡就是这种需求的体现。

导航计分卡

我们试图利用导航计分卡来在绩效驱动力和绩效成果之间取得更好的平衡。绩效驱动力的优势在于，其具有预见性，使组织能够根据绩效作出相应的调整，然而，由于它只是我们基于假设而提出的（即实验行为），因此，仅凭它我们难以收集到充分的支持数据。绩效成果指标通常是主观的、易掌握的，但是它们反映的是过去的成果，因此具有评估性。在一个以流程为重心的企业内，我们努力将关注点从评估指标转向导航指标。因为评估指标通常被视作"武器"（好还是坏），它通常是一个无关紧要的、过于宽泛的、姗姗来迟的，并且不把用户需求作为出发点的指标；而导航指标更注重流程驱动力，其出发点就是用户需求（即目标）。同时，该指标还会对投入向产出的转化进行衡量。我们能够通过以下三个要点对流程进行衡量（见图 8-1）：投入（先行指标）、转化（流程指标）和产出（滞后指标）。我们暂且把技能开发流程的产出称作"认证员工"，因为我们假设训练有素的员工是衡量生产力改进效果好坏的指标。

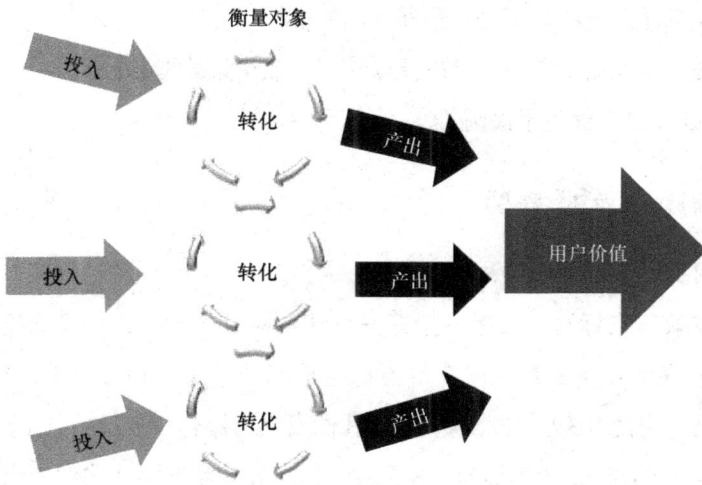

图 8-1　流程投入、流程本身和流程产出

　　实际上，任意一项指标都可能既是一道流程中的先行指标，又是另一道流程中的滞后指标。图 8-2 列举了一些例子，目标 1 或产出（提高员工生产率）来源于投入（吸引和留住合格员工），而对后者的投入实际上来源于另一项投入（设立认证程序）。由此一来，指标提供了一个罗盘作为导航框架，以帮助企业持续地改进流程。

对某个战略目标来说，一项指标可能是先行（导航）指标；而对另一个战略目标来说，它却有可能成为滞后（评估）指标

目标 1：提高员工生产力
　－滞后指标：每位员工的产出
　－先行指标：多技能 / 交叉训练的员工
目标 2：吸引和留住合格员工
　－滞后指标：多技能 / 经过交叉训练的员工
　－先行指标：有证书（技能测量方法）的各个部门
目标 3：基于用户价值设立认证计划
　－滞后指标：合格的客服人员数量
　－先行指标：设立的认证技能指标计划

图 8-2　先行（导航）指标和滞后（评估）指标

先行指标和滞后指标

　　另一种确立导航指标的方式是按照以下三个法则加以衡量的：

（1）能够激发一线员工进行预期活动的指标；

（2）提供管理层所需信息，以便其作出有效决策的指标；

（3）法则（1）优先于法则（2）。

"目标—指标—行动"模型

衡量目标

毋庸置疑，指标是"目标—指标—行动"模型的核心，也是导航计分卡的精髓。需要反复重申的是：所有价值都是流程的结果，并且流程必须有目标、指标和行动（见图8-3）。在此情况下，我们设立指标有两个目的：（1）评估（源于目标的可靠信息）；（2）导航（实验验证）。指标用于评估我们为目标努力的成果，并根据我们的行动反馈信息，指明我们需要努力的方向，从而改进流程（即实验）。回顾我们在第6章中提到的平衡计分卡，评估指标根据财务目标和客户需求来衡量业务绩效，而导航指标使我们能够在流程中途根据实验结果随时纠正错误。除此之外，评估指标还为我们指明了下一次实验的方向，以促进我们在未来实现进一步改进。我们将导航指标与工作相结合——与驻留于抽象的信息工厂截然不同——这样它们就具有了预测性，而不仅仅是记录过去。最重要的是，它们能够激发行动，并根据指标对流程产生助益（见图8-4）。

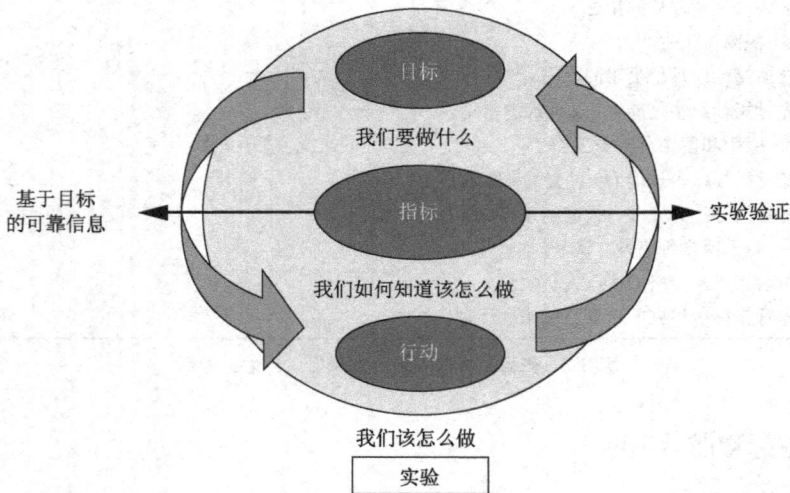

图8-3 "目标—指标—行动"模型

评估	目标	
指标		能力
与工作分离	指标	与工作相结合
滞后		先行
	行动	导航

图 8-4　指标对流程产生助益

评估指标和导航指标

　　评估指标对流程思维的作用是有限的。指标作为一种评估工具，是建立在短期目标（通常指的是财务预算）的基础之上的，它由一个抽象的信息系统采集而成。这个系统与影响结果（财务报表）的实际活动相差甚远，它只有在行动导致的结果（上个月的绩效）发生之后（滞后）才有效。与此相比，导航指标更加关注流程健康。导航工具作为一项指标，瞄准了流程在实现目标性能上的偏差。当影响结果的因素产生时，导航指标会被及时发现并被控制，它能够先一步预测行动对目标产生的潜在影响。要记住，我们正在试着让员工了解价值流向用户的全过程，并在结果受到影响之前及时地排除流程中的干扰因素。例如，在第 5 章的物流中心案例中，我们可以从评估指标中获知昨天的订单分拣绩效，但这是昨日旧闻，因为我们只能从报道上阅读那些信息。事实上，约70% 的完美的历史数据并不会令我们更了解流程的性能。回顾"装车流程"，流程设计的用意是触碰一次就装车，因此，良好的导航指标就是我们触碰的次数和装车的次数。在工作流程中，良好的导航指标是时刻可见的，我们不需要建立一个信息工厂去完成这项任务，而是需要流程中的员工进行直接观察。现在，物流中心会在每个班值结束后计算装卸站台上暂时存放的托盘数量，而不是拖车上的。如果托盘数量少于昨天的，就很好；如果数量增加，那就不妙了。所有实验（行动）的设计用意都是改进流程，其效用可以通过每个班值余下的托盘数量确定。因此这个指标是可见的，并与工作相结合。当计划制作导航计分卡时——借用平衡计分卡框架——规划导航和评估指标也可以如图 8-5 所示，评估指标更加关注"实现目标"，导航指标则更加注重"学习和适应"，并进行中途调整。

评估指标告诉我们正在进行的努力究竟能够达成何种结果（如用户价值和财务绩效）；导航指标则评估我们的流程运转得如何，以及我们的实验取得的效果。让我们仔细观察一下这些因素。

思考西南航空公司或任何廉价航空公司的例子，它们的战略以目标为主（即准点和低成本），并以跑道过站时间这一流程核心为支点来实现目标。导航计分卡如图 8-6 所示，每个目标（气泡）的比重表明，快速的停机坪周转时间最重要，而飞机停场、登机口开放至舱门关闭或起飞所需的时间是对其进行衡量的指标。现在，所有的行动都聚焦在如何助力这一流程上。

指标用于评估我们所处的位置与流程目标之间的差距，帮助选择适当的行动以更加接近目标。

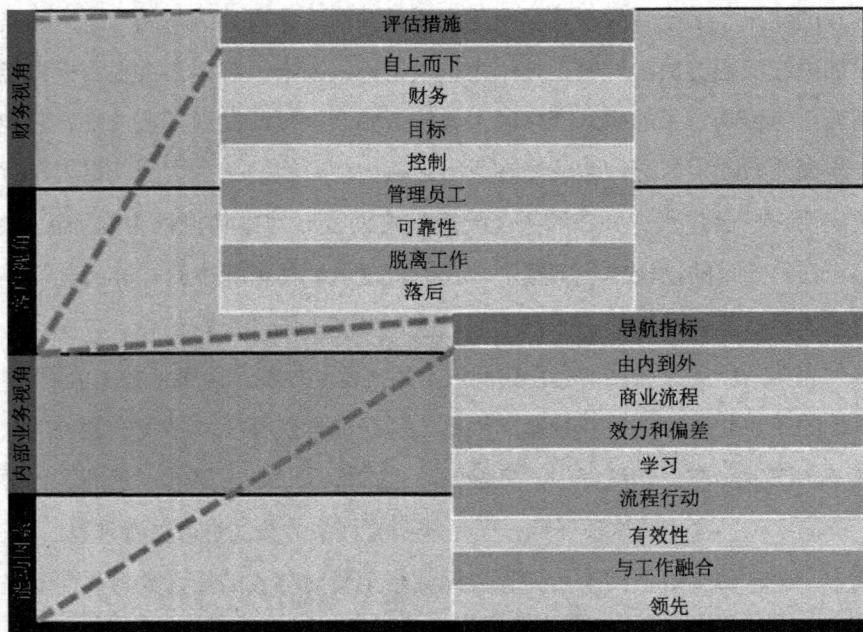

图 8-5　制作导航计分卡

注：导航计分卡：评估指标的特点，即"为了什么"（顾客和财务状况）；导航指标的特点，即"怎么办"（内部流程和未来的赋能视角）。

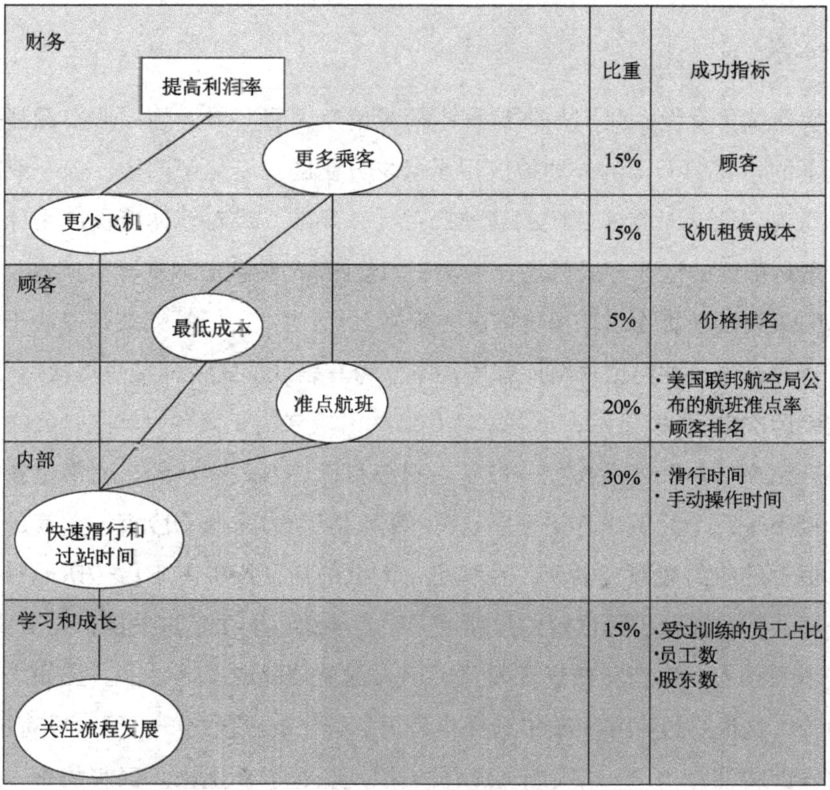

财务		比重	成功指标
提高利润率			
	更多乘客	15%	顾客
更少飞机		15%	飞机租赁成本
顾客			
最低成本		5%	价格排名
	准点航班	20%	·美国联邦航空局公布的航班准点率 ·顾客排名
内部		30%	·滑行时间 ·手动操作时间
快速滑行和 过站时间			
学习和成长		15%	·受过训练的员工占比 ·员工数 ·股东数
关注流程发展			

图 8-6 一般类型的导航计分卡

一般类型的导航计分卡呈现了廉价航空的运营战略，以及改进过站时间的相关指标。

传统企业并不会重点关注以流程为主的指标，因为后者是基于因果假设的，因此，要根据这些假设收集支撑数据就成了一件难事。然而，鉴于我们的目标是满足用户需求，因此只有导航指标才能提供成功所需的驱动力、学习经验和评估因素。指标把握在流程中的操作者手中，这将使他们能够了解应该做什么以实现目标，鼓励他们采取正确的行为，实施恰当的计划。例如，空乘人员、登机口服务员、地勤人员等都要围绕过站时间这一衡量流程生产力的指标而努力，而不是"增加利润率"这个遥远的目标。因为，如果他们能把前者完成好，那么后者就能够实现。

驶向未来

从导航角度说，我们是在流程中衡量偏差因素。传统的评估指标都是自上而下的，它们无一例外地被应用于条块分割的职能化部门中，但企业却极少考虑到它们会对其他部门的绩效产生什么影响，或对整体流程产生什么影响。采购部门的运作方式就是一个例子，这个部门将重心放在减少成本上（如偶尔购买大批量货物以获得更优惠的价格）；而生产部门的绩效则取决于物料是否及时运送，并将原材料库存周转率作为其表现形式（即减少单次运货量，增加装运次数）。很显然，这些垂直化结构所内嵌的元素各为其主，最终并不会提升用户价值。评估指标一般是以财务目标的形式存在的，通常企业会规划好接下来三个月的工作进度。这些指标的驱动力来源于股市，尤其是周期最为短暂的纽约股票交易所，在那里，大批的活跃投资者不惜一切地冒险寻求短期获利，在分析师设定的预期博弈中角斗追逐。虽然这些指标是真实的，但是研发投入、创新和市场开发目标等长远愿景却成了牺牲品。正如之前所提到的，这也是迈克尔·戴尔选择将公司私有化的原因之一，因为只有这样，他才能够将注意力全部集中于公司发展以及长远创新上来。讽刺的是，虽然这种方法能够成为长期战略的指路明灯，但对于短期的季度财务数字来说并没有产生什么影响，正如第 6 章所讨论的，它体现了流程在战略实施过程中的健康程度。评估指标关注的是由外至内的指标，因为导航指标是一种内部反馈机制。

传统企业通常仅考虑评估指标，因为它计算起来容易；然而，只计算这些指标会使我们桎梏于过去的牢笼中，我们将无法超越预测目标，去创造截然不同的未来，这一点很重要。但未来的信息不能只是"大胆假设"，它必须符合讲究正统、拥有工商管理硕士学位的经理们的口味，他们依赖事实，例如财务报告。事实上，在对昨日绩效进行评估后，评估指标对于流程思维的作用就已变得微乎其微。虽然它可以很精确，但它并不能够帮助员工了解和改进流程。这就像烘烤饼干时用定时器计算时间，同时开启烟雾报警器，或者原地等着煤气耗尽再加满一样，这听起来或许很愚蠢，但是，你的确是依照评估指标做事的，而且信息也是精确的，尽管实质上毫无用处。相反，以流程为重心的企业会收集真实的信息，了解什么管用，什么不管用，就像煤矿中的金丝雀一样，能够第一时间对瓦斯泄露作出反应。我这里想说明的是，导航指标并非能够预测未来，因为据我所知，没有人能够预测未来。它们的设计用意在于根据行动传递信息、提供经验，从而帮助我们对流程中途出现的问题进行纠正，以更好地实现流程目标。众所周知，导航指标能根据当前的"风向"和"海浪"情况调节"风帆"，而不是根据昨天的天气情况。正如之前所提到的，我的儿子数学考试成绩不佳，其中一个预示指标就是，他是在参加完曲棍球比赛后的第二天上午参加的考试。这就是评估指标和导航指标的关键区别。从评估指标的角度来讲，他的数学考试成绩得用差来衡量（假设衡量标准为优、良、差），因为他的分数很糟糕；然而，这不会解决任何问题。如果采用导航指标，他的分数则可以激发相应的行动，例如，他会试着在下一次考前的周末留在家里复习。当然，只有完成了实验（考前的周末留在家里复习），导航指标中的假设才能得到验证，并对目标（提高数学分数）产生影响。在商业活动中，评估指标用于衡量绩效，例如营收增长、货运总量、达成预算、参加会议和网站点击率，等等；相反，导航指标的预测性体现在它源于实验，而实验的目的就是预测实现目标的可能性。因此，好的指标能够衡量当前进度和目标之间的差距，并基于实验提供相应信息，以便我们随时作出调整。在我儿子的例子中，如果类似的情况再次发生，而他在考前的周末留在家复习，那么他的数学成绩一定会提高吗？实验结果出来之前，我们不得而知，但是，至少结果是可以衡量的了。

思考一下这个实验，看一看我们是否更加接近满足用户需求这一目标。图 8-7 描绘了一个传统的企业结构，其中包含一项机制，它是基于评估指标而制定的，该评估指标来源于会计架构。这个机制的单位成本是 21.5 美元（信息与工作分离）。

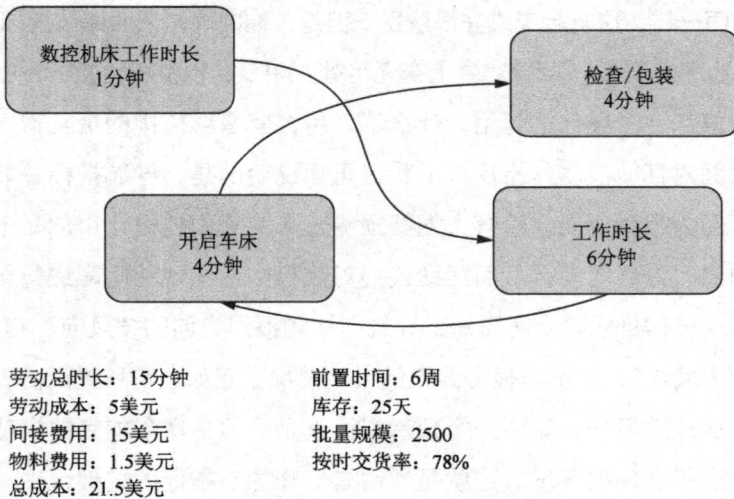

劳动总时长：15分钟　　　　前置时间：6周
劳动成本：5美元　　　　　　库存：25天
间接费用：15美元　　　　　批量规模：2500
物料费用：1.5美元　　　　　按时交货率：78%
总成本：21.5美元

图 8-7　做实验前：条块分割的结构

现在，我们开始进行实验，并重新设计运营流程，使其具备可持续性（见图 8-8）：

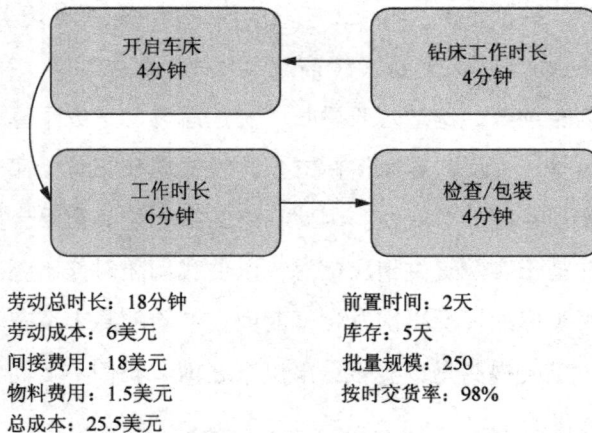

劳动总时长：18分钟　　　　前置时间：2天
劳动成本：6美元　　　　　　库存：5天
间接费用：18美元　　　　　批量规模：250
物料费用：1.5美元　　　　　按时交货率：98%
总成本：25.5美元

图 8-8　做实验后：以流程为重心的结构

- 将设备置于有序排列的流程中；
- 用低成本、能快速切换的钻床替代数控机床；
- 将批量规模从 2500 件减至 250 件；
- 将前置时间从 6 周缩短至 2 天；
- 将库存周期从 25 天缩短至 5 天；

- 提升生产力；

- 数控机床用于其他工作。

结果如下：该机制的单位成本上升了 20%，变为 25.5 美元。

根据实验结果的反馈，我们应该采取哪些应对措施？如果我们应用了基于实验得出的经验——更短的交付时间和更高的按时交货率，那么，我们就能进一步提升满足用户需求的能力。如果库存是流程健康程度的体现，那么，它也可以作为改进流程的切入点。传统的会计架构告诉我们成本上升了，而实验会告诉我们，我们不应继续采用这个流程设计了。实际上，无论是从操作层面来看，还是从财务方面来看，实验都是成功的，但是，指标却起到了误导作用。库存的减少对于用户是有好处的，因为它可以使节约下来的现金用于别处。然而，会计架构（回顾第 7 章提到的杜邦模型）认为，库存减少会降低运营费用，而这部分费用可成为会计期间的可用资本，因此这是件坏事。从会计架构衡量视角来看，库存是一种资产，可对于流程思维者来说，库存是一种浪费。同样，根据会计架构，除非我们运出更多货物，或者减少员工数量，否则占用空间的减少、生产力的提升和优化的布局并不会直接转化为较低的成本。

此外，在这个事例中，劳动力成本显著上升，虽然生产已经从高支出数控流程——花费巨资以保持运营——转为简单的钻床。而对于接近成本的间接费用来说，理论上它在人工操作的机床上应该更低，但并不包括在传统的衡量体系中，因为间接费用是根据劳动力分摊的，而不是总资产。要记住，流程思维瞄准的是消除间接费用，而不是分摊它（见图 8-9）。

	以流程为重心的思维件	评估性会计架构
A	库存增加就是浪费以及延长"订单—现金"周期	库存的增加使支出资本化并"改善"净利润
B	流程设计：减少单元空间以及浪费（移动、暂存区和运送）	如果支出没有减少，则不会对净利润产生影响
C	劳动力：+20% ☑ 安排：-80% ☑ 库存：-90% ☑ 释放生产力（数控机床）	不良 间接费用 不良：损失已分摊间接费用 不良：未分摊间接费用

图 8-9 流程思维和传统的评估性会计架构的差异

财务衡量指标不具备导航价值。

指标是否激发了流程中的行动

关于衡量指标，你需要对两个关键问题作出回答：

（1）指标是否能够表明你与目标的距离，是更近了，还是更远了？

（2）指标是否激发了流程中的行动，并清除了浪费？

我们再一次强调：衡量重要的对象是容易的，流程目标就是那个重要的对象。只有在我们帮助员工了解到活动是如何影响流程能力以实现目标的时候，指标才是重要的。如果指标能激发企业采取行动，并解决问题，那么它的重要性就更上一层楼了。

我们认为，可以将财务数据作为一项指标，因为它们通常是首席执行官作出决策的参考依据，但它们不具备导航价值。它们不会提供任何关于商业活动的实际情况，例如创新文化、员工建议或供应商关系；它们也不会对顾客的问题及时给予预警，因为它们的视角类似于后视镜，只会强化职能条块的分割（如部门预算），并以牺牲长远思维为代价。请允许我重复一遍，财务衡量指标不具备导航价值。

如果你对以下问题的回答都是肯定的，那么我们就可以确定这是一项好的衡量指标：

（1）该指标是否有助于了解并改进流程绩效？

（2）该指标是否与流程目标相关？

（3）该指标是否由进行实际工作的员工所掌握？

（4）该指标是否激发了流程中的行动？

如果这两种类型指标的目标（导航和评估）发生了冲突，那么我们必须以导航目标为重，而暂缓评估目标。然而事实上，在几乎所有的情况下，我们优先考虑的都是评估目标。从针对高管的每一份问卷调查中，我发现，他们始终对当前的指标体系心怀不满。原因在于，那并不是一个有效的绩效指标体系。我认为，当导航指标和评估指标发生冲突时，每个人都会选择屈服于评估指标。然而，"成本—目标"比才是衡量财务绩效的唯一指标，因为它是一项导航指标。只有着眼于流程全貌，我们才可以创造有意义的导航指标。有这么一条经验法则认为，所有指标都应将重视用户作为出发点。

　　如果能够结合目标之下的大环境进行考虑，指标就大有可为；不考虑目标之下的大环境，指标将一无是处。我喜欢用一则关于乘坐热气球的故事来说明这个论点：一个人乘坐着热气球飞行在乡村上空，他迷路了，热气球盘旋在一座高尔夫球场的第九个洞上方，于是他对正在推杆的高尔夫球手喊道："不好意思，我迷路了，您能否告诉我这是哪里？"高尔夫球手抬起头说："当然，你就在第 9 洞上方。"接着，他低下头继续他的推杆动作。愤怒的热气球驾驶员喊道："你一定是一位会计，因为你给的信息虽然完全正确，但是，对我来说毫无用处。"这个例子说明，大环境十分关键。图 8-10 举例说明了脱离大环境的信息是极具误导性的。

视角驱动行动，而衡量指标驱动视角

只有全面的流程视角才能令我们恰如其分地创造评估指标和导航指标，以实现目标

图 8-10　信息所处大环境对指标的影响——哪条路通向北方（当北方是我们的目标时）

　　如果我们确定了衡量对象，那么，现在不正是开始衡量目标的时候吗？

发人深思的实践

回顾一下你之前经历的商业活动，哪一项导航指标需要你日日观察，以便得知自己是否正通往实现目标的道路上，并且在满足用户需求的同时获得了利润？传统的滞后性评估指标，例如利润、成本、老顾客等，都无法帮助员工改善日常工作表现。思考一下关键流程，例如招聘和用人环节等，招聘专员如何从上个月每家店面的销售额中获取经验，进而调整行为（什么时间、在哪里改进招聘流程）？这些指标帮不上任何忙，因为招聘专员需要的是先行绩效指标。

我有一个案例跟大家分享。有一次，我受邀前往一家大型零售商场，那里集中了所有种类的商业单元（包括服装、五金器具等），这些商店共同组成了一个中央购物服务区，这样一来，所有店铺的人事安排都能遵循共同的流程。这种运营方式称为共享服务模式，即将零售、人力资源和财务运营整合为一体。我们知道，人事问题比较难解决，因此，我们没有选择将不同商业单元的各类人事流程全部杂糅在一起，而是应用流程思维，选择各个单元的最优流程，将其整合，从而构建了世界一流的人事运营体系。当然，这个过程的第一步是确定人事流程的目标，接着，设定关键指标以及时向流程进行反馈，同时指导员工采取适当行动（实验）。

我们选取了三个衡量指标（从用户视角）：质量、成本和时间。同时，我们要求流程设计者选取以下三种指标（每个类别选一项）帮助他们观察流程：

（1）成本指标：雇用一名员工的外部成本；

（2）时间指标：外部填写申请表的时间；

（3）品质指标：90天员工流失率（即90天后依然留在岗位上的员工数量）。

我们重新设计了"入职流程"（即目标不仅仅在于找到新员工，而是三个月之内发现具有创造力的员工）、流程环节和可靠方法。我们在制定行动方案时投入了更多的精力，在日常的人事工作中应用了一些工具。18个月之后，结果如下：

（1）90天员工流失率从16.6%减少至8.4%；

（2）外部申请时间从 88 天缩短至 53 天（40%）；

（3）雇用一名员工的外部成本从 1482 美元减少至 977 美元（34%）。

在此之前，这三个指标从未出现在财务报表上。随着公司的理论实验逐渐展开，经营者日益了解到，这些指标与利润之间存在着相关性。

如果我们确定了衡量对象，那么，现在不正是开始衡量目标的时候吗？这并不是指我们需要完全忽视评估性的硬数据，而是指我们不应该让缺乏远见的衡量方法——对指标的狂热——代替所有根据导航信息得出的最重要的软性评价，并为之洋洋自得，因为管理本身无法被衡量。因此，我们必须依靠评价，而软性评价指标可用于检验不容争辩的事实。

在明确目标之后，创造高绩效、以流程为重心的企业的第一步就是制作导航计分卡，以衡量每项行动的成功性，以及这些行动能够在多大程度上帮助我们更加接近目标。以下是创作导航衡量指标的一些基本方针：

- 检验一项指标是否优良的方法是，判断指标是否帮助我们了解和改进了绩效；
- 衡量指标的目的是通过系统的行动来拓展知识；
- 我们需要将导航措施的重点从管理员工转向使员工了解系统，并采取合当行动，清除导致绩效偏差的因素；
- 设立导航措施的目的是帮助我们发现浪费及其根源；
- 员工在实际工作中不应受指标的制约，他们应当利用指标（和行动），并能够控制工作；
- 了解目标、指标和行动之间的关联。

我们正在做什么以及做得怎么样

导航计分卡是一种管理理念，它使企业的目标和战略与日常工作内容保持一致。我们以目标为导向时会这么回答问题："我们在这儿做什么？"而以指标为导向时则会这么回答问题："我们怎么知道自己表现得怎么样？"导航计分卡的主要关注点是了解和改进绩效，但它并不是基于传统的生产单元的，而是基于通往用户的价值流和流程的健康度来发挥效用的。计分卡的设计基础是学习和适应能力，这与达成短期目标不同，实验才是其指导原则；而计分卡指标则用于引导流程中的行动。最重要的是，这些指标通常由身处流程之中的员工掌握。

总而言之，从指标方面说，我们需要从目标指标转向能力指标，将重点放在如何更加了解工作进展，以及如何将工作做得更好这两件事上。我们不应再对财务信息和各类指标过度关注，而是要谨记优势蕴藏于流程之中。通过清除传统的结果指标，员工能够从"目标为王"的专制中解放出来，并选用最好的方法开展实验，将所学投入到实际应用之中。这就好像飞行员一样，有了导航指标，他便可以实时地采取相应行动，从而持续地改进流程（见图8-11）。

目前我们面临的挑战在于，流程中的员工需要从导航计分卡上读取信息、采取行动、开展实验、提升能力，并最终实现目标。我会在第9章探讨这一点。

图8-11　通过测试以持续地改进流程

第 9 章

行动：实验和科学方法

> 　　行动是忠诚可靠、知识渊博、寻求改进的人们与现实的亲密对话。
>
> 　　　　　　　　　　　　　　——丹·舒昂（Don Schuon），学习大师

停止磕绊，开启思考

　　如果以不太客气的方式解释上述引用，它的意思就是：绩效改进或许只是聪明人的瞎编杜撰，是他们根据事情进展的自圆其说。注重流程的实验是这样的：对身处流程之中的员工给予充分信任，相信他们是最了解流程的人。如果员工拥有一整套出色的解决问题的方法论，包括执行具体方法的相关信息、技能和权力，那么不妨让他们一直学习和修改流程，直到流程能够持续地达成目标。

　　摘自 A.A. 米尔恩（A.A.Milne）的《小熊维尼的故事》（*Winnie-the-Pooh*）系列图书中的这个片段就是绝佳的例子。克里斯多夫·罗宾（Christopher Robin）正拽着他的玩具伙伴爱德华熊的耳朵下楼，一路磕磕绊绊，发出"嘭嘭嘭"的声响。爱德华熊一直认为，这是下楼的唯一方式。但有时候它会觉得，肯定有

一种更好的下楼方式，只要罗宾能够停那么一小会儿，让它有时间再想一想。停下来再想一想正是"目标—指标—行动"模型中行动这个部分的重点。行动需要实验，而实验方法就是我所说的"寻宝之旅"，寻找、发现和重获流程之中的"宝藏"，这些"宝藏"能够改进绩效。前提是我们需要仔细观察行动是如何被触发的。

我从不赌博，并且远离赌博，但我常常会拿骰子说明实验的威力。在完成了对一家公司的业务流程的观察（"寻宝之旅"）之后，我回到了会议室，并拿出了骰子。我告诉这家公司的管理者们："小赌——再加上一些小小的赌注，是展示实验、学习和修改的原理，以及这个原理是如何揭露流程中的问题的最好方式。"

我拿出一个骰子，并向其他人提出了如下建议（见图 9-1）。如果你先下 100美元作为赌注，并猜中了一次掷骰子的点数，我就给你 450 美元。那么，获胜概率是多少？很明显，是 1/6。当我询问他们是否接受这个概率时，大多数人的答案都是否定的。接下来，我带领他们做了一次关于概率的实验。1/6 的概率意味着，选到正确点数的概率略高于 16%。如果他们猜对了，就能得到 450 美元，但是，还有 5/6 的概率（约 83%），他们什么也得不到，还会输掉赌注。在不细究这场数学游戏的情况下，统计数据表明，每一次掷骰子，他们都将输掉 25 美元。在商业活动中，如果你在这些数字后面加几个零，那么，没有什么管理者愿意接受这样的概率。

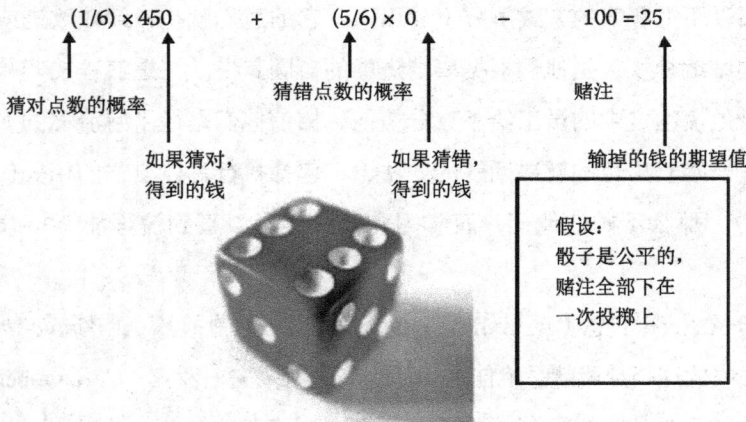

$$(1/6) \times 450 \quad + \quad (5/6) \times 0 \quad - \quad 100 = 25$$

猜对点数的概率 　　　猜错点数的概率 　　　赌注

如果猜对，得到的钱　　如果猜错，得到的钱　　输掉的钱的期望值

假设：
骰子是公平的，赌注全部下在一次投掷上

图 9-1 选中正确点数的利润率略高于 16%

接着，我想让实验变得更加有趣。于是我问："要是骰子被做了手脚，掷出六点的概率是 1/3 呢？（我换了个新骰子，有两面都是六点）。我警告他们："但你现在还不知道我到底是不是做了手脚。"所以，你还是无法决定如何下注，因为你缺乏足够的信息。换言之，你知道骰子是不公平的——就像大多数艰难的商业决策一样，但你依然没有足够的信心扭转局势，使这场赌博更有利于你，让你更安全。骰子被做了手脚的那一面出现的概率是 1/3，而剩余面出现的概率为 2/15。即便骰子确实被做了手脚，但如果你不知道它被做了手脚，这场赌局依然不会变得对你更加有利（见图 9-2）。当我和这家公司的管理者们进行这场赌局时，有几个人猜中了六点，但是大多数人并没有猜中。接着我问："如果你现在知道是六点那一面被做了手脚，会怎么下注？"现在，你已经知道哪个点数有 1/3 的概率出现了，因此，你肯定会选那个点数。根据统计数据，如果你只选那个被做了手脚的点数，你会赢 50 美元，而不是输 25 美元。这就是一场实验之旅，每一次下注，我们都学到了一些东西。重要的是永远不要停下实验的脚步。我们需要不断前行，对学习进行再投资，因为一旦止步，我们就会误以为自己拥有了全世界最好的流程，并陷入思维定式，认为这是我们所能得到的最好的流程了，于是，持续的流程改善便无法实现了。如果我们不能通过持续

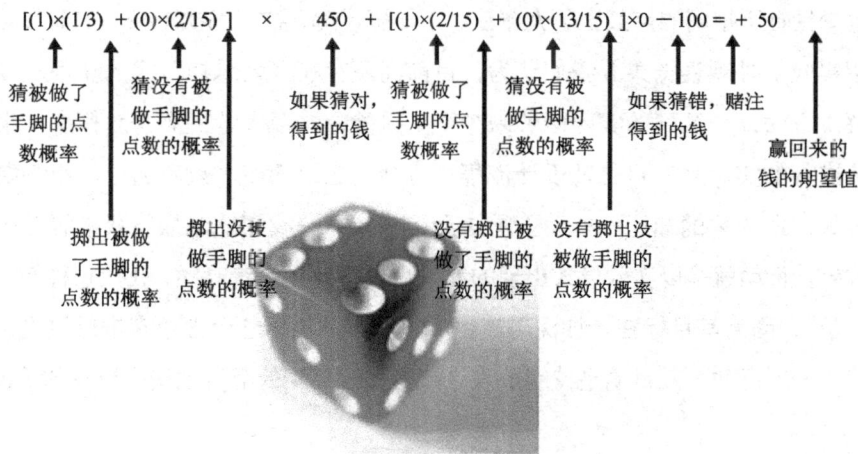

$$[(1)\times(1/3) + (0)\times(2/15)] \times 450 + [(1)\times(2/15) + (0)\times(13/15)] \times 0 - 100 = +50$$

猜被做了手脚的点数概率　　猜没有被做手脚的点数的概率　　如果猜对，得到的钱　　猜被做了手脚的点数概率　　猜没有被做手脚的点数的概率　　如果猜错，赌注得到的钱　　赢回来的钱的期望值

掷出被做了手脚的点数的概率　　掷出没被做手脚的点数的概率　　没有掷出被做了手脚的点数的概率　　没有掷出没被做手脚的点数的概率

图 9-2　如果事先知道点数六被做了手脚，你会如何下注

假设：骰子并不公平，而你知道哪一面有 1/3 的概率出现，因此你只需把赌注压在相应的点数上就行了（不公平的骰子加上完美的信息）。

的实验确认目前的流程是否是最好的，那我们就能确定一件事——它很快就不是最好的了。

知识来源于实验。

如果事先知道骰子的某个点数被做了手脚，该如何调整下注策略才能发现最有利的获胜点数（即更好的方式）？随着投掷次数的增加，我们又该如何利用过去积累的知识？我问："你们会如何把一场很可能输的赌博转化为一场获胜概率最大的赌博？"大多数人立刻意识到，他们所能采取的唯一办法是搞清楚究竟哪一个点数被做了手脚。因此，唯一的方法是使投掷次数尽可能多，并且输的次数尽可能少。这一次，他们没有下100美元的赌注，而是一次下注1美元，然后，他们发现，六点出现的概率越来越大。等到他们下10美元赌注时，他们已经掌握了信息，搞懂了这是怎么一回事，可以更好地下注（即做决策）了。这就是通过实验获取知识。在一番讨论过后，大家的结论很明确，与其在投掷次数少且各不相同的点数上下大赌注，不如多投掷几次，每次下较小的赌注（即小型实验）并观察结果。我们认为，目前尚不存在"大爆炸"式的新理论或万能解决方法，一系列的实验能够减少许多风险，并极大地提高获胜概率。根据持续进行的实验来有目的地设计流程，机会就应运而生。只有通过较小的赌注衡量我们所积累的知识——而不是提升了多少——我们才能最终获得想要的改进效果。行动就是以实验形式出现的许多小规模计划。有时候，我把它称作"尝试风暴"，因为其目标在于加深对流程的理解，并根据这个视角来进行改进。实验就是一项行动，其目的是持续地改进流程，以更少的浪费创造出更多的价值。

学习需要失败。

科学方法

实验思维的基础根植于科学方法，但是，科学方法并非传统商业思维的内在基础。对大多数管理者来说，它是违反直觉的，因为对商务人士来说，通过实验和探索进行学习与他们的直觉相悖。他们所坚持使用的思维件要求根据"既定事实"采取行动。然而，很大一部分商业活动都具有不确定性，因此，我们应该通过标准程序来验证假设。实验的精髓是通过直接观察来了解情况。我想再次重复：如果我们看不明白流程，就会心有余而力不足；如果你无法将正在处理的事务描述为一个流程，那你就是一只无头苍蝇。观察是实验的核心，因此，我们需要仔细观察流程是如何与各种标准相衔接的，如果我们不知道标准是什么，那我们就不知道怎么实现目标，而后者正是"目标—指标—行动"模型的基础（见第8章）。我们必须为假设构建预期（即增加每个班值中托盘运送的胶水数量），并确保把关注点转移至流程产出上（即以托盘运送的产品）而非投入（即运送所有胶水的劳动效率），同时根据产能、时间和成本评估绩效，那么，绩效将会提升。实验需要规划，包括确定目标、交付物、职责和实验指标，接着就可以开始进行实验了（对策用于消除和清理浪费）。持续时间可以是几天、一个月，甚至90天，在这之后，需要一段审核期来检验实验效果。审核期过后，需要对假设进行修正，或继续进行另一项实验。还有一种可能，企业已经将新方法列为标准化作业，要求其他部门学习新方法，必要的话，新方法甚至可以在整个企业内推广。这样一来，实验在企业全面实行新方法之前开展，因此，在减少浪费、创造价值方面的尝试不仅是安全的，还提供了学习和适应的机会。接下来，需要不断重复实验。根据标准化作业的要求，我们可以建立精确的程序，使工作以尽可能好的方式进行，并在实验中得到验证。标准化作业是持续改进的基础，也为持续改进提供不间断的外部条件，使实验能够开展。

但是，如果每个人的工作方式各不相同，那么就会产生太多变量，从而导致精确的科学实验无法展开。

我们最大的敌人就是对失败的恐惧

科学方法的根本原则是根据实验验证假设。掷骰子时，我们的假设是一个点数出现的次数会多过其他点数，而实验就是证明或推翻这个论点的过程。商业活动中，假设可以是更低的成本、更快的周转率或更优的质量——无论你在努力实现什么目标，实现它的最好方式是围绕目标进行单次、小规模的调查性行动。不幸的是，应用科学原则的主要障碍是企业内部与生俱来的对失败的恐惧，以及管理层的思维定势——思维件。因此，对实验中出现的任何可察觉到的风险，他们都避之唯恐不及，并且将这种逃避行为视为合乎情理的行动方案（即骰子是错的）。人们对失败的恐惧是创新和才智的敌人，它阻碍了实验的开展。只有当实验者能够接受实验（行动）目标，明白实验是为了学习并基于所学知识而主动适应时，流程中的行动才能够消除浪费、创造价值。绩效的增长源于那些无法预料结果的行为，而这些行为来源于实验（研究和测试），它们带来了新的知识。因此，科学方法的关键在于懂得"学习需要失败"这一道理。毕竟，即使要驳斥正确的假设，也只能通过实验进行验证。然而，从任何一种心理学和社会学角度看，失败预期并不存在于任何一个企业的基因里，要想根据目标—指标—行动模型构建一个以流程为重心的企业，必须坦然接受失败。实际上，我们应当庆祝失败，因为萦绕在以流程为重心的企业以及相应行动上方挥之不去的魔咒就是失败，所以在海量实验中迅速地、有效地体验失败是必要的，这是一个渐进式的、低风险的改进过程。传统企业并不把思维件作为深入探索、学习和适应的前提，但在 21 世纪，为了作出更快、更具远见的、更好的决策，思维件就是必要条件。讽刺的是，尽管西方文明建立在科学原理上，可大多数流程都无法轻松地、及时地适应变化。从本质上说，适应性系统和演化系统都包括实验。在商业活动中，持续的流程改进需要对流程进行持续观察、评估、考验和评估，以便不断地学习和适应。

流程的设计需要确保员工每天都有意愿且能够重复地进行一系列实验，并解决问题。他们需要回顾流程，消化流程并提出反馈，他们需要流程思维。他们需要明白，他们不是在制作衬衫、挑选零件、将胶水装桶，他们是在解决问题、达成目标，最终让用户满意。他们知道各自的流程与终极目标如何产生关联。我所知道的唯一方法就是科学方法：开展实验、进行观察，看是否这场实验让你离答案更近，就好像掷骰子。从根本上说，基于假设的流程思维和行动，与基于历史事实的职能思维和行动截然不同。前者的决策以集合信息为基础，而后者更多地以具体信息为基础。在集合型思维中，你会首先权衡集合信息，然后是流程，并逐步摸索，最终确立目标。例如，如果我问你："我们能否约周一下午三点见面？"你可能会回答："不，我很忙。周二下午五点如何？"我会说："不，那时我没空。"于是第二天，你出了城，而我也在下周出了城。相反地，如果我问你："下个月你有空吗？"我得到的答复就很可能是"有"，这样的回答就不是基于具体信息，而是基于集合信息。一旦我们决定下个月见面，我们就排除了其他 11 个月的时间，全心全意关注那个月某一周的安排。这是一份条件（会议）明晰的流程作业，但要抵达这个目标，我们还需要穿越一些"灰色地带"。我们可以利用集合信息——月、周、日和小时，就像鲁斯在他的书《丰田套路》中提及的，我们首先确定理想状况（即月），接着再确定另一个（即周），直到约定好某一小时的见面时间。基于实验的行动是流程思维的日常习惯。

科学方法衡量的是流程（如装载拖车）目标的实现过程中，某种偏差因素的效力。科学方法能让我们明白什么是有效的，什么是无效的，它是渐进式的、迭代的。当一名首席执行官问"我该从哪里着手"时，我会回答："做最简单的事，让这件事产生成效，然后边实验，边成功。"于是，你会从最简单的事中获得反馈，并从中学习、适应和拓展。简单性并不是指可以在一夜之间将绩效提升 40%，而是逐渐地完成提升 40% 的目标。例如，图 9-3 列举了应付账款流程（以 41 张幻灯片说明），每一张幻灯片都是流程中碎片化的部分。观察流程的具体构成（通过 90 分钟的"寻宝之旅"而得出），我们将了解到只有 3 种（共 41 种）活动代表用户眼中的价值（工作），其余的活动都是浪费（即工作中的阻碍）。这意味着，93% 的活动都是阻碍因素，它们没有激发满足流程目标的价值流向（即满足用户接受款项的需求）。换种方式说，在完成 41 个步骤（7% 的附加值活动流程，所需时间不到 3%）所需的 3 天时间里，这 3 个步骤只花了其中的 2 小时。通过消除、整合、排序或简化一些"浪费的"活动，或简化这些"浪费的"流程，流程的渐进式改变就能够实现。进一步的实验或许最终会产生更好的流程，使其更加贴近 2 小时这一实际价值，而非 3 天。

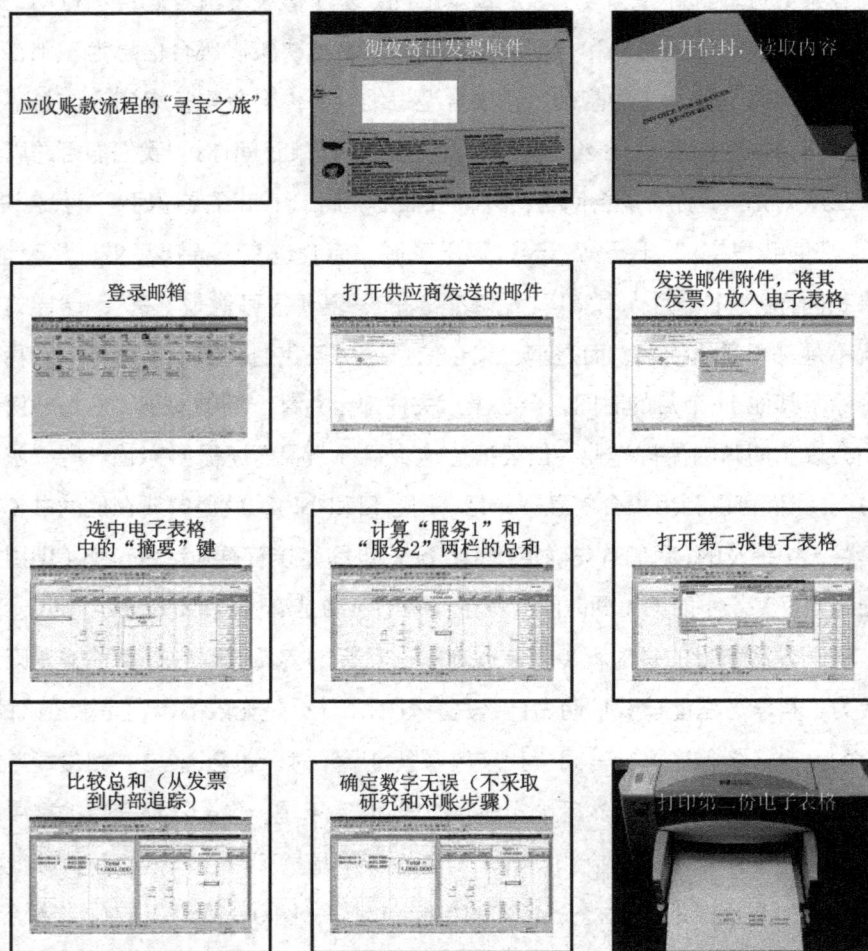

图 9-3　应付账款流程

图 9-3　应付账款流程（续）

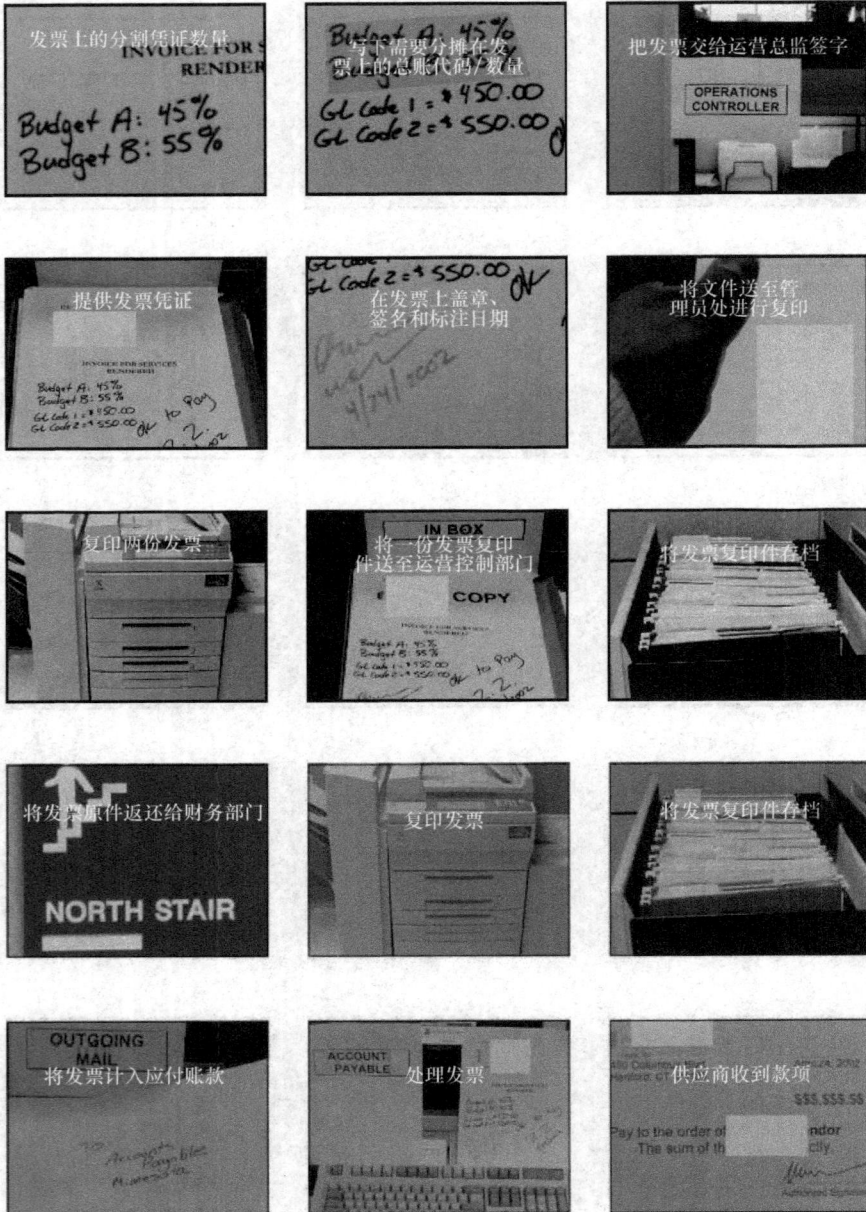

图 9-3　应付账款流程（续）

这组幻灯片展示了付款的 42 个分散步骤。在这 42 项活动中，只有 3 项是工作（价值），其他的都是工作阻碍（浪费）。整个流程耗费了 3 个工作日，但实际上只需要 2 小时就能完成，成本—目标比高达 99.97%。换言之，在 "寄出发票" 这一流程之中，用户只获得了 0.027% 的价值，其他的都是浪费。

持续改善的基石

实验的落脚点是持续改善，持续改善来源于持续实验。由于我们对如何持续地改善流程、提升绩效的认识日益加深，因此，实验始终是成功的。目标就是改善流程，仅此而已。这听起来简单，但实则不易。试错过程将不断地对流程进行检验。重点是要明白，到了明天，你必须做得比今天好，并且表现得更加与众不同。要记住，你并不是一门心思地要想在周二前确保净利润提升 20%，而是要建立一个可持续的流程，这个流程要能把问题暴露出来，使你超越竞争对手。有时候，我会把管理者带到车间，给他们 30 分钟的时间观察，并要求他们在纸上列举出至少 10 个（通常最多不超过 30 个）实验机会。他们列出的问题是：是什么因素阻碍了流程按照标准化作业程序继续开展？通常，一个重要的观察结果就是：其实毫无标准。没有标准，改进就失去了基础，没有改进，实验就成了无源之水。我们试图从他们所认为的标准之中寻求导致偏差的因素。在接下来的 30 分钟内，他们发现了这些因素，并针对一项具体偏差制定了对策，行动由此触发。这充分说明，如果你给聪明人正确的信息，给予他们充分的信任，并相信他们能够作出好的决策，他们就一定能成功。标准化作业不仅仅为每位员工的工作制定了程序，它还是解决问题和改进行动的基准。标准化作业不仅仅是编制文件，它还关注教学、衡量和改进流程。

行动的重点是创造解决问题的环境，并拥有明确的目标和导航指标。我们期待不仅能够培养出 "救火队员"，还能使他们探查起火原因，因为解决问题根源是以流程为重心的企业的核心胜任力。为员工提供资源，增加他们用于解决问题的创造性知识，我们就可以减少总成本。要点在于激发员工才能，使他们有能力清除流程中的复杂因素。

> 如果你想造一艘船，不要老是催人去伐木，忙着分配工作和发号施令，而是要激起他们对浩瀚无垠的大海的向往。
> ——安东尼·圣·修伯里（Antoine de Saint-Exupery），
> 法国作家、第二次世界大战飞行员先驱

　　有一次，我们与一家大型企业的财务部门合作，这家企业将后台系统的信用卡处理流程改造成为零售银行运营流程的一部分，这么做的目的是为了更好地区分信用卡发放对象。企业还为持卡人成立了汽车维修俱乐部和道路救援服务中心。鉴于信用卡市场竞争日益激烈，零售银行逐渐意识到促销手段的强大吸引力，类似于用户忠诚计划等极具特色的策略也是赢得新顾客的重要营销手段。如果奖励足够吸引人，那些本来想要拒绝更换银行卡的用户很可能就会同意申请另一家银行的信用卡。在我合作的这个案例中，道路救援服务中心就是持有该银行信用卡的独享好处。越来越多的豪华汽车公司，以及一些中端汽车公司，正向用户提供全球定位服务套餐，包括道路救援服务。然而，汽车公司需要与道路救援人员签署服务水平协议以提供服务。因此，企业会建立各自的大型呼叫中心。我所合作的呼叫中心会制定自己的服务水平协议，协议会根据单次索赔费用和客服回复率发放给服务供应商。这家企业不得不将单次索赔成本设定在报酬率的 10% 以上，以确保在合同竞标上拥有竞争力。

　　我们从需求分析入手，以决定流程需求究竟是什么。流程再设计总是从了解用户需求着手，因为每一道流程都有三个关键组成部分：（1）需求；（2）满足需求所需的资源；（3）使用资源来满足需求的流程。如果你无法改变需求（即我们不需要你的产品），或如果你无法改变资源（即我们负担不了更高的成本），那你唯一的选择就是重新设计流程。流程再设计是第三个选择，它着重解决的是如何在资源约束的情况下满足需求。流程的最终目标是满足需求，因此，设计流程也需要以满足需求为出发点。需求分析法表明，不符合"蓝屏"的来电类型是多种多样的。"蓝屏"是预先设定好的计算程序，通过一整套标准化作业指令使事先准备好的屏幕出现，以便于操作员作出及时回复，操作员会根据屏幕上的指示问出正确的问题，并提供所需要的回答，尽量使问题得到解决。大多数案例中，决策是直接明了的，但是，来电的类型总是不尽相同，从而导致只要任意一种偏差因素出现，蓝屏都会出现。例如，一位用户的车可能在偏远的郊区发生了故障，但是，救援中心派出的拖车需要行驶的距离比设定的标准路程要长，成本高昂得令人望而却步。对此，我们需要对标准之外的来电进行思考，也就是说，把这些来电视为异常偏差因素。之所以称其为异常偏差因素，是因为同时存在的标准来电和重复来电，我们暂且会称它们为正常偏差因素。异常偏差因素会导致大问题，又或者，若妥善处理，能够创造出更高的用户满意度和更大的价值。例如，郊区的车辆一旦发生故障，而车辆距离维修站还很远时，最佳的解决方案是派出专业人员前往现场解决问题（如爆胎、机械故障等），而不是收取高昂的拖车费用。当然，这些都不是会出现在蓝屏上的问题，因此我们应将这些异常偏差因素纳入解决问题流程的价值链内，同时，这条价值链能够确保流程不受职能化结构或标准指标的妨碍，例如平均操作时间、蓝屏准确率或来电等待时间。一旦异常案例出现，应答小组就能够及时解决问题。一旦这些问题得以解决，并得到个性化衡量，平均成本能立刻降至标准的 10%以下。通过完全浸入流程之中，我们能够确定影响成本的主要偏差因素，对衡量方法做出相应改变，使其反映现状，进而采取相应行动。

在流程的重要性得到认可后，我们就可以通过"目标—指标—行动"模型进行流程设计了，于是，流程会实现显著改进，绩效会取得全面提升。而其出发点就是完全浸入"寻宝之旅"，我在接下来的两章会详细阐述这一点。

第 10 章

如何"寻宝"

> 问题不是危机，而是宝藏。

经济学家隐藏问题

你是否曾心潮澎湃地向往去某个陌生的地方，开启一场寻宝探险之旅？尽管形式各不相同，但大多数人都曾有过寻宝经历——乘船感受异域风情、漫步于博物馆，或者在一个普通周末兴致勃勃地在大卖场里淘到好东西。即使是买张彩票，也算是一种寻宝。人类是天生的寻宝者。

我是一名专业的"寻宝猎人"，不断地帮助企业发掘"宝藏"，实现绩效的突飞猛进。然而，现实总是不尽完美。真实的情况是，我其实是改革派的"宝藏隐藏者"——一个专门隐藏"宝藏"的猎手，我隐瞒过不少问题。作为一名经济学家，一名劳动经济学家，我接受过正规培训和专业教育，现在的我比从前更好。作为一名恢复经济学家，我始终在努力地暴露浪费因素，而非将其分摊（隐瞒）。当我发现经济学家包括两种类型，有会算术的，也有不会算术的，我的解决方案就出台了。

经济学家是"寻宝者"的对手。经济学家总喜欢隐瞒流程中的问题，并且为这些问题设计一些眼花缭乱的名称，如摊销。从技术上说，摊销就是还款，可经济学家所说的摊销实际上等同于"隐藏浪费"，就像"量化宽松"一样，这也是经济学家赋予"印钞票"的委婉说法。我想说，如果你了解这些复杂、委婉的经济学用语到底用意何在，那么，可以说你根本没有注意到问题，或者更糟——你正在躲避问题。

问题并非危机，而是宝藏。问题之所以产生，是因为预期与结果产生了偏差，这是一件好事或者说是一项发现。作为"寻宝者"，我们总是在寻求、发现和解决问题，而不是把问题埋入地下。"寻宝"及其简单性在于，它将目光瞄准工作发生的场所，在其中观察、发现和学习。没有什么方法比"寻宝"更简单、更有助于建立一个以流程为重心的企业的了。

让我们开始"寻宝之旅"吧

我在上文提到过，开启"寻宝之旅"的第一步是集合一批流程中的员工，因为他们是流程的消费者或供应者，他们以各种方式支持着流程（支持职能包括信息技术、采购、客服等）。比起坐在办公室里埋头规划一道糟糕的流程，在一道健康的流程之中展开一次策划精密的"寻宝之旅"更有助于揭示流程中的干扰因素。"寻宝小组"通过询问是什么、是谁、在哪里、什么时候、为什么、怎么办这几个关键问题来观察、学习和记录流程。最终，"寻宝者"开始调查"为什么"，探寻"如果……会怎么样"，并决定"怎么做"。至此，他们能够确定哪些活动有附加值，哪些活动没有附加值，并且利用所学知识提出令人信服的"是什么"和"怎么办"的规划。活动可以从 3 ~ 8 人的小组开始（最理想的状况是 5 ~ 6 人），让他们选择流程的一个环节，开始逐步巡视观察。他们会收集、分析数据和信息，同时，他们所获得的信息是真实的、有用的。这项活动以日常运营角度为切入点，它们都是平日里易被忽视的环节。小组的目标如下：

- 了解信息、产品 / 物料流程，员工需要通过实验以满足消费者需求；
- 检查和记录当前流程运行状态，了解员工必须去哪里、和谁说话、获得哪些数据，以确保有充分信息完成工作；
- 发现浪费、问题和机会所在；

- 收集和分析流程数据，为流程改进做准备

"寻宝之旅"包括四个步骤（见图 10-1）：

步骤 1：观察和学习流程；

步骤 2：分析现状；

步骤 3：将目标情况可视化；

步骤 4：实验和学习。

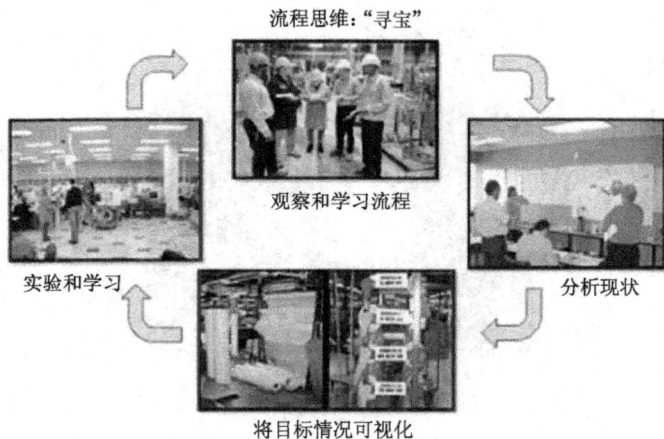

图 10-1 "寻宝之旅"的四个步骤

步骤 1：观察和学习流程

1. 选择流程

每个流程都蕴藏着"宝藏"，只有通过直接观察，你才能贴近流程（见图 10-2）。"寻宝"首先需要分析该从何处开始，但千万不要掉进"分析瘫痪症"的经典陷阱里，你需要专注于"做正确的事"。在选择流程方面，以下是一些引导性问题：

- 问题是什么？
- 在哪里发现了问题？
- 问题存在于哪个区域？
- 现有指标暗含着什么信息？
- 发生问题的流程是什么样的？

时间是选择流程最关键的衡量指标。如果"寻宝"时间超过 90 ~ 120 分钟，

就意味着你所选择的流程环节的规模太大，需要更多的"寻宝之旅"。"寻宝者"如果把搜寻范围放得过大，就会导致对所观察的流程浅尝辄止，无法在每一个流程细节上投入足够的专注力和自制力，从而错失发掘宝藏的机会。要记住，你并不是要去找那20美元藏在了哪里，它或许早已经被发现，你要找的是价值等同于20美元的便士——它们数量巨大。这时的你就像是正骑着单车在城市的街道上穿行，而不是坐在开着冷气、贴着防晒膜的旅游大巴上走马观花。

步骤1：观察和学习流程
1. 选择流程
2. 准备"寻宝"
3. 开始"寻宝"

图 10-2　"寻宝之旅"

确定流程范围的有效方法是完成"供应商—投入—流程—产出—消费者"这一流程图（见图10-3）。

| 供应商 | 投入 | 流程 | 产出 | 消费者 |

图 10-3　记录"寻宝"范围

这个表格作为第一步，有助于"寻宝者"将关注点从视野狭窄、职能化的视角转换为端对端的扁平化视角，同时，将注意力从分散活动转移至强调产出的端对端流程上来。例如，不考虑采购部门（即专门化职能），而考虑它的产出及物料的可用性。当你思考产出时，你会从用户视角观察事务，接着追溯上游，确定流程框架，最终满足需求。完成这项练习要求"寻宝小组"围绕流程，对品质进行思考，观察内容包括：流程是否依旧存在，如何衡量，目前有哪些信息系统能够为流程赋能，涉及多少资源以及改进的初始动机是什么，等等。最终，"寻宝小组"就能确定"寻宝"范围，准备开启"寻宝之旅"（见图10-4）。

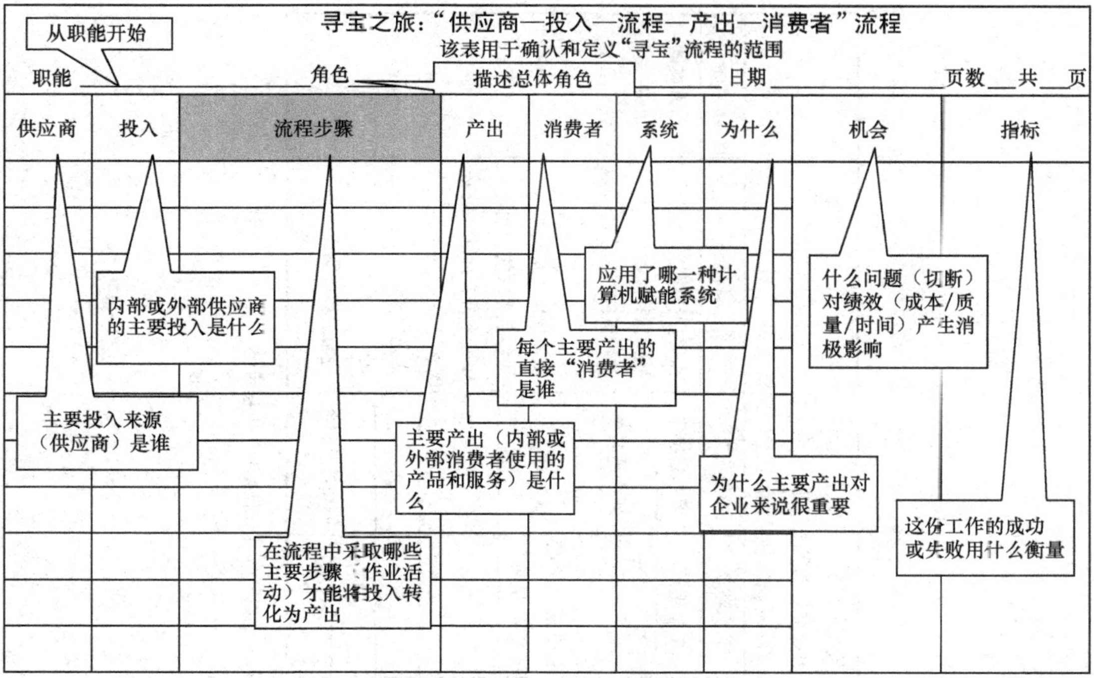

寻宝之旅:"供应商—投入—流程—产出—消费者"流程
该表用于确认和定义"寻宝"流程的范围

从职能开始

职能 _____ 角色 _____ 描述总体角色 _____ 日期 _____ 页数___共___页

供应商	投入	流程步骤	产出	消费者	系统	为什么	机会	指标

- 内部或外部供应商的主要投入是什么
- 应用了哪一种计算机赋能系统
- 每个主要产出的直接"消费者"是谁
- 什么问题(切断)对绩效(成本/质量/时间)产生消极影响
- 主要投入来源(供应商)是谁
- 主要产出(内部或外部消费者使用的产品和服务)是什么
- 为什么主要产出对企业来说很重要
- 这份工作的成功或失败用什么衡量
- 在流程中采取哪些主要步骤(作业活动)才能将投入转化为产出

图 10-4 "寻宝"范围的记录说明

在这个案例中(见图 10-5),"寻宝"范围已经选定,它被称为"下单和追踪",它所覆盖的流程从发出设备零部件的采购订单开始到开出设备零部件的收据截止。通常,确定具体的采购订单、已购买的零部件并重新制定流程都是有效活动。在这个案例中,"寻宝小组"选择了追踪大型冷冻柜的流程,因为采购这些冷冻柜是来自全国各地的餐馆。通过选定具体事例,"寻宝小组"避免了诸如"如果……会怎么样"的提问和"那得取决于……"的答复,耳根子清静了许多。现在,答案可以是具体的采购订单、具体的设备零部件或具体的"寻宝"流程。虽然有一些意料之中的意见会认为,这是一个特例,并不能代表普遍情况,所以别相信它。在所有案例中,"寻宝之旅"都能发现 80% 的真相,并至少发掘出一个巨大的"宝藏"。所选择的流程环节是否精确并不重要,重要的是观察、理解和学习。如果你没有发现浪费,你要么没有学会观察和倾听,要么就是不可思议地碰上了罕见概率——去买彩票吧!现在,我们正漫步在金奈的小街道上,而不是从现代化却与世隔绝的办公大楼里往外眺望。

寻宝之旅："供应商-投入-流程-产出-消费者"示例

该表用于确定和定义"寻宝"流程的范围

职能 __设备采购__ 角色 __所有商店的设备供应商__ 日期 ____ 页数 __ 共 __ 页

供应商	投入	流程步骤	产出	消费者	系统	为什么	机会	指标
工程师	图纸	创建模板	工作计划A	运营	T型追踪	管理层签字	按类型排序	·前置时间
项目计划	需要的新设备	选择产品/供应商	报价			新产品名单	减少操作次数·将投诉部门与中心区域融合	·报价·设备成本
报价	订单号	下单和追踪	接收设备		SAP企业管理解决方案	购买新设备	第四季度总量的75%对绿色需求的影响	
供应链	最小值/最大值触发器	创建订单	购买新设备				-50%不符合标准（偏差因素过多）	
		客服	维修，供应商，发票			满足用户需求	大量电子表格·条块分割·检验员核验图表	

图10-5 填写完成的"供应商-投入-流程-产出-消费者"流程示例

2. 准备"寻宝"

每位"寻宝队员"都必须分配到至少一个具体角色，并且接受训练，这一点很重要。虽然参与者不抱着共同的目标，可他们观察流程的视角各不相同，关注焦点各有千秋。随着越来越多的"寻宝之旅"逐渐展开，你会发现，有些角色和责任是你的企业所固有的，但是，以下这些关键角色具有普遍性：

- 导游；
- 记录员；
- 地图制作者；
- 考古学家 / 领路人；
- 浪费学家；
- 流程布局者。

导游

导游是确定主题的专家和流程的管理者，负责全程照看小组。如果流程范围内涉及的专业知识超过小组中角色的认知，那么导游和其他角色可以在恰当的时刻互换位置。导游的责任是带领小组成员进行一场"短途旅行"，暴露流程的日常状态。每一个角色，无论是地图制作者还是浪费学家，都要以结构化的方式回答流程中出现的问题：

- 我们正在做什么？需要采取哪些步骤？
- 谁做的？谁为这些步骤负责？
- 我们在哪里进行这些步骤？我们要去哪里进行这些步骤？
- 我们该在什么时候采取这些步骤？这些步骤需要耗费多长时间？
- 我们该怎么做？接下来的步骤是什么？
- 附加值是什么？我们的客户愿为此付出什么？
- 什么是必要的？什么是浪费因素？

没有人比导游更了解流程，因为他 / 她每天都身处流程之中，并且已经工作了很长一段时间。

记录员

记录员负责记录活动次序，以及"寻宝"工作图（见图 10-6）的相关数据——

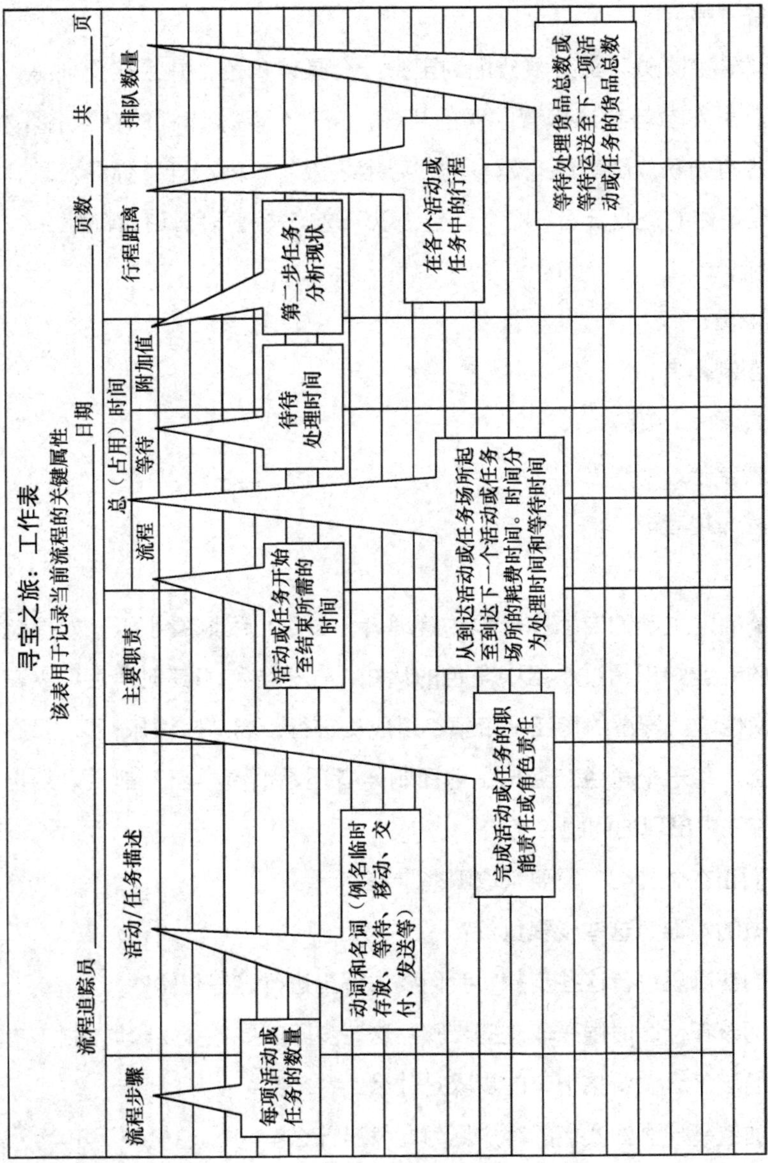

寻宝之旅：工作表

该表用于记录当前流程的关键属性

流程追踪员		日期 _____	页数 _____	共 _____ 页
流程步骤	活动/任务描述	主要职责	流程	总（占用）时间	等待	附加值	行程距离	排队数量

第二步任务：分析现状

- 每项活动或任务的数量
- 动词和名词（例名和临时存放、移动、交付、发送等）
- 完成活动或任务的职能责任或角色责任
- 活动或任务开始至结束所需的时间
- 从到达活动或任务场所起至到达下一个活动或任务场所的耗费时间。时间分为处理时间和等待时间
- 等待处理时间
- 在各个活动或任务中的行程
- 等待处理货品总数或等待运送至下一项活动或任务的货品总数

图10-6 实时记录"寻宝之旅"的说明

记录每一个步骤、步骤参与者和小组的主要职责、流程总时长、观察活动所走过的距离或步数、排队的产品总数，等等。要注意，虽然大部分数据是由"寻宝小组"的其他成员所提供的，但是记录员需要确保记录妥善、恰当。所有角色都有附带标注的说明，以及每一项训练的范例。

在示例中，你要注意流程步骤的间隔密度（见图 10-7），其包含的单元规模较小，以便于界定是"工作"还是"工作阻碍因素"。这些单元彼此分散，所以浪费因素清晰可见：等待、过度运输、过多的数据输入点、沟通缺口、无意义的表达、返工、不良规划，等等。你需要学习如何仔细地观察，然后发现要寻找的"宝藏"究竟在哪里，小组中的每一个人都需要提供不同的视角，认真地观察主要目标，以便记录员尽可能多地记录这场"探险"，这也是"寻宝小组"之所以包括众多成员的原因。另外，等待时间也需要关注，尤其是在追踪的目标对象照常运行时。小组应将自身视作富有禅意的一种"存在"，好比"存在"于采购记录或"存在"于真实流程之中，包括文件筐（如邮件）或在临时存放区闲逛，又或者查找电子表格中被隐藏的因素，通过追踪文件的打印、复印、存档过程，或者移动某个部件、存放、再次移动、再次存放的过程，小组将亲眼目睹应付账款流程范例中被埋藏的"宝藏"。

地图制作者

从视觉效果来说，没有什么比地图更能代表流程的了，小组成员要了解流程，地图是不可或缺的工具。地图制作者追踪物料、零部件、信息、产品和员工的流程，然后用彩笔标注出上述流程的具体路径（如蓝色代表物料流程，绿色代表产品流程，红色代表信息流程，黑色代表员工流程）。图表上的布局是工作场所的地形测绘图，标注内容包括工作站点、设备、仓库和临时存放场所。绘图展示了员工必须前往的地点、原材料的路径、半成品和成品的位置。小组成员通常称之为意大利面图（见图 10-8）。

电子化流程中的"寻宝之旅"遵循同样的原理。地图连接所有的"遗产"系统、孤立的电子表格、个人计算设备等这些完成流程的必要因素。电子化流程和文书方式没有区别，它效率更高、价格更低，因此，能够实现更加实时的信息管理。

寻宝之旅：工作表示例

该表用于记录流程的关键属性

流程追踪员 _____　　日期 ____ 页数 ____ 共 ____ 页

流程步骤	活动/任务描述	主要职责	总（占用）时间			行程距离	排队数量
			流程	等待	附加值		
1	打开信封	接待员	4小时	1分钟			27
2	读取内容	接待员					
3	登录邮箱	应付账员		2分钟			16
4	打开供应商发送的邮件	应付账员		1分钟			
5	选中电子表格中的"摘要"键	应付账员		1分钟			
6	计算"服务1"和"服务2"两栏的总和	应付账员	5分钟				
7	打开第二张电子表格	应付账员	1分钟				
8	比较总数	应付账员	5分钟				
9	打印第二张电子表格	应付账员	1分钟				
10	前往打印机处打印并返回	应付账员	6分钟			180米	
11	回复邮件：对账	应付账员	10分钟				
12	打印四份邮件	应付账员					
13	前往打印机处打印并返回	应付账员				180米	
14	将发票、对账单和邮件放入信封	应付账员					
15	前往财务部门	邮件	3天			630米	
16	在财务部门提交记录	财务经理		1分钟			5
17	前往财务总监办公室签字	财务总监			120		7

图10-7　填写完成的应付账款"寻宝"记录的第一页

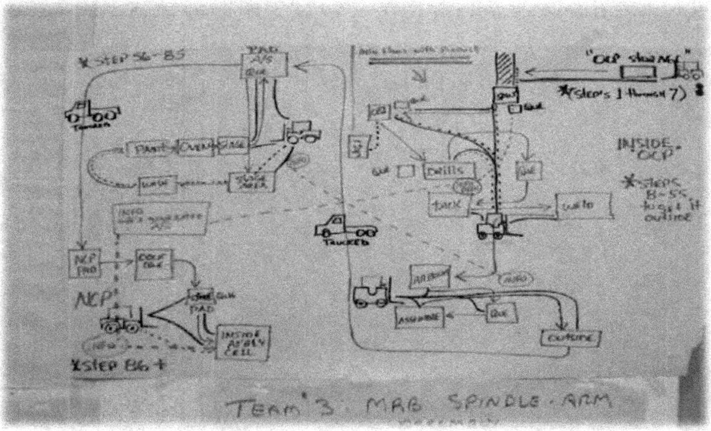

图 10-8　绘制完毕的地形测绘图（意大利面图）

当按下开关后，大量数据就会出现，因此流程的执行需要计算信息，这也是流程的一部分。赋能技术虽然代表流程，但它们本身并非流程。我曾经与一家大型制药公司合作，当时花了许多时间参观富丽堂皇的总部办公楼，这座办公楼包括难以计数的建筑、实验室、员工娱乐场所、教室、办公室、公共区域、商店、会议室和旅馆等，但没有任何一处与原建筑相连。在长达数月的观察（员工游走于不同建筑之间，被踩得极度结实的小路就是例证）之后，正规的人行道才铺设完毕。我常常惊叹于企业应用技术来驱动流程实现自然变革的巨大威力，而不是要求员工适应技术（即依照建筑师的愿望所铺设的人行道被移除，原因是其给参与日常活动的人员带来了不便）。绘制信息与技术融合的流程图需要使人们能够看清真实流程，而不是信息技术专家所设计和安装的那道流程。在绘制信息流程时，地图绘制者需要保持谨慎，无视技术的赋能特性。回忆丹尼尔的信用卡申请流程（第 6 章），地图上出现了一系列屏幕文字，它们基于每个操作员的地理位置（如现场营销代表、数据录入人员、光学字符识别、欺诈专员或信用卡咨询公司）而相互连接。虽然每个角色都处在相互分离的场所，但是所有信息都能够以电子化的方式传递。

图 10-9 是一张信息流程（即交易流程）"寻宝地图"。便利贴记录了数据的移动方向：从电子表格到固件软件，从电子表格到人工表格，从电子表格到电

子表格，从人工表格到企业固件，等等。每一个案例都显示了信息重复的迹象。

图 10-9　"寻宝小组"记录从订单录入到生产订单的信息流程

考古学家 / 领路人

这个角色具有一些弹性，"寻宝者"可根据流程类型自由选择。在一道物流或交易流程中，衡量各个步骤之间的距离并报告给记录员十分关键，因此在每一个临时存放 / 仓储环节记录和计算工作量很重要。举个例子，文件篮中堆放在机器前的工作量有多少？系统里有多少项采购需求，或者有多少来电正等着被接通？回顾金奈案例中的索赔流程，当批量总数达到 50 件时，无论在哪一个时间节点，都会有 49 件索赔在排队等着（即要么已经完成，要么等着输出，要么还未完成且等待输入，因为操作员永远只专注于某个时刻的某件索赔）。而在进行单件作业时，就不存在等待的问题了。在交易流程、关系流程或知识流程中，收集人工作品，例如屏幕文字、电子表格或软件应用屏幕等十分关键，它们包括录入数据的区域的数量，以及每道流程所经过的屏幕数量（见图 10-10）。

浪费学家

确定流程中的所有干扰因素至关重要，这时候就需要浪费学家进行观察了，浪费学家根据其他组员的观察和贡献，在浪费表（见图 10-11）内记录并说明浪

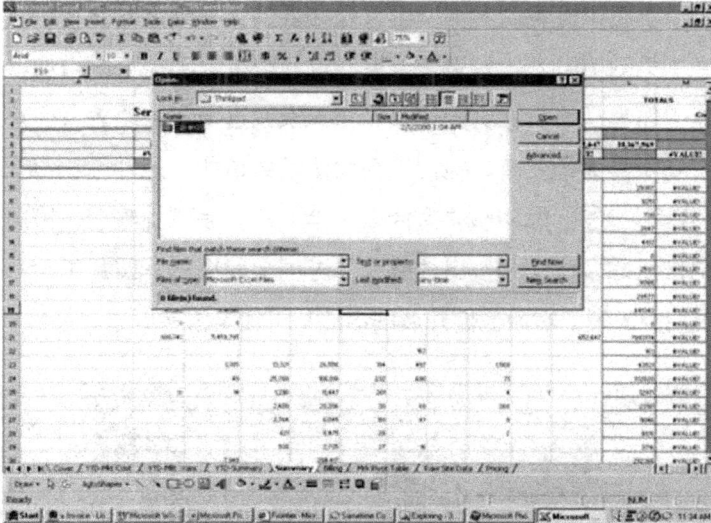

图 10-10 在应付账款"寻宝"过程中,"考古学家"的截屏

图 10-11 关于捕捉"寻宝"过程中的浪费因素的说明

费来源。一个小组中设置两名浪费学家是必要的，一名拿着照相机，另一名记录所见所闻（见图 10-12）。如果"寻宝"流程较多，小组可以增加浪费学家的人数，请他们作为观察员。这些观察员将探索改进流程、改善薄弱环节、改善工作场所布局所需要的变革，他们也会大量用到诸如"是什么""是谁""什么时候""在哪里""怎么做"和"为什么"等词汇。完成观察后，摄影师应将拍到的照片制作成故事板，拼接出"寻宝"过程全貌图——照片中没有人，因为人并不属于浪费因素，然而他们开展的活动有可能是浪费因素。

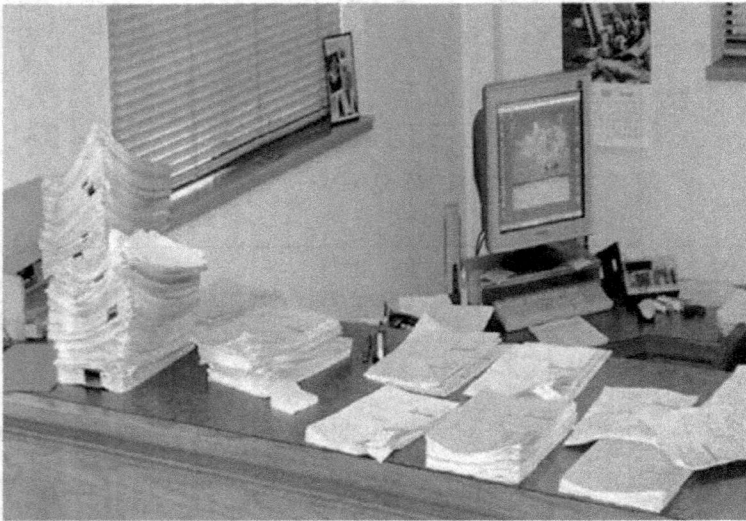

图 10-12　浪费学家在"寻宝之旅"中寻获的浪费因素：等待处理的大量交易

图 10-13 中列举了不同类型的浪费因素，这些就是精益思想所称的七大浪费，这些活动消耗资源，却不为用户创造任何价值。还有一种浪费类型被称为政策浪费。根据我的经验，在那 1600 多趟"寻宝之旅"中，政策浪费占所有浪费的80% 以上。例如，物流中心要求每位分拣员每班值分拣 1350 件货品，这就是关于政策浪费的好例子。这个政策与流程总目标（装载拖车）不相符。政策浪费几乎毫无例外地影响到用户需求的实现。在本章末尾，我列出了一些关于浪费的定义，以便于浪费学家开展工作。

寻宝之旅：浪费表示例

该表用于记录观察流程中观察到的浪费因素

流程追踪员 _____　　日期 _____　　页数 ___ 共 ___ 页

流程步骤	过度生产	等待	不合格产品	过度加工	库存	移动	运输	政策	浪费因素描述	清除浪费因素的建议
5						×			在装载箱子的推车附近走动、寻找简介标签	设定标准流程、确定如何以及在哪里放置推车标签
14						×			在推车附近走动、寻找第一间商店	培训装填人员、根据商店安排装推车
15						×			必须轮流移动箱子以看见标签	贴标签和装载货品需要可靠方法
18									为推车上摆放不科学的产品重新安排位置	每一次的堆垛需要确保高效——培训
20			×						简介标签的说明不完善	根据货品和编号完善简介标签
20			×						集运商无法核实标签内容的真实性	为妥善放置推车创建可视化符号、以便于集中托运
24		×							放置空置推车的地点缺乏既定标准	用视觉化符号标注手推车应前往的位置以及谁可以移动
27		×			×				等待装填的提箱尺寸错误、阻碍作业	为提高库存线路建立最小/最大系统

图10-13 在产品品组装流程上完成浪费表

流程布局

"寻宝小组"的成员亲身参观流程，他们会使用真实订单/布局器（见图 10-14）展示标准化流程。布局器是一份文件，它用于描述作业流程的次序，以完成"寻宝之旅"。流程布局器用于创建布局文件。"寻宝小组"成员在流程中进行观察时，可以根据漫游式布局表的记录（见图 10-15）对每个步骤中的活动进行分类。重要的一点是，这个角色以及其他角色都必须遵循导游指示，并根据记录的节奏展开活动。

3. 开始"寻宝"

尊重员工始终是最高原则。"寻宝之旅"开始后，工作区域是员工每天养家糊口、对社会作出贡献或实现个人发展的区域（见图 10-16），因此，"寻宝小组"成员需要对他们的工作场所予以充分尊重，并遵守进出场所的相关规定。正如你在别人家里时，言行举止需有度。此外，员工要与对的人沟通交流，例如经理、主管、辅导员以及观察和采访的对象。整个过程小组成员都需保持礼貌谦虚，不武断主观，确保团队始终充满凝聚力；不开展花絮讨论或拉帮结派。由此，我总结了"寻宝之旅"的三件法宝：前往观察、询问原因和表示尊重。

步骤 2：分析现状

在图 10-17 中，"寻宝小组"正在讨论合适的钻床放置地点，因为在这里，他们发现了大量浪费因素。组员用不同颜色标记出了附加值活动。这份流程表根据"寻宝"过程中完成的文件而创建，它描述了端对端流程的最高水平视角。现在，组员能够看明白现状，这就像游客漫步在城市的大街上，将自身完全浸入旅程之中一样。

"寻宝"过程一旦完成，小组就可以开始分析收集到的"宝藏"了。分析成果需要以报告的形式呈现，其内容须包含六个关键部分（见图 10-17 的 1 ~ 6）。报告的每一部分都要在挂纸板上完成，以便所有人都能看到（见图 10-17）。报告中的信息需是可触知、可视化、实时更新的，其目的在于展示流程中最核心，同时也是最杂乱不堪的真相。

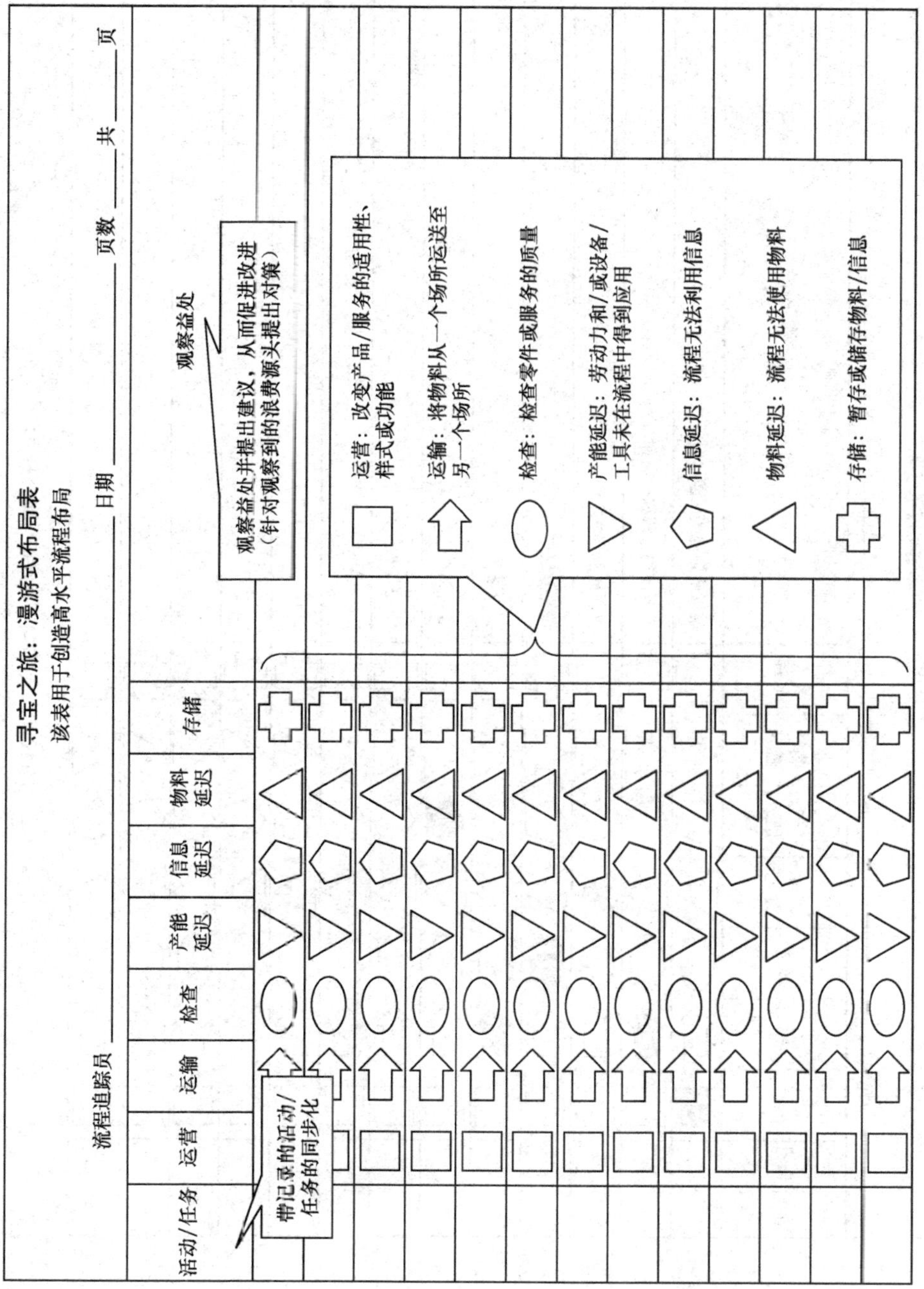

寻宝之旅：漫游式布局表

该表用于创造高水平流程布局

流程追踪员 _____ 日期 _____ 页数 _____ 共 _____ 页

活动/任务	运营	运输	检查	产能延迟	信息延迟	物料延迟	存储

观察益处：观察益处处并据此提出建议，从而促进改进（针对观察到的浪费源头提出对策）

带记录的活动/任务的同步化

□ 运营：改变产品/服务的适用性、样式或功能

⬆ 运输：将物料从一个场所运送至另一个场所

○ 检查：检查零件或服务的质量

▽ 产能延迟：劳动力和/或设备/工具未在流程中得到应用

⬠ 信息延迟：流程无法利用信息

△ 物料延迟：流程无法使用物料

✚ 存储：暂存或储存物料/信息

图 10-14 关于"寻宝之旅"中完成漫游式布局表的说明

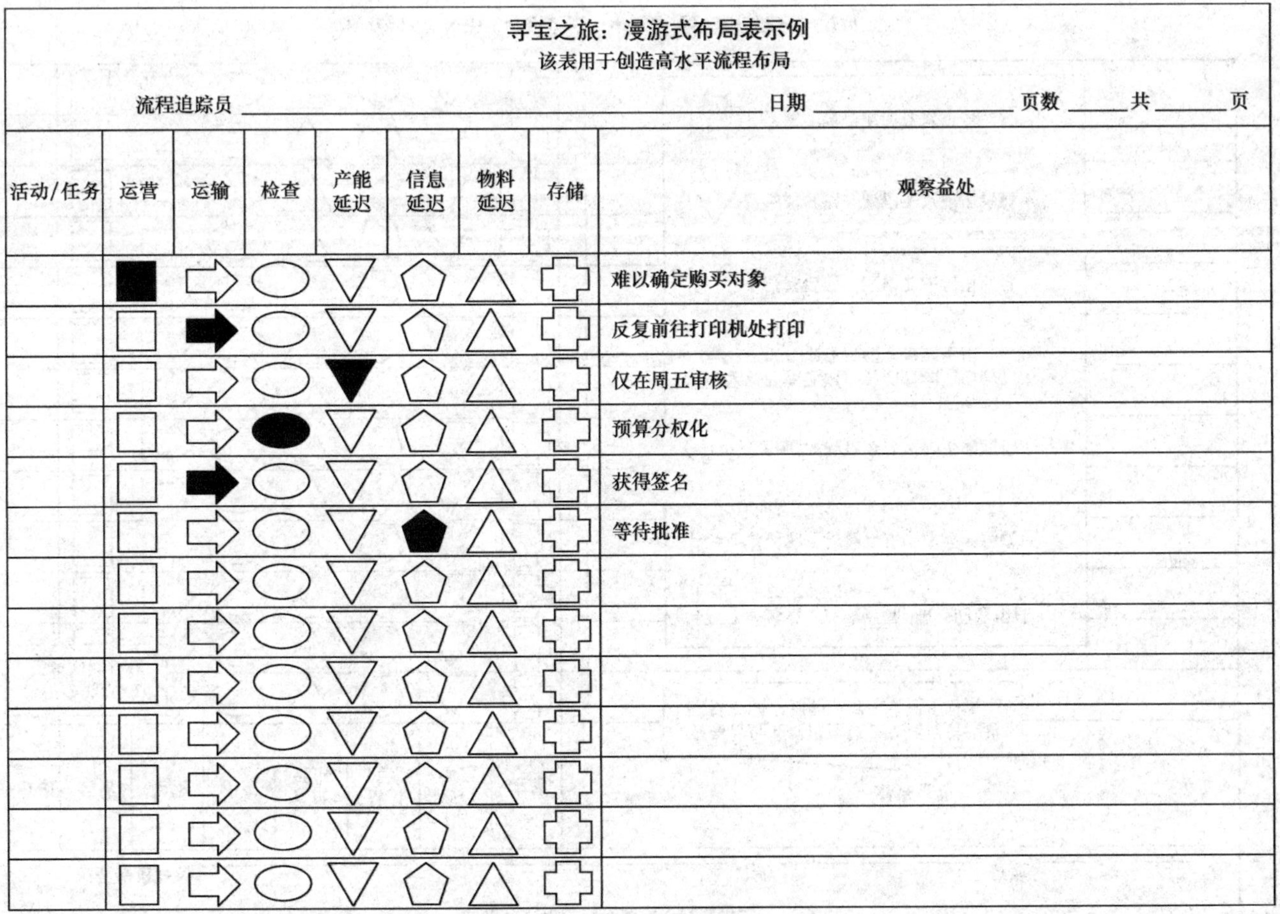

寻宝之旅：漫游式布局表示例

该表用于创造高水平流程布局

流程追踪员 _____　日期 _____　页数 ____ 共 ____ 页

活动/任务	运营	运输	检查	产能延迟	信息延迟	物料延迟	存储	观察益处
								难以确定购买对象
								反复前往打印机处打印
								仅在周五审核
								预算分权化
								获得签名
								等待批准

图10-15 部分填写完成的漫游式布局表

步骤2：分析现状

在办公室"寻宝"

在仓库"寻宝"

图 10-16　行动中的"寻宝者"

步骤2：分析现状

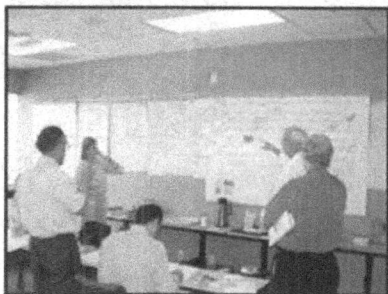

1. 流程图

2. 意大利面图

3. 蛇形图

4. 流程计分卡

5. 宝藏

6. 故事板

图 10-17　"寻宝小组"分析最近一次活动中寻获的"宝藏"

"寻宝"报告

1. 流程图

"寻宝小组"创建了一个流程图（见图 10-18），将所有分散的任务都记录在记录员的工作表上（左栏）。任务按照小组对阻碍因素（干扰流程）或作业（用户愿意为之支付的价值）的分类填写在不同颜色的便利贴上。每一张便利贴都包含一个动词和一个名词以描述"任务 / 活动"（如移动提桶、输入地址、挑拣货品、复印文件），并使用不连续的步骤数字（字条左上）、完成任务所需时间（字条右下）以及负责该项任务的"职位 / 职能"（如机器操作员、数据录入员、业务分析师、软件测试员、随访护士、订单分拣员）。对小组来说，在依照价值对任务进行归类时，重要的是要从用户角度进行决策，询问如下问题或许能对作决策提供帮助：

- 行动是否改变了适用性、样式或功能?

- 用户是否愿意为行动花钱?

在便利贴上写下"活动 / 步骤"（布局器能够提供一些帮助），将便利贴放在挂纸板上并依次排列。用一种颜色表示附加值步骤，用另一种颜色表示非附加值步骤，用第三种颜色表示临时存放或等待步骤。

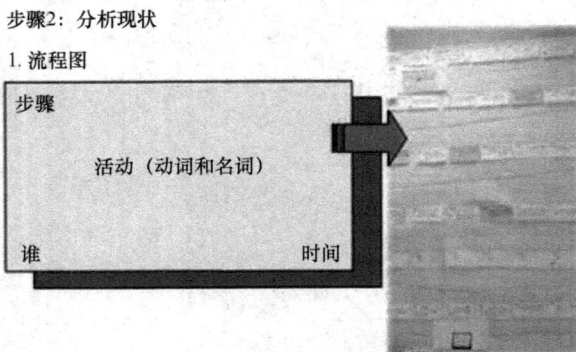

图 10-18 "寻宝"中观察到的活动是促进还是干扰了流程

2. 意大利面图

根据地图制作者绘制的地图，将产品、信息和物料的移动记录在挂纸板上。使用不同颜色的彩笔标注不同流程和步骤——与流程图中使用的序号一致。"地形测绘图"一旦经过重绘，就不难看出为什么它被称作意大利面图（见图 10-19）了。用便利贴创建的流程图提供了"宝藏"的位置，意大利面图则描绘了"地面"布局，这样我们就能够从中摸索到存在干扰因素的环节了。因此，在讨论价值时，我们需要考虑周全且必须从用户的角度看问题。如果不这么做，我们就难以发现"宝藏"。如果只是因为管理者认为某项活动具有价值，或认定其是必要的，"寻宝小组"就认定其对公司是有价值的，那就只能说明"寻宝小组"思想上是松懈、懒散的，需要重新思考流程的目标以及成功的真正指标究竟是什么。意大利面图帮助你评估作业与阻碍因素的比率，确保你不会进行合理化解释或采取防范心态。永远不要忘记，流程自带强大的推动力，并依附现状，因此需要勇敢反击，挑战流程中的活动，始终瞄准共同目标对活动进行评估。

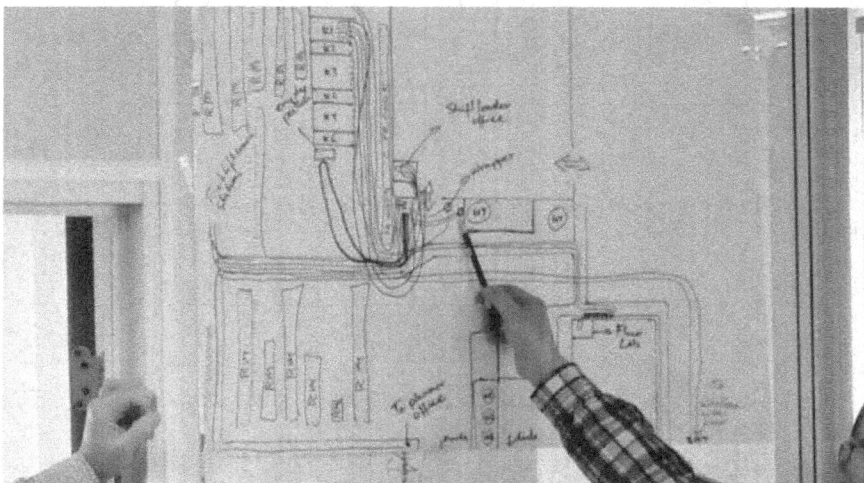

图 10-19　地形测绘图展示了"宝藏"的埋藏之地

3. 蛇形图

蛇形图（见图 10-20）通常被称作信息或物料流程图，它展示了"寻宝小组"在不同条块分割的部门或职能之间穿行的次数（见图 10-21）。当"寻宝小组"每次在部门和职能间穿行时，都会看到部门和职能产生一次交接，每一次交接都会产生责任。绝大多数时候，每一项交接都毫无差错，但如果交接次数只有 10 次时，流程的可靠性则会不到 90%。蛇形图通过消除所有交接环节，显示出重新设计一个以流程为重心的企业所带来的机会。由于不存在交接（即没有空白格），流程干扰因素的位置、发源之地和受控环节都可以放置到一个影响范围很大的价值链里——用户——通过引用蛇形图来与大量的"大师"进行对比。蛇形图要确定包括"遗产"体系（即客户关系管理、企业资源管理系统、人力资源系统、本土日程安排系统、订单追踪、知识库、主要作业表，等等），以及横坐标上的各个部门和职能（见图 10-22）。它们接收、持有、发出对于流程健康至关重要的信息，你需要明白"系统"在多大程度上发出了舍近求远的指令，用愚蠢的政策"绑架"流程。你需要进行分析，看清这些阻碍因素。

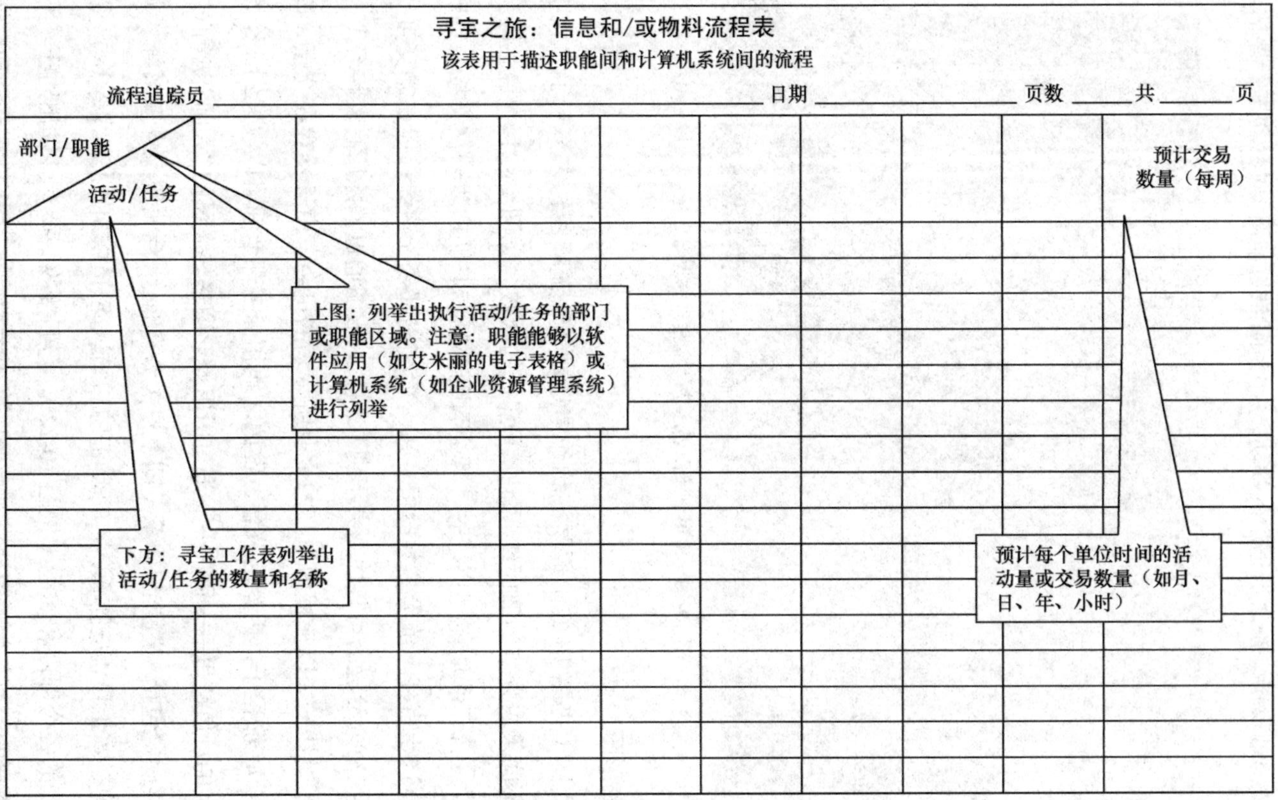

寻宝之旅：信息和/或物料流程表

该表用于描述职能间和计算机系统间的流程

流程追踪员	部门/职能	活动/任务				日期				页数		共		页

上图：列举出执行活动/任务的部门或职能区域。注意：职能够以软件应用（如艾米丽的电子表格）或计算机系统（如企业资源管理系统）进行列举

下方：寻宝工作表列举出活动/任务的数量和名称

预计交易数量（每周）

预计每个单位时间的活动量或交易数量（如月、年、日、小时）

图10-20　说明"条块分隔"从何处阻碍价值向用户的传递

寻宝之旅：信息和/或物料流程表

该表用于描述职能间和计算机系统间的流程

流程追踪员 _____

日期 _____   页数 _____   共 _____ 页

部门/职能 活动/任务	SAP企业管理解决方案	采购	会计	销售	仓库	外部供应商	仓库	运营经理	预计交易数量 （每个时间段）
1.填写需求表									每周
2.输入采购申请									67
3.核实采购申请									54
4.创建订单									42
5.核实订单									
6.应用总账代码									
7.批准价格									
8.确认价格									
9.通知用户									
10.下单									
21.收到订单									560

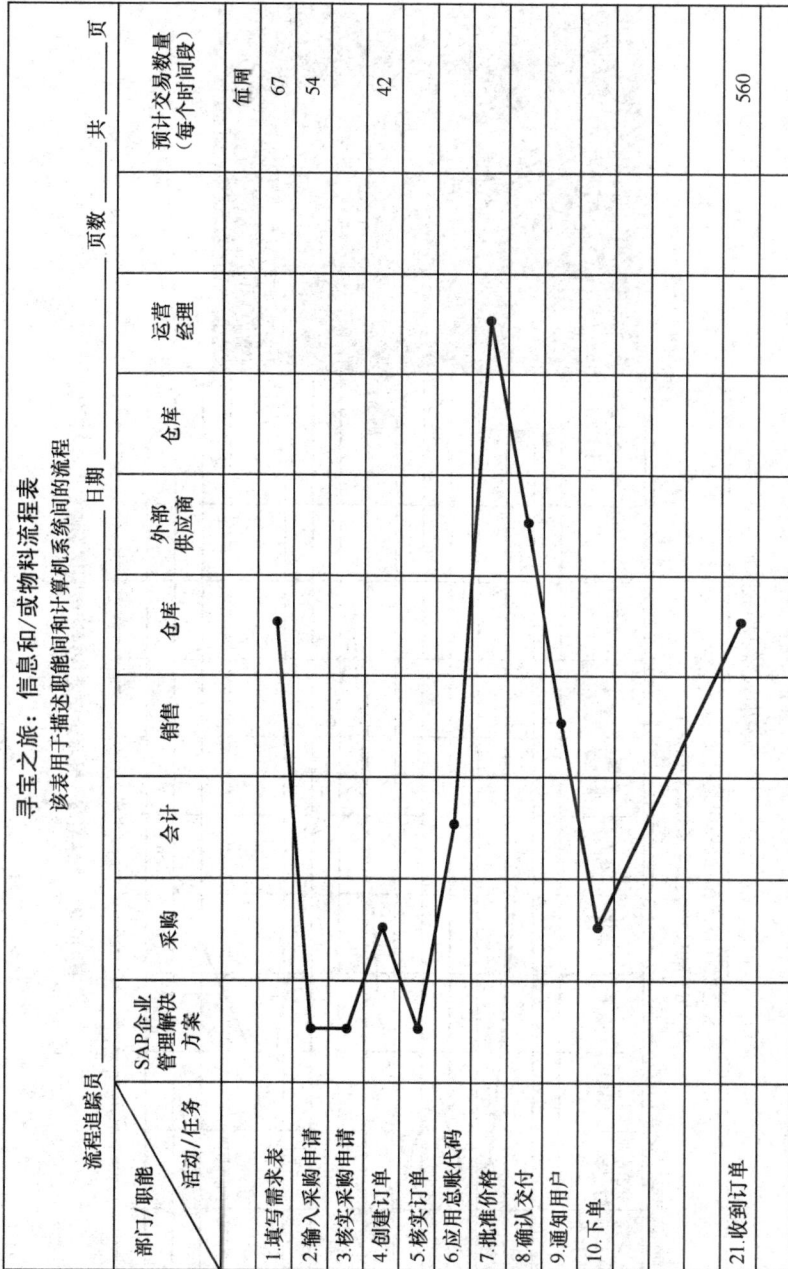

图 10-21 描述流程阻碍因素所处区域的完成图

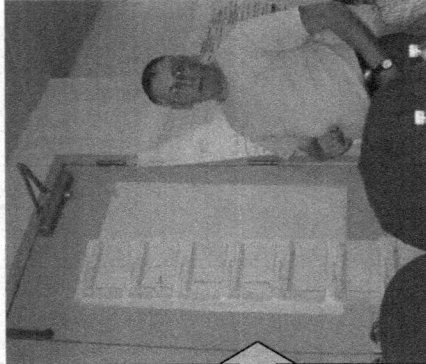

步骤2：分析现状

3.部分信息流程图（蛇形图）

寻宝之旅：信息和/或物料流程表

该表用于描述职能和计算机系统间的流程

日期_____ 页数_____ 共_____页

流程追踪员 部门/职能＼活动/任务	SAP企业管理解决方案	采购	会计	销售	仓库	外部供应商	仓库	运营经理	预计交易数量（每个时间段）
									每周
1.填写需求表									67
2.输入采购申请									54
3.核实采购申请									
4.创建订单									42
5.核实订单									
6.应用总账代码									
7.批准价格									
8.确认支付									
9.通知用户									
10.下单									
21.收到订单									560

图 10-22 "寻宝者"展示企业结构对流程阻得影响的深度和广度

4. 流程计分卡

如果操作得好，"寻宝之旅"能够揭示一些有趣的信息，具体来说，一些数据点能够转换为计分卡。计分卡的组成元素就是运营数据点，身处流程之中的员工能够通过自身活动使数据点被认知，并对数据点施加影响。计分卡不包括抽象的、虚无缥缈的指标，它们是真实、直观和有用的衡量指标，对了解和改进流程大有助益。它们具有导航性，通过具体行动解决流程中的问题，从而帮助了解和改进流程；然而，"寻宝小组"或许会希望增加或删除一些元素，以适应"寻宝场所"的实际情况。那么，小组应在挂纸板上创建一张摘要表，收集如下数据（见图 10-23 和图 10-24）：

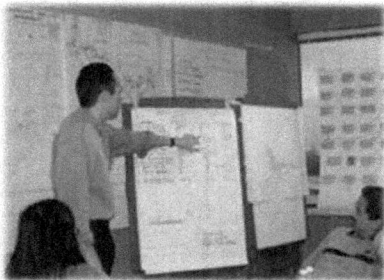

图 10-23 "寻宝者"展示寻获"宝藏"的可量化价值

- 活动 / 任务 / 步骤数量——来自工作表格；
- 附加值任务数量——来自工作表格；
- 附加值比重——计算前两步数据；
- 行程距离；
- 访问屏数；
- 输入框数；
- 流程总耗时——流程需要耗费多长时间；
- 附加值时长——附加值步骤耗费多长时间；
- 附加值时长比重——计算；
- 存储任务数量；

寻宝之旅：流程计分卡模板

该模板用于创建挂纸板上的计分卡，它描述了现状和理想状况

注意：一些指标或许不适用（例如，流程100%电子化时，行程距离即不适用）

指标	现状 寻宝	理想状况 愿景	变化 改进
1. 活动/任务数量			
2. 附加值任务数量			
3. 附加值比重			
4. 行程距离			
5. 访问屏数			
6. 输入框数			
7. 实耗时间/流程总耗时			
8. 附加值时长			
9. 附加值时长比重			
10. 存储任务数量			
11. 核对任务数量			
12. 交接次数			
13. 排队数量			
14. 排队货品数量（所有存放步骤）			
15.			
16.			

图10-24 计分卡模板：可根据"寻宝"性质对指标条目进行修改和增删

- 核对任务数量；

- 交接次数（包括人工和电脑操作）；

- 排队数量（暂存、延迟、不流畅）；

- 排队货品数量（件、单元、订单、需求等）。

要记住，目标、指标、行动三者之间存在天然联系。我们收集关于流程的导航信息，将这些信息融入流程之中，而非从流程推导而出。它们将会成为引领实验的灯塔，为 "寻宝小组" 提供助益，而不是眼巴巴地盯着金额符号，通过外部视角进行数据筛选。领导小组的主要职责始终是确保实验和战略具有关联性（即第 8 章中讨论的战略导航图）。

5. 宝藏

通过使用挂纸板，小组成员记录了所有发现的 "宝藏"，包括干扰流程的因素、问题、意见，当然，还有发现的浪费因素（见图 10-25），这个挂纸板是确定改进的第一步。当 "寻宝之旅" 达到高潮时，也正是绩效改进想法初步形成的时期，小组成员应当在适当的地点记录浪费因素和浪费类型（本章节末将列举）、活动次数（即来自记录员的工作表）。接下来，你就可以着手清除或减少那些被归类为浪费的活动，也可以与其他活动进行融合，或对其进行重新排序，以创建更好的流程（见图 10-26）。现在，你要开始根据 "地形测绘图"（意大利面图）前往流程图所示区域，决定需要哪些挖掘设备、信息和资源，这些要素都是绩效改进的必要条件。

寻宝之旅：浪费、问题和意见（宝藏）模板			
将该模板置于挂纸板上来确定宝藏 注意：这是挖掘浪费因素的第一步			
活动 / 任务数量	发现浪费因素	浪费因素的类型	改进机会

图 10-25　藏宝箱：开始构想清除流程浪费因素的机会

步骤2：分析现状

5.宝藏（浪费、问题和意见）

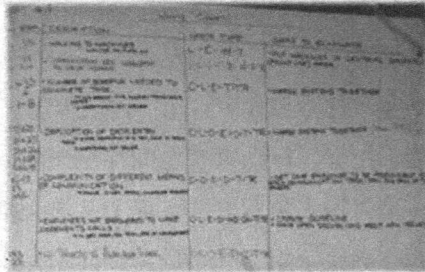

•减少

•清除

•结合

•重新排序

图10-26　记录意见以清除、结合、减少和／或重新对活动进行排序以改进通往用户的价值流

6.故事板

没有什么比"一图胜千言"这一格言更能恰当地描绘"寻宝之旅"了，通过直接观察，我们收益颇丰（见图10-27）。正如之前提到的，在我们所学的知识中，有83%通过视觉习得，大脑里90%的信息来自眼球，大脑处理视觉信息的速度是处理文字的6万倍。这是"寻宝"过程中之所以使用挂纸板和彩笔，而不使用电子表格、文档作为总结报告的另一个原因。摄影师拍摄一系列的照片，经过编辑后，这些照片将构成一幅"寻宝图画故事"。由于故事需要震撼力、感染力和诙谐性，因此，这个故事需要小组成员尽力展现创意。正如图10-27所示，有时候，图片内容不过是一些蠢事、"权宜之计"或各种浪费因素，它是一系列记录活动的画面，需要按步骤开展以完成流程。

步骤2：分析现状

6.故事板

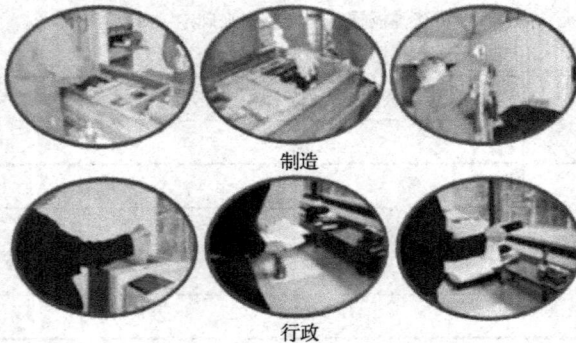

制造

行政

图10-27　揭示真实的浪费因素

分析现状是步骤 2 的最后一份记录，将几位未参与"寻宝"的员工请进会议室，与他们分享你所撰写的包含 6 个元素的探索报告，你将受益匪浅。同时，开展两三场"寻宝之旅"的效果将是惊人的，这样一来，两组组员可以互相向对方报告。挑明赤裸裸的真相的过程将十分扣人心弦。在准备报告的过程中，可按照如下流程为每位小组成员分配角色：

1. 线性流程图（包括截屏）
   - 关注蠢事
   - 关注附加值步骤和原因
2. 意大利面图（地形测绘图）
3. 蛇形图（部分信息 / 流程图）
   - 关注交接
   - 关注流向变换
4. 流程计分板
5. 宝藏（确定浪费，问题和清除建议）
6. 故事板（图片）

步骤 3：将目标情况可视化

现在，小组将目光从流程的现状转向未来（见图 10-28）。这项训练的目的是描述当所有干扰因素被清除后，同一流程的未来状况。要记住，必须在不多花一分钱的情况下设计流程。挑战在于开动大脑，而不是动用金钱来构建更好的流程；同时，要说明白清除浪费的可能性，通过设计和实验，最终实现新流程的应用。

创造奇迹

将未来可视化有助于把目光聚焦于企业的行进路径，而不是简单地知道企业所处的位置。它使我们关注正确的、积极的事物，激发热情，鼓足干劲，满怀热忱。它帮助小组成员意识到他们自己有能力创造契机，而不仅仅是注意到自己力所不能及之处（见图 10-29）。由于"寻宝"过程中发现了大量可行机会，加上亲身观察到的真相，小组成员正处在勇往成功之路的起跑线上，他们自信满满，相信能够达成目标。从高水平的愿景报告开始，将大目标逐步分解成具体的、即刻的、简单的行动或实验，由此一来，小组便可以顺利地清除干扰因素。

步骤3：将目标情况可视化

1. 愿景报告　　　　　4. 新流程的布局与差距
2. 设计新流程　　　　5. 问题和挑战
3. 数据分析　　　　　6. 行动和资源

图 10-28　构想无浪费因素的流程

图 10-29　"寻宝小组"设计理想状况

1. 愿景报告

现在，小组开始构思故事，故事主题是如何构建一道更快（时间）、更好（质量）、生产率更高（性价比）、更简单（更可靠）的流程（见图 10-30）。这些报告的灵感来自于"寻宝报告",有可能包括:收集到的有关运营指标的结论、更少的交接次数、更高的附加值比率、更短的时间、更少的核对步骤、更短的行程距离、信息一次性录入、减少批量规模,等等。在物流中心所做的愿景报告是"触碰一次就装车"(即行动)和"17分内将货品装上拖车"(即目标),其效果以"装卸站台上的托盘数量,而不是拖车数量"(即导航指标)这一指标,以及"17分钟偏差"(即评估指标)进行衡量。信用卡应用后台系统小组设想出了2天的周期,胶水小组想要彻底清除积压库存并维持无库存状态,同时将前置时间设定为5天。这些设想并非遥不可及的梦想,而是基于"寻宝发现"的大量机会而得出的实实在在的可能性。它们不仅仅是可行的,而且动力强劲。以时间为基础的愿景报告激动人心,因为全人类都明白时间的重要性,缩短时间可以避免人员冗余,同时也可以减少这些人员正在进行的阻碍工作的各类活动。时间并不认可人员冗余,却认同减少这些人所从事活动的冗余性。这样一来,时间就获得解放了,而不是浪费在愚蠢的小事上。人们将同心协力地实现这一点。缩短时间能够产生极大的赋权效应,毕竟,成本是话语权的主角,加之以失业和"勒紧裤腰带过日子"的消极情绪,它极具威慑力。

步骤3:将目标情况可视化

1.愿景报告

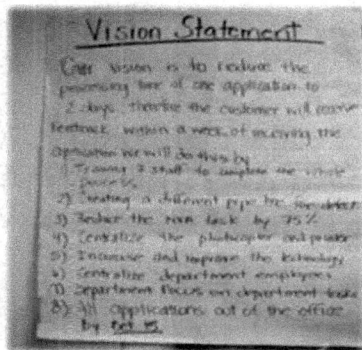

关注点:

• 商业目标

• 重要因素

• 员工,而非金钱

• 可实现的目标

• 流程

图 10-30 "寻宝小组"对全新的、不含浪费因素的布局的愿景

2. 设计新流程

首先,描述未来的新流程蓝图,包括时间和运营等细节。接着,重复描绘当前流程这一步骤,包括重新创建流程图和蛇形图(见图10-31)。流程负责人在其职能范围内需要加强控制力，这一点十分重要，且可以通过减少或消除蛇形图中所描绘的交接次数来实现。实验的实际操作（将在下一章阐述）通常需要创建面向用户的、分散的价值流，这样，那些身处流程中的员工就能看清流程。这一步骤能够明确价值流的起点、终点以及身处其中的人。最终，设计好的流程不再包含任何干扰因素。

步骤3：将目标情况可视化

2. 设计新流程

（删除标记步骤）

图 10-31　创建报告，描述目标流程

正如图 10-32 所示，在原始流程图中，每清除一项无附加值活动（即正方形的便利贴笔记），都会相应地产生一项新活动。这将成为行动计划的一部分（见下文的"行动和资源"部分）。

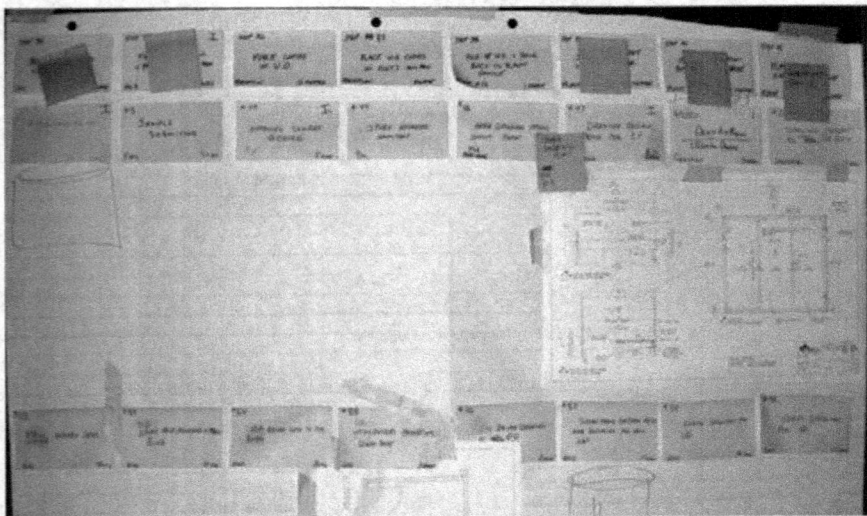

图 10-32　正方形便利贴记录新流程中需要清除的浪费因素

3. 数据分析

为了量化绩效的变化，小组成员需要遵照当前流程的分析方式来分析新流程的表现。将得出的数据和当前流程进行对比，并将它们记录在当前流程的挂纸板上（见图 10-33）。新流程以代表运营绩效改进情况的导航指标为基础，提供了流程改进指标。例如，减少浪费活动会相应缩短流程所需时间，而流程时间的缩短则意味着流程运营成本的减少；反之，在投资不变的情况下，减少浪费活动也能够带来库存周转率的增加以及产量的上升。我们需要抵制细节化以及令人痛苦的数字量化方法，尽管它们的大方向正确无误，甚至十分接近减少了浪费活动的流程，因为它们衡量的是流程本身以及流程的健康状况。究竟有 2% 还是 4% 的活动含有附加值并不重要，数据证明，70% ~ 80% 的活动都不含有附加值。也就是说，流程中浪费和价值比是 10：1。如果缺乏普遍认知，不明白时间的急剧缩短可以通过清除流程干扰因素实现——如上升的产量和更高的库存周转率，等待时间的减少（即周期或前置时间缩短）或生产率的上升（即每一份可用资产的产量）——清除流程的干扰因素并不会直接转化为净利润，那么，我们就需要找出新的指标，图 10-34 来自于一个寻求将工艺流程从"要求到报价"转向"报价到工程发布"的"寻宝小组"，它展示了新愿景实施前后的数据对比。实验后，流程总循环周期降低了 41%，这归功于清除了寻宝中发现的浪费因素。它不愧是巨大的"宝藏"。

步骤3：将目标情况可视化

3. 数据分析

图 10-33　计分板挂纸：比较现状和未来

图 10-35 对一个简单的产品零部件进行了分析，结论是需要开展实验，最终

推出全新的、持续运转的流程（如生产单元或价值流）。最终，"商店时间"从 17 天缩短至 1 天。更大的"宝藏"还在后头。

		现状	未来	变化	变化
1	任务数量	91.0	65.0	-26.0	-29%
2	附加值任务数量	14.0	14.0	0.0	0%
3	附加值比重	15%	22%	6%	40%
4	行程距离	250.0	100.0	-150.0	-60%
5	流程总耗时（天）	32.0	19.0	-13.0	-41%
6	附加值时长	3.5	3.5	0.0	0%
7	附加值时长比重	11%	18%	7%	68%
8	存储任务数量	0.0	0.0	0.0	0%
9	核对任务数量	27.0	21.0	-6.0	-22%
10	交接次数	31.0	24.0	-7.0	-23%
11	排队数量	29.0	19.0	-10.0	-34%
12	排队货品数量	15.0	10.0	-5.0	-335%

图 10-34　填写完成的流程计分卡：设计后的工艺流程指标前后对比

		现状	未来	变化
1	任务数量	30	14	53%
2	附加值任务数量	4	4	0%
3	附加值比重	13%	29%	114%
4	行程距离	587	337	43%
5	流程总耗时（天）	17	0.7	96%
6	附加值时长（分钟）	138	70	49%
7	附加值时长比重	1.4%	16.7%	1132%
8	存储任务数量	1	1	0%
9	核对任务数量	2	2	0%
10	交接次数	5	5	0%
11	排队数量	9	0	100%
12	排队货品数量	312	6	98%

图 10-35　填写完成的流程计分卡：制造流程指标的前后对比

4. 新流程的布局与差距

接下来，小组开始创建新流程布局（见图 10-36）。例如，他们展示了员工和设备的新位置，这是实现未来蓝图的必要因素。他们计算了改进后的流程所需要的行程距离，记录下了数据以及人工系统和计算机系统在信息转换上缩短的时间。简单地说，新情况下要求将全球定位系统"避免所有端对端浪费"作为首选，这是抵达终点的更优路径。

步骤3：将目标情况可视化

4. 新流程的布局与差距

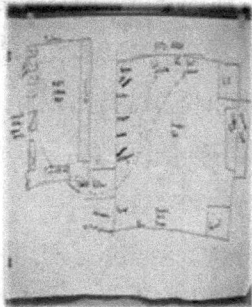

图 10-36　挂纸展示新流程布局

之前设定的路径标准很可能是为了"减少每一项分散资源的成本"，而新流程创建了一条更直接的路径以通往用户价值，它消除了重复操作、迂回绕路、大量往返以及在大量电子表格中复制数据的环节。

5. 问题和挑战

小组成员需要判断出新流程不起作用的原因，聆听现状守护者的意见，记录他们所说的话。这是一个健康的环节，旨在清理系统中所有的负面情绪，抛弃粉饰太平的言论、借口以及"他们不会同意我们这么做"的思维。这是对现实的反思——感知到的或真实的——壁垒、忧虑、风险、路障、矛盾和支持，这些都阻止了大宗买进。小组成员需要问的问题包括：

- 用户是谁，我们知道他们的看法吗？
- 在哪些阶段，大宗买进对新流程的成功尤其重要？
- 有哪些潜在路障？
- 我们需要和谁沟通？
- 谁将审核并批准决策？
- 我们是否需要合伙人或协作者？
- 我们是否需要具体信息或建议？
- 我们是否需要特殊系统或设备？
- 我们是否需要使用特殊工具或模板？
- 我们该如何评估流程？

- 我们应该对风险作出什么样的预期，如何管理？

拿出新的挂纸，将它放在愿景报告的旁边，记录每份报告中列举的问题和挑战。对潜在阻碍因素进行思考，讨论并探索各项对策。这项练习的目的是，当对成本和收益进行比较时，看清哪些因素阻碍了新流程的实现，又有哪些因素已经做好准备，等待从流程中被清除。

6. 行动和资源

10 年前，我出版了一本名为《未来：不是从这里出发就能抵达》的书，在书中，我提出了努力改变思维件的想法，现在，我想很高兴地说："只要遵循流程，你就可以从现在开始，一路实现目标。"此时，我们已能够确定战胜问题和挑战所需采取的具体行动，将蓝图变为现实了（见图 10-37）。图 10-37 回答了以下问题：是谁？是什么？在哪里？什么时候？为什么？怎么办？并详细列举需要采取的各项行动，以及所需资源。拿一张新的挂纸放在问题和挑战旁，记录针对每份报告所采取的行动。再一次确认，每一项活动都需要记录在便利贴上，并将便利贴贴在"寻宝"流程图上。完成"宝藏图"，创建"点子银行"，将所有可应用于实验的行动都储蓄在内。使用收集到的关于问题和挑战的数据，决定所需行动是否需要改变政策、流程，或二者其中之一，又或者是否需要重新调用资源或转换 / 取消使用赋能技术。当然，决策对象也可能与例子完全不同，这些是四个主要的大方向（见图 10-38 和图 10-39）。

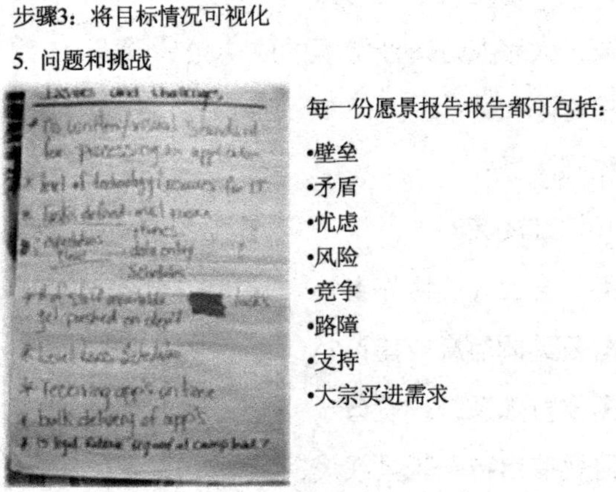

步骤3：将目标情况可视化

5. 问题和挑战

每一份愿景报告报告都可包括：

- 壁垒
- 矛盾
- 忧虑
- 风险
- 竞争
- 路障
- 支持
- 大宗买进需求

图 10-37　小组的挑战：对挑战作出预估和准备，并着手实施

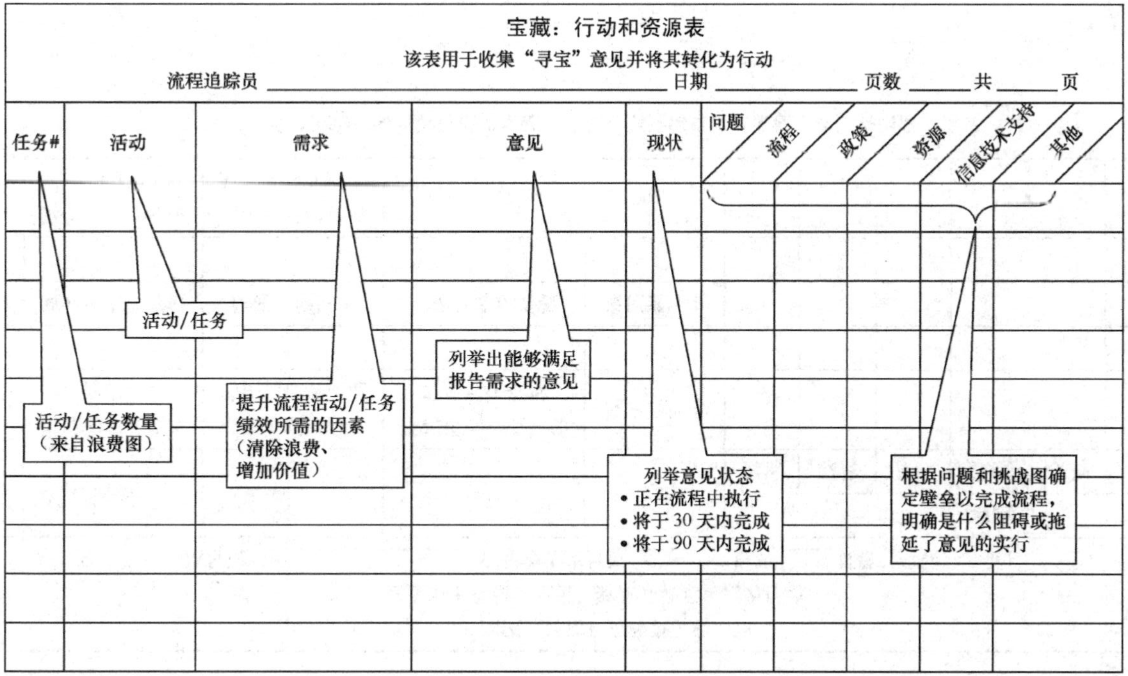

图 10-38 "宝藏"用于说明收集到的用于清除浪费因素的机会

宝藏：行动和资源表示例

该表用于收集"寻宝"意见并将其转化为行动

流程追踪员＿＿＿＿ 信息技术支持流程＿＿＿ 日期＿＿＿ 页数＿＿ 共＿＿页

任务#	活动	需求	意见	现状	问题				
					流程	政策	资源	信息技术支持	其他
18	批准的小额资本性支出	某个金额门槛下的快速批准通道	不超过5万美元的部分预先批准	流程进行中	×	×			
43～51	新的个人计算机	快速反应应请求	手提计算机看板	流程进行中	×	×		×	
21	提供个人计算机工具	向用户发出当前版本文件的能力	更新办公软件	90天				×	需要预算审批

图10-39 装满意见的"宝藏"示例：消除信息技术流程中的浪费因素

步骤 4：实验和学习

"寻宝小组"构建了业务现状，也提出了未来蓝图，它们是缩小两种状态之间差距的假设基础。现在，是时候构建、安排、开展实验了（见图 10-40）。

上图：员工正在根据"寻宝"成果尝试重新安排工作站的排列次序。
左下：操作员正在对设备的全新布局进行测试。
右下：员工正在对存储货物的新方式展开实验。

图 10-40　实验开始

实验的自由性

在工作中，员工拥有了实验自由，其效率会有所提升，为了做到这一点，员工必须对指标拥有主导权。垂直化结构的问题之一在于，决策者的层级越高，决策就越宏观。如果决策制定者脱离核心流程，将权力交给那些"坐在办公大楼顶层的人"，同时脱离"街道上的人群"，那么，监督环节就将越来越薄弱。通常，一名首席执行官作出的价值 100 美元的一项支出决策，其执行过程得到的监督总比价值 2000 万美元的支出决策多得多。"寻宝"是永无止境的旅途，也是每天的习惯，难道基层员工就不应该获得更多自由吗？

垂直化企业、专家职能和条款分割的部门——每一方都着重于利用政策、指标和管理体系使部门利益最大化——隐藏了通往用户的价值水平流所包含的干扰因素。这样一来，被埋藏的价值无法衡量，而且它很可能成为整个商业流程中价值最大且悬而未决的成本。正如我之前所说的：是流程而非产品或服务，决定了财富创造的成功。商业流程中充斥着"被埋藏的宝藏"，一旦发掘，企业即可极大地提升满足用户需求的能力。如果问题能够在第一时间得到解决，而不是先致力于大量的沟通互动，那么，70% 的流失用户都能被挽回。吸引新用户的成本是保留一名现有用户成本的 6 ~ 10 倍。埃森哲咨询公司在一份报告中指出，有超过一半的受访对象称，至少有过一次因为糟糕的服务体验而更换供应商的经历，如果当时问题可以得到解决，这些用户是可以留住的。一般来说，当一位典型客户和 16 位朋友讲述令人不快的服务体验，而只告诉另外 9 个朋友服务还不错时，就需要引起重视了，因为它具有乘数效应，糟糕的服务将日复一日地被提起。然而，用户经历糟糕的服务体验并不是生意中无法避免的成本；它明目张胆地体现了流程在无法满足用户需求这一点上的失败。发现"埋藏的宝藏"将解锁根深蒂固的问题，正是这些问题使得大多数企业无法持续地、高效地满足用户需求（见图 10-41）。

步骤4：实验和学习
1．创造实验
2．安排实验
3．开展实验

图 10-41　在这张照片中，操作员正在对设备的全新布局进行实验

> 问题是机会的化身。
> 奥古斯丁·奥格·曼狄诺 （*Augustine "Og" Mandino*）
> 《世界上最伟大的推销员》（*The Greatest Salesman in the World*） 作者

浪费，浪费，浪费，还是浪费

大野耐一（1912—1990 年）是首位总结出大规模生产（见下文）中的七大浪费的人，这个概念指的是所有消耗资源却不创造价值的人类活动。这些浪费因素阻碍了工作流程，导致用户需求无法被满足。以下列举了一些例子：

- 需要纠正的错误；
- 生产没人会买的产品；
- 采取不必要的活动；
- 漫无目的地将人、物料和信息从一个场所运送至另一个场所；
- 空等上游的某件事发生。

自那以后还加入了许多其他的浪费类别，例如：
- 由于未充分利用人的创造力或潜能而导致的浪费；
- 复杂性；
- 浪费能源；
- 浪费劳动力；
- 错位政策导致的浪费；
- 对角色未作明确区分；
- 无意义的指标。

浪费因素的总量以及浪费的含义或许只会受到想象力的限制；然而，为了确保"寻宝"收获成效，无论是哪一种流程（物流、交易、关系、知识转移），从呼叫中心到后台系统，从实验室到物流中心，大野耐一总结出的七大浪费，再加上一个总政策，占流程干扰总量的80%以上。我已经从1600次的"寻宝"经历中总结出了数十种浪费，它们被归类为战略浪费、政策浪费和流程浪费。现在，让我们感受大野耐一和丰田生产系统的强大真理吧。对于最初的"寻宝之旅"来说，你至少应该明白活动的基本分类，这些活动有可能导致流程受到干扰。

七大"致命"浪费，再加额外的一种浪费

1. 过量生产的浪费

定义：生产超过需求数量或生产速度超过需求速度（被视为最根本的浪费因素，因为它导致其他浪费因素总量的最大化）。具体包括：

- 生产产品的时间早于或数量超出用户需求；
- 信息的产出数量或速度超出用户需求和（或）信息数量超过下一道流程的需求；
- 创建的报告无人阅读，或复印份数超出实际需求。

特征：

- 囤聚的物资库存；
- 额外的设备、投资和人力；
- 不均衡的物料流程；
- 复杂的库存管理体系；
- 浪费的空间——外部空间或备用存放地；
- 大批量；
- 隐藏问题——取消和返工。

原因：

- 流程能力不足；
- 缺乏沟通；
- 奖励体系/局部最优化；
- 转换时间。

2. 不良品浪费

定义：需要纠正的错误。具体包括：

- 修理或更换某个产品或服务以满足用户需求；
- 数据录入失误、定价失误、信息缺失、规格缺失、记录遗失。

特征：

- 需要人力审查或返工；
- 封存产品和报废产品；
- 救火文化（被动反应而非积极主动应对）；
- 查找故障 / 防御性；
- 服务恶劣 / 用户关系。

原因：

- 流程失效 / 偏差因素过多；
- 缺乏标准化作业；
- 缺乏培训 / 操作员失误；
- 供应商能力不足。

3. 搬运 / 运输浪费

定义：将物料和（或）信息从一处运至另一处，或将物料运入和运出仓库，以及系统、电子表格、模板的信息输入和删除等。具体包括：

- 与持续生产流程概念相悖；
- 信息和物料在人与人、部门与部门、应用与应用之间转移。

特征：

- 需要人力审查或返工；
- 封存产品和报废产品；
- 救火文化（被动反应而非积极主动应对）；
- 查找故障 / 防御性；

- 服务恶劣 / 用户关系。

原因：

- 流程失效 / 偏差因素过多；
- 缺乏标准化作业；
- 缺乏培训 / 操作员失误；
- 供应商能力不足。

4. 过度加工的浪费

定义：加工质量或精度超过了客户的要求。具体包括：

- 用能力过强的设备加工。

特征：

- 流程瓶颈；
- 设备体积过大；
- 缺乏明确的用户规格说明；
- 冗余的批准环节 / 超量的信息和报告。

原因：

- 工程变更的同时流程未相应变更；
- 新技术用于旧产品；
- 未输入用户需求；
- 无效的政策和程序；
- 不适当的决策。

5. 库存的浪费（库存过多）

定义：任何超出满足用户需求程度的供货。例如：

- 物料的过度采购导致货物杂乱堆放和存储 / 暂存地点过多；

- 满足组织需求的必要信息并未准确地、及时地提供，或通过易使用的形式提供；
- 信息不准确、不完整或不及时；
- 同时收到相当于一年产量的产品或办公用品；
- 等待文件，电子邮件排队；
- 原材料过量，半成品，成品。

特征：
- 库存积压——先到的还在等，而不是先到先处理；
- 遇到问题时大量返工；
- 工程更改导致前置时间延长；
- 过多的物料处理和存储空间；
- 对用户需求的更改回应缓慢。

原因：
- 流程和供应商能力不足；
- 无法控制的瓶颈流程；
- 不准确的预测；
- 奖励体系 / 局部最优化；
- 换模时间长。

6. 等待的浪费

定义：流程内部或流程之间缺乏同步化（均衡）导致的闲置时间。例如：
- 员工看着自动化机器，空等下一个流程步骤；
- 由于缺乏库存、信息缺失以及机器 / 系统故障而导致的无所事事；
- 在等待信息、会议、签名、回电、复印或电脑故障期间，资源（人、时间、金钱）的流失。

特征：

- 等待机器的人；
- 等待人的机器（装货/卸货）；
- 等人的人；
- 工作失衡；
- 设备故障。

原因：

- 工作方法不持续；
- 机器换模时间长；
- 人/机器低效；
- 缺乏合适的机器。

7. 移动的浪费

定义：无法为产品/服务带来附加值的人或机器的移动。例如：

- 行走、找文件、多次点击或敲击键盘、整理桌面文件、收集信息、寻找手册和目录、处理文书工作、联系。

特征：

- 观察/步行寻找工具；
- 过度伸展/弯腰；
- 机器/物料相隔太远；
- 设备之间的传送带；
- 在各种流程周期中"忙碌"地移动。

原因：

- 设备、办公室和工厂布局；
- 工作场所缺乏组织性；

- 不可持续的工作方法；
- 大批量。

8. 政策浪费

定义：规则、程序、策略和政策与流程目标不相符，导致一些活动干扰了价值流向用户的过程。例如：

- 制定激励措施，使流程、职能或部门实现局部最优化，付出的代价是整个价值传递体系的持续运行。

特征：

- 对信息的批量处理和转移；
- 按部门安排职能；
- 有序活动和并行活动；
- 在多个场所重复输入信息；
- 孤立的电子表格和软件程序；
- 前置时间延长。

原因：

- 不考虑最小批量或地理位置，一律从低成本供应商处采购；
- 将工作焦点放在资源上，而非流程上；
- 衡量流程目标，而非衡量流程能力；
- 关注股东价值，而非关注用户价值；
- 对实验感到恐惧。

俭以防匮。

第 11 章

实验：创建一个以流程为重心的企业

> 我们认为，我们被赋予了探索解决问题的最好方法的权利，因此我们必须将当今商业中应用的每一道流程都视作纯粹的实验。
>
> ——亨利·福特

开始实验吧

在一家垂直化结构的企业内，虽然这家企业的职能运营受限于条块分割的部门分布，但成员们却十分希望它成为一个以流程为重心的企业，从而提升传递用户价值的能力，那么，这时就需要重新设计一道端对端流程。实验必须成为一种工作方法，它是重新设计运营体系的驱动力，也是商业模式的基础。这意味着，实验的设计和应用应该以帮助企业实现一系列的理想状况为目标，并通过摸索学习，一步一步地向"寻宝"所规划出的蓝图迈进。在"目标—指标—行动"模型中，行动就是一场实验，让企业能够前往一个尚待发现的、可以实现持续绩效改进的全新世界。"寻宝"和实验是流程持续改进的合理基础，一旦做对了，它们就将被"烘焙"成企业的组成元素。持续的绩效改进具有不可估量的价值，它是整个企业的巨大财富。

"寻宝之旅"结束后，实验就开始了。在第10章，我们发现了一些浪费因素，但那只是"冰山一角"，流程中还有许多其他的浪费因素是我们能够确定并清除的。在本章的最后部分，我列出了一份虽然很长但其实尚不齐全的浪费因素名单。有一种浪费被称为复杂性，我们给出的对策就是寻求简单的解决方案。复杂的解决方案有可能产生更多的浪费，也更加难以管理。一个好的例子就是，在流程的诸多分散步骤中，我们均需要对数据采集进行说明并提交报告。当流程简化后，一个复杂系统所包含的各类工作也会相应地被简化，通过实验便可以找到简单的方法来回应用户期待、满足用户需求，并确保供应商及时发货，同时保质保量。举个例子，我对星巴克避之唯恐不及，因为我不懂它的语言，我也不能直接、简单地进店要求"来杯热的黑咖啡"。我必须了解"超大杯带两份浓缩咖啡、不加奶泡、无脂牛奶的摩卡"是什么。对不起，这不符合我的需求。所以，我并不是星巴克的常客。

开展持续流程改进实验的最好场所就是示范线了。我在之前的章节中提到过金奈的后台处理系统以及信用卡申请流程（第1章和第6章），这两处的实验就是从示范线开始的，目的是为了让我们看清信息传递的过程，并且开展短时间的实验（即几天、30天、60天或90天）。在ABC胶水公司，我们选择了一条生产线，并开展了实验，最终实现了绩效的大幅提升，根据所学经验，我们又在整个企业范围内进行了改革，使其成为了一个以流程为重心的企业。在"寻宝"的最后一步，我们设计了端对端流程。诸如此类的实验具有一些典型特征，例如它们都可以采取"流程再设计思维套件"作为执行工具。虽然我们需要依据具体情况以及流程类型（即物流流程、交易流程、关系流程和知识流程）对积久成习的方法作出调整，但本质都是相同的。

流程再设计的八个步骤

流程再设计的八个步骤适用于所有情况（存在一些微小的限制条件），每一个照做的企业都取得了非常好的成效。

步骤 1：分析产品类型、质量和流程顺序，了解用户需求以及需求的类型和频率。选择一种需求进行实验（即以流程为重心的示范线）。

步骤 2：根据确认的需求类型对员工、工作站、设备的次序进行妥善安排。

步骤 3：设计一个作业空间，确保员工之间、工作站之间和设备之间的距离是最近的。

步骤 4：一次处理和移动一件货品（即尽可能小的批量规模）。

步骤 5：将员工与专用设备 / 工作站分离，使员工能够自由"流向"当前存在制约因素的流程中。

步骤 6：培训员工，使他们能够处理多项任务。目标是满足用户需求，而不是优化某一项职能。

步骤 7：按消费速度进行生产。

步骤 8：平均分配工作。

为了更好地了解这些关键步骤，我将详细地阐述每一个步骤，并使用一家企业作为例子，这家企业经过流程再设计后，绩效获得了极大提升。我的解释是以一家政府机构的经验为基础的，虽然这家机构属于公共服务部门，但它的运营模式与私营企业十分类似。这家政府机构向其他各类部门提供保密文件（如护照、签证、其他的履行材料、分类营业执照、彩票），并从这些申请人，而非纳税人手中获得收益。这样一来，尽管它是政府部门的组成部分并设有工会，但它也受利益驱动以提高生产率。这是展示流程思维件效力的有效例证——即使是一家严重依赖历史成果、有工会的、半公共服务性质、以事物性业务为主的组织，它依旧在产量、时间和成本上取得了显著成效。值得一提的是，这家机构始终孜孜不倦地更新安全技术（即数字化打印持有人照片、全息成像、嵌入式芯片等）。

"寻宝"一开始，我们关注的是一种类型的保密文件，以及从申请到发放的全过程（见图 11-1）。

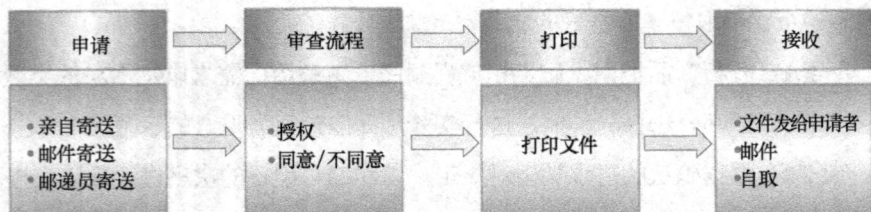

图 11-1 当前的文件填写流程：通过寄送方式进行申请

流程如下：

（1）机构收到由区域办公室、精选零售商、使领馆 / 使团发出的申请表（在线下载）；

（2）审查员决定申请者的条件是否合格；

（3）在两个集中打印中心之一打印保密文件；

（4）用电子邮件寄出文件。

从糟糕到更糟

"寻宝"开始时，报告的处理流程耗时已增至 20 天（以前是 10 天），每年处理报告的总量为 250 万份。就像第 7 章中提到的量化需求一样，按照一年 220个工作日，每个工作日工作时长为 7 小时计算，要满足用户需求，工作人员就需要平均每 15.5 秒处理完一份申请。申请总量由于各种原因在不断增加，这些原因包括跨境旅行的管理更加严格；贸易全球化；前往中国的旅行人数增加；人口统计学因素（如婴儿潮时期出生的人到了退休年龄并开始旅行）；风险阈值越来越高。因此机构不得不通过加班来应付不断上升的申请量和积压的申请，并要求员工提高工作效率，大量的变通方法由此产生，越来越多的申请被驳回，员工的不满情绪增加，对于决策的参与度也与日俱减。这就是一种典型定律：工作流程中的压力越大，管理层越倾向于采取更加严格的命令—控制策略。更加严格的控制会导致每个部门、每个单元、每步距离之间都形成各自的小王国，管理层的策略加固了各个"小王国"之间的藩篱，最终使得用户陷入困境。在一个传统的组织结构中，当外部压力催促组织改进时，横亘在各自为政的部门间的围墙会不断加厚，上层也会发布越来越多的限制性政策（这个时候，总裁甚至需要亲自批准回形针的采购申请），各项指标也变得越来越功用化并具有评估性（"在我的班值内做什么都可以"）。讽刺的是，在这家公司里，虽然运营仍旧有章可循，但是标准化作业却十分贫乏。当然，用户承担了最终结果，周转时间从最初的 10 天增加至平均 60 天，每天还有 1.5 万份申请等着处理。"寻宝之旅"带来了诸多启迪（见图 11-2），包括完成每份申请需要行走 3730 英尺（1.14 千米）（见图 11-3）。

完成首次"寻宝"后，实验的焦点转向审查流程，该流程的具体步骤如图 11-2 所示。实验的目标是提升能力以满足用户需求（即提升产量，将流程中的工作转换成收益）、缩短循环周期（即从收到用户申请至寄往打印中心）以及减少成本（即生产率以每个全职员工所处理的份数表示）。

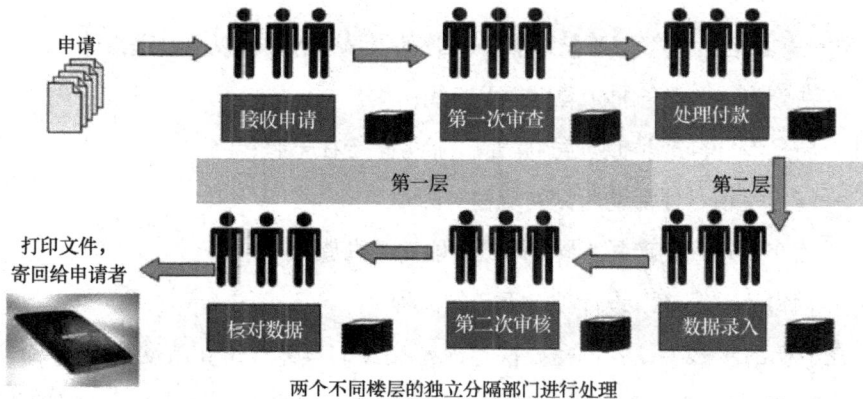

图 11-2 审查流程示意图

图 11-2 显示了审查流程"各自为政"，地理位置分散——缺乏流动性。

图 11-3 所示显示了对文件处理这一"简单"的流程进行寻宝所制作的计分卡。

在完成一个或数个必要的"寻宝之旅"后，当我们发现一些能够自由发挥并可以在风险可控的情况下进行实验的领域时，就可以开始以下八个步骤了。

简单申请	寻宝发现
活动数量	95
附加值活动数量	10
附加值活动比重	10.5%
行程距离（步行）	3730 步
耗时（天）	23 天
附加值时长（分钟）	44 分钟
附加值时长比重	0.003%
交接次数	21
暂存任务数量	22
流程中的任务数量	12 668

图 11-3 "寻宝"结果计分卡

步骤 1

这一步的目的是了解所需零部件、信息和服务的数量以及流程次序：

- 决定产品 / 服务的标准化行程路线；
- 将具有同样或类似布局的产品 / 服务集合在一起；
- 确定每项具体活动所需的流程时间；
- 为布局相同的产品 / 服务确定可能的"家族"；
- 为每个"家族"设计独一无二的流程。

在最初的步骤中，我们需要决定保密文件的具体数量和流动次序。从本质上说，按照时间和次序法则，产品 / 服务总共有三种类型（家族）。家族被定义为：一道简单流程，一道呼叫流程和一道复杂流程。如果出现明显的偏差因素（如疑似欺诈），那么工作人员将会拒绝受理并立刻将其发送至另一个专业部门。

简单流程：不需要处理任何额外信息。根据"寻宝"信息推断，简单申请意味着一份申请文件中包含所有需要审查的信息，并且工作人员可以立即作出决定。

呼叫流程：给申请者打一个电话即可在 24 小时内弄清并解决数据遗失的问

题（注意可能会是留言，只要申请者在 24 小时内回电）。

复杂流程：信息缺失导致申请流程需要拖延至少 24 小时才能进行修复（见图 11-4）。

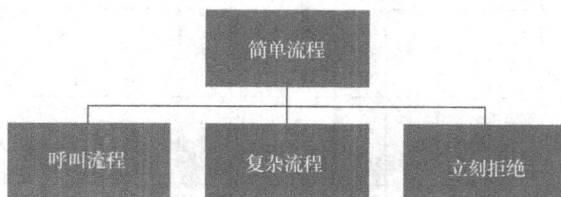

图 11-4　新的以流程为重心的结构

"寻宝"之后所做的更加细致的分析，有利于我们对"家族"（服务或产品类型）进行分类，我们需要使用流程布局图，搞清楚每一项申请的路径和申请总量。图 11-5 展示了各种各样的路径，不管它们的排列次序如何或耗时多久，它们都由同样的职能部门进行处理。在实行专业化流程之后，被立刻拒绝受理的流程的数量急剧减少——从 33% 减少至 11.9%——同时又增加了周到的呼叫流程和解决问题流程（即复杂流程）。流程绩效之所以能够取得高效的、众大的改进，原因就在于我们置入了实时的、专门的解决问题流程。

这时候，我们就可以决定哪些组别（遵循同一道布局的产品"家族"）有可能被划分到相似流程中。由此一来，我们就可以继续下一步骤，即结构化衔接。

步骤 2

这个步骤的内容是，以需求类型为基础，按照恰当的次序定位员工、工作站、计算机终端和设备。

为实现一道简单的流程而实施标准化并重新设计流程总是最好的方法，接着，我们就可以向更复杂的流程迈进了。从传统上来说，简单流程经过合理设计，将至少具备满足用户总需求的 60% 的能力，经过发展，它已能满足用户总需求的 80%，这要归功于浪费因素不断被发现，并通过实验被清除。这个改进不是基于产品 / 服务的多样性或复杂性的，流程的相似性才是主要影响因素，它决定了每一天中，哪种物料、信息或交易能够"拼车"进行同一道流程之旅。当偏

流程布局图

	接收申请	第一次审查	需要拨打的电话	被拒绝	处理付款	数据录入	第二次审查	核实数据	打印文件	简单流程	呼叫流程	完成流程	被拒绝
	X	X		X									X
	X	X		X									X
	X	X	X	X									
	X	X	X		X	X		X	X				
	X	X	X	X	X	X	X	X	X				
	X	X								X			
	X	X		X							X		X
	X	X	X		X	X	X	X			X		
	X	X					X	X			X		
	X	X		X	X	X	X	X	X		X	X	
	X	X			X	X	X	X	X			X	
流程再设计前的总量										47%	14%	7%	33%
流程再设计后的总量										58%	16%	14%	12%

图 11-5 流程布局图：确定"家族"

差因素过多，导致各类对象无法"拼车"以及无法找到合适位置时，我们只要提前放弃一些项目或更换"汽车配件"就能够满足需求了。然而，任何优秀的方案都需要考虑流程"家族"中其他成员的需求。流程的耗时和次序决定了产品"家族"。差异是复杂性的体现，与总量无关。为了满足总需求量，我们可以对简单的流程进行复制，以创建一个完全相同的流程。我们之所以观察简单流程，是因为它包含最大限度的总量，同时也是一个很好的例证。图 11-6 和图 11-7 展示了机构的对比数据——员工、工作站和设备在同一道流程中依次排列前后的对比。

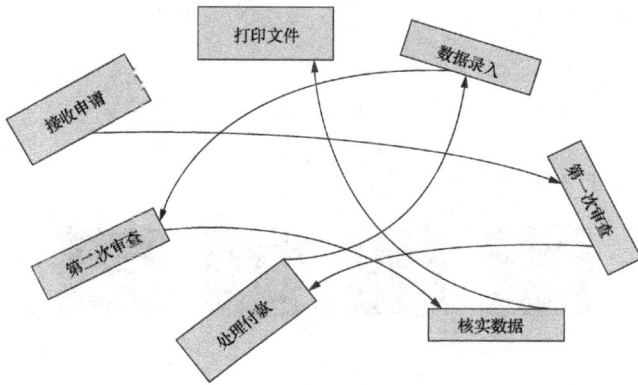

图 11-6　典型信息流

注：如果没有天然的数据流，那么传递的信息极有可能是不完整、滞后以及不精确的。

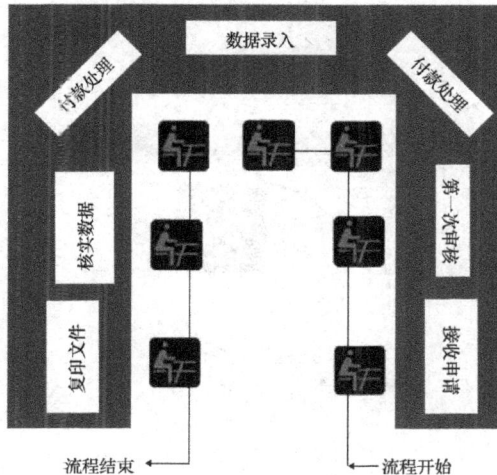

图 11-7　以流程为重心的设计——构建扁平化流程

　　我们有许多方法可以将事物依次排列，这些方法不仅能让流向用户的价值流清晰可见，还能使流程中的干扰因素得到管理。事物排列结构可以是直线型或线性布局，包括多个机器、工作站或设备的运作，这意味着结构设计要以人为本，以流程为基础。但无论结构是直线型还是 U 型，事物均是有序排列的，尽管这个结构是经过改良的循环式流程或数个流程的结合。然而，结构并非孤岛，它所包含的部门并不是各自为政的，职能也并非彼此孤立的。

　　图 11-8 至图 11-14 列出了一些不同设置方案的范例。

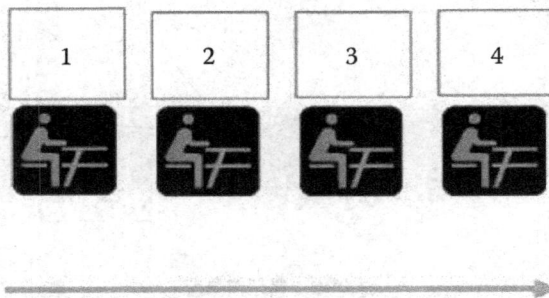

图 11-8　手动交接的一站式流程设计

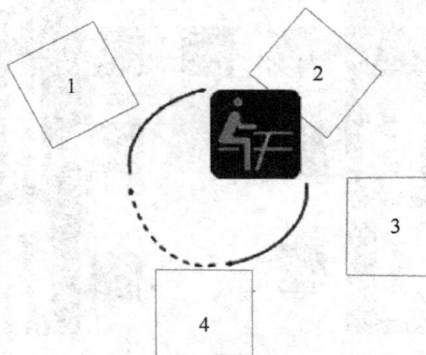

图 11-9　U 型一站式流程设计

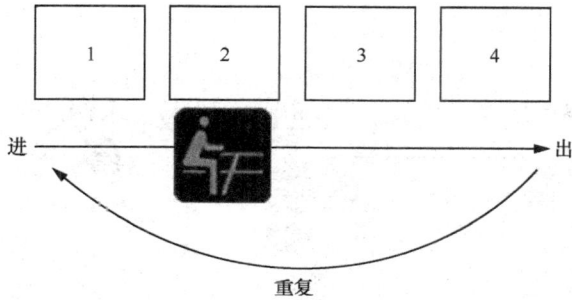

图 11-10　直线型一站式流程（多重流程）

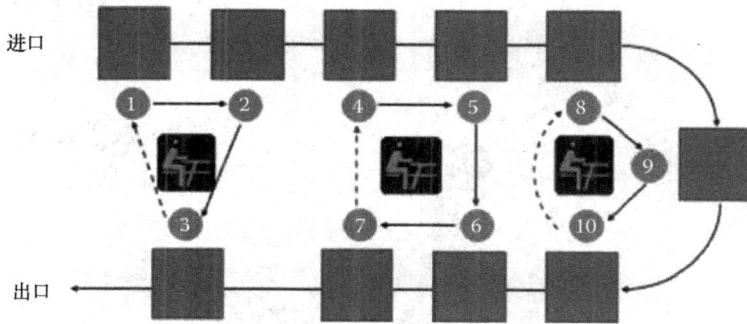

优势：
· 员工步行距离最短；
· 工作在同一地点进出；
· 沟通增加（员工之间的路程缩短）；
· 更容易平衡员工的工作量——他们可以在不同业务之间转换并互相帮助。

图 11-11　U 型一站式流程设计——U 型是最佳安排

　　无论如何布局，在一个以流程为重心的组织内，工作站、设备和员工的次序安排应该遵照步骤 3 展开，同时要将所有活动置入端对端流程，并且使它们尽可能相互接近。

步骤 3

　　这个步骤的主题是设计工作站，以确保员工、工作站和设备之间的路程最短。

　　无论何时，最好使用体积小的专用设备和工作站，并且尽可能令信息和物料的存放地点与使用地点相接近。除此以外，弹性和开放的空间能够极大地提升流程持续学习的能力，并增强流程对动态的用户需求的适应能力（见图 11-15

和图 11-16)。

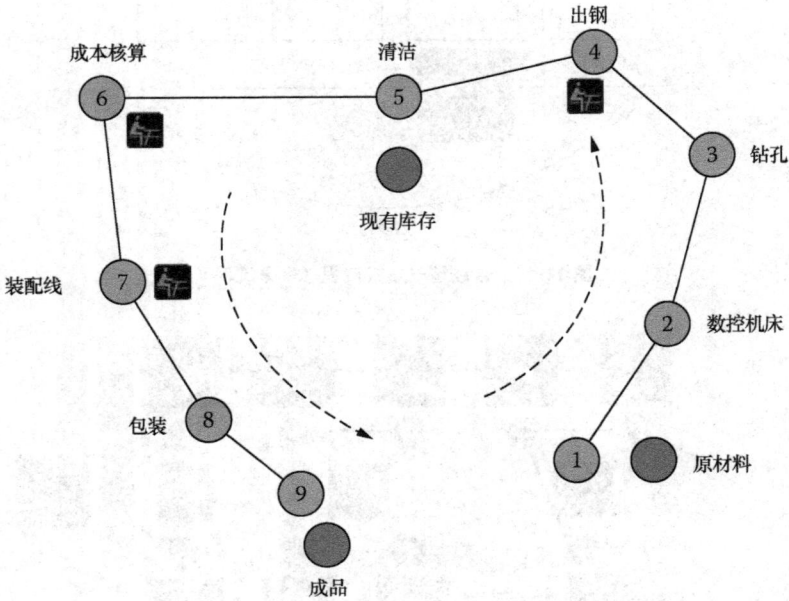

图 11-12　改良后的一站式流程设计

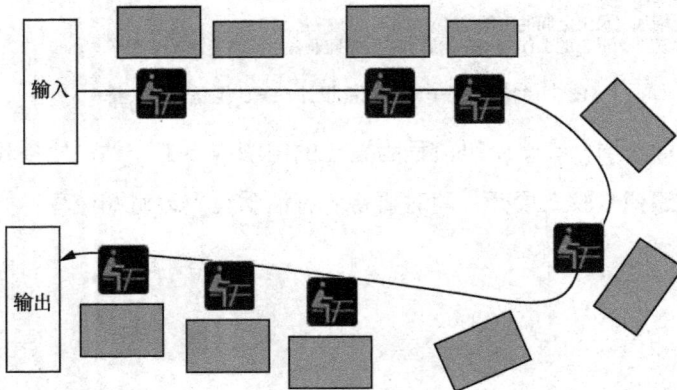

图 11-13　U 型线条基本上都是凹型曲线

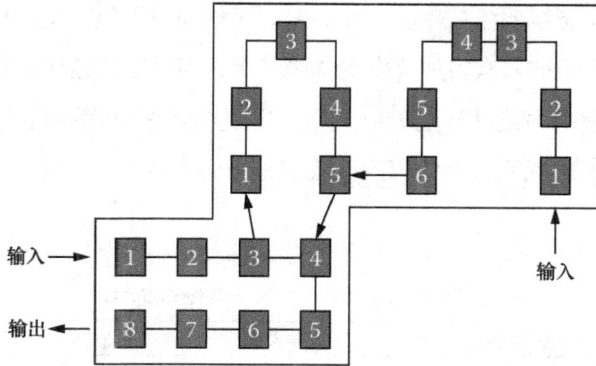

图 11-14　由多个流程连接而成的一站式流程设计

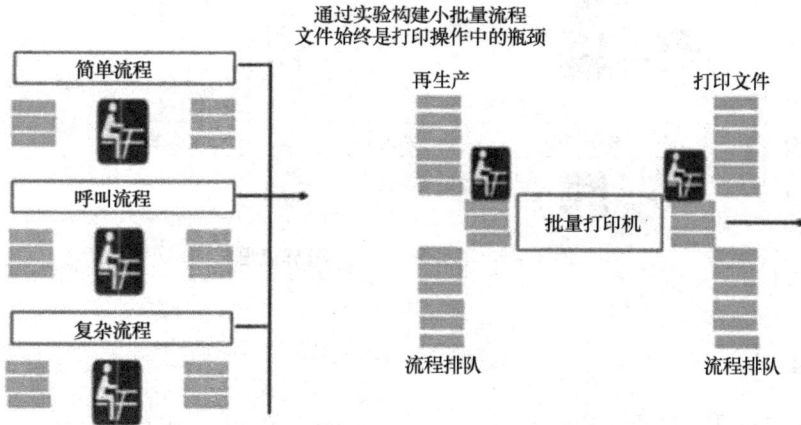

图 11-15　扩展从审查到打印的扁平化流程

　　由于我们总是选择示范线（试点项目）作为实验对象，所以，我们并不需要把新的持续流程所能处理的一切偏差因素都囊括在试点项目内。一开始，我们只需要将一些偏差因素的样本考虑在内，随着实验的进行，我们会持续不断地清除浪费因素，然后就可以自然而然地增加越来越多简单的价值流程了。举个易于理解的例子，假设有一家快餐厅，经营者认为 80% 的消费者会点咖啡，60% 的消费者只点咖啡，20% 的咖啡爱好者只喝黑咖啡（不加糖和奶）。最初设计的示范线或许只生产黑咖啡，但是，经营者会很快意识到，只要在流程设计中加入奶和糖，这条生产线其实可以满足所有咖啡爱好者的需求，同时，这么做并不影响服务效率。例如，餐厅可能会设置放有奶和糖的自助柜台。然而，示范线不会加入有附加要求的咖啡订单，因为这会破坏咖啡的需求频率。这时候，可以考虑再设计一道咖啡流程，以及能够在 60 秒内取到食物（玛芬、丹麦酥、饼干）的流程，而第三道流程或许可以考虑满足定制化需求（如茶和烘烤三明治）。

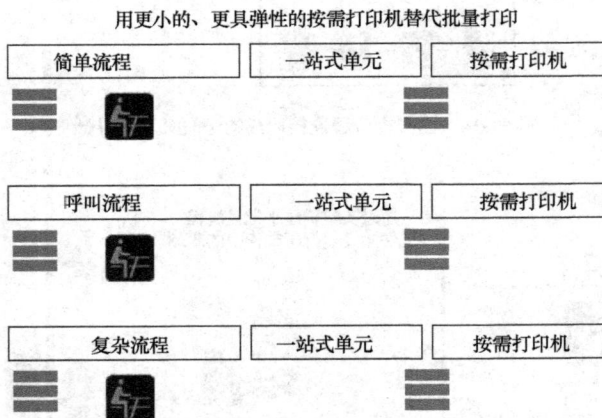

用更小的、更具弹性的按需打印机替代批量打印

| 简单流程 | 一站式单元 | 按需打印机 |

| 呼叫流程 | 一站式单元 | 按需打印机 |

| 复杂流程 | 一站式单元 | 按需打印机 |

图 11-16 再设计后的打印操作流程

步骤 4

这一步的主题是一次性处理和移动一项消费者需求、产品或货品（即尽可能小的批量）（见图 11-17）。

一旦设计完成新的流程并开始清除"空白格"，我们就不需要大批量处理了。机构通过审查程序传递申请，而这一流程位于两个不同楼层，需要近 1000 米的步行距离（文件在每个楼层中还会分别被传递三次和四次）。此外，申请表一次移动的批量是 250 份，每个箱子装载 50 份，每趟装运 5 个箱子。每份申请都装在一个透明的大塑料信封里，里面包括所有申请资料（照片、申请表、联系人、个人简历、当前文件、推荐信、签署文件）。由于运输、搬运和过度处理等原因，一次性传递一份或几份申请表的想法貌似不太可行。换言之，要想消除浪费，方法就是进行大批量搬运。毕竟，一次性走动超过 1000 米只为一份申请表听起来太荒谬了。实际上，没有人知道或认识到浪费性移动的总量，因为它巧妙地躲藏在了现有的职能组织之中。我们只有进行"寻宝"才能发现它。除了收集到的数据，研究人员还发现了其他浪费因素（见表 11-1）。我们的任务目标是采取步骤 1 的实验方法来清除浪费，令移动工作站和各职能的位置尽可能接近并依次排列，并且确保下一位操作员能够适应这个频率。如果审查员每 10 分钟又能审查 1 份申请表的话，那么要求他在 1 个小时之内打开 250 份申请就是不可能实现的。

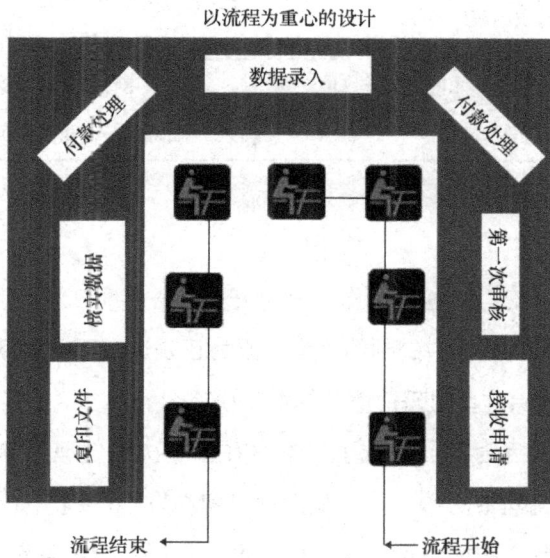

图 11-17　一次性处理和移动一份文件

表 11-1　"寻宝"过程中发现的浪费因素

流程步骤过多	副经理和经理间缺乏协作
系统内报告过多	月末处理的工作量大（批量和排队）
机构内缺乏持续培训	由于电子文件和纸质文件的日期差异导致处理停滞
过量文件导致打印中心流程阻塞	许多计算和重新计算的情况
流程中的重新计算步骤过多	流程暂存总量和排队总数过多
信封大小各不相同	副经理办公室位于楼层中间，极其干扰流程
流程中等待的申请表数量过多	办公桌太小，难以处理任务

（续表）

过多不必要的文件扫描	并非所有桌子都得到利用
流程中各个步骤之间的等待时间过长	信封的使用存在浪费
大宗邮件导致的延迟	标签印刷错误
员工总在寻找遗失的文件	供应商发出的材料有缺陷
大多数员工处于"救火"模式	邮编错误过多
在同一座楼的三个不同楼层间移动推车	难以计数的系统故障
在同一楼层的部门间往返	许多活动缺乏标准化方法，每一次采取的方法各不相同
从质量控制到标签，每个单元内的箱子数量过多	电梯的使用常受到限制
远离装卸区域	货品由不同组别的员工经手处理

步骤 5

这个步骤将员工、机器和工作站分离开来。一名员工能够给流程带来的最大价值就是尽力处理流程中的制约因素，因为正是这些因素导致流程受到阻塞。员工的任务就是清除这些阻碍价值流的罪魁祸首。

在这个阶段，因为我们降低了标准，并且一次性处理的申请表越来越少，因此，不管是在流程中的哪一点，我们都更容易发现问题。此外，员工应该被分配至合适的位置，例如负责打开邮件的员工最好被分配到负责流程中所有时间点的付款处理或数据核实的位置上。现在，所有要素都距离彼此很近，我们便可以看清通往用户的价值流了，这样一来，流程中的制约因素便显而易见了，这就需要员工进行处理，也需要员工想出更好的应对策略。员工可以选择前往当前流程中的制约因素所在的位置。流程一旦建立，整个流程的总产量总是会受到运转最慢的那个部分（即瓶颈）的影响。如果制约因素导致申请数量少于流程所需的数量，那么，我们就需要集中所有注意力来破解这个制约因素了。在一个以流程为重心的设计中，只有当制约因素变得显而易见时，资源才可以自然而然地流向目的地。我们有"短板"并不意味着我们的能力有问题，而是说明我们需要平衡资源。当然，我们很需要能够处理多样任务的资源。忠诚不再是员工唯一的责任，满足用户需求才是最新的任务。交叉训练已经成为关键的绩效规范。

步骤 6

这一步意在对员工进行培训，使他们具备处理流程中多重任务的能力。

我们的目标是满足用户需求，而非优化某一项职能。因此，所有人都需要将注意力转向那些能最大程度地满足用户需求的工作上来。永远记得问：在这个环节，满足用户需求的最佳方案是什么？我们只有了解流程运营的必备技能才可以知晓答案。接着，设计一套员工和流程指标（见图 11-18）。同时，流程中应该有一块天然的传递区域，任务在这里被员工分组或互换。例如，处理付款和数据录入或许会被视作一项活动，或位于同一块传递区域内。

作为持续流程运营管理的一部分，简化说明和操作也十分关键，它包括软件应用、数据录入模板和操作守则等。可视化管理（即图片和符号）就是实现标准化作业、绩效连贯性和简易交叉训练的好方法。

由于处理瓶颈任务需要更多资源，因此我们可以假设不包含瓶颈的活动所需资源较少。我们不应将这些资源用于运营，因为这会加剧瓶颈对流程的制约，我们应利用这些资源生产出满足用户需求量的产品。换言之，当流程的下游工序无法再消耗更多资源时，我们就需要立刻停止生产了。

确定流程中履行任务的必备技能							
姓名	开启并分类	第一次审查	处理付款	数据录入	第二次审查	核实数据	打印文件
杰克	×	×	×	×	×	×	×
海伦	×		×			×	
比尔		×			×		
米妮	×		×	×		×	

图 11-18　通过多重技能令扁平化流程具有弹性

步骤7

这一步的目标是按照消费速率进行生产。

拉弓远比推弓来得容易。一旦完成步骤1至步骤6，我们就具备了拉弓而非推弓的本事。拉弓指的是企业按照消费速率进行生产，其衡量指标是用户需求，它位于流程的最下游环节，此时需求已经确立，且上游流程已准备就绪。再一次说明，如果消费速率是每小时325份，那么我们实在没有必要要求员工每小时打开400份申请表。但是，可以使用步骤5和步骤6提到的交叉训练来重新分配资源，使每小时只能处理250份申请（即流程的瓶颈或制约因素）的环节得到进一步改善。正如第7章所述，我们需要确定需求是什么，接着在端对端价值传递流程中对上游进行相应的设计。例如，如果我们要求每年处理250万份申请（即每小时处理325份），在设计流程时，我们就需要确保每小时处理325份或每分钟处理5.4份的效率。这是流程的频率或节奏，也是流程的量化设计要点。将文件送去打印的速率和打印机的工作速率要相等，这样一来，流程的频率或节奏就与用户需求速率对等了，或至少与流程解决问题的速率相契合。要想满足用户需求，就需要持续绩效实验，这些实验能够消除干扰因素，从而削弱这些干扰因素对用户需求产生的消极影响（见图11-19）。

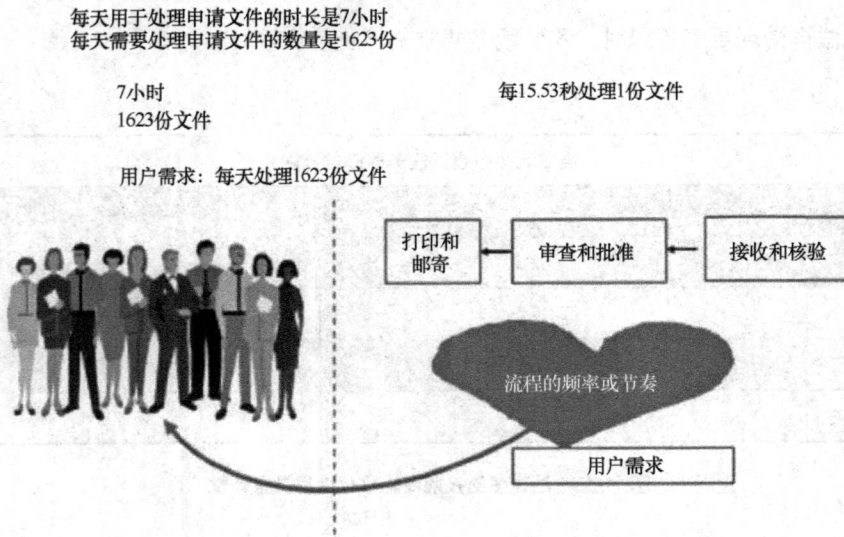

每天用于处理申请文件的时长是7小时
每天需要处理申请文件的数量是1623份

7小时
1623份文件   每15.53秒处理1份文件

用户需求：每天处理1623份文件

打印和邮寄 ← 审查和批准 ← 接收和核验

流程的频率或节奏

用户需求

图 11-19 流程目标可通过需求确定：每隔 16 秒向用户寄送一份（保密）文件

步骤 8

最后一步的内容是平均分配任务。

产能来自于持续减少流程批量规模的能力，途径就是清除浪费因素、增加产量（流程产出增加）、减少端对端循环周期（端对端耗时减少），从而实现成本下降（同样的投资获得更高的产出）。以上是流程运营的三个维度，它们共同促进了已动用资本回报率。我们之前已经讨论过，这些工作内容环环相扣。解出这个方程式的关键是负载均衡和流程平摊，就像消防队员一样，以稳定的速度源源不断地供应水。

经过重新设计后，这家机构已经成为了一个以流程为重心的组织，在进行了长达 90 天的实验之后，它取得了如下成果：

- 产量增加 26%；
- 循环周期减少 91%；
- 每份申请成本降低 18.9%；
- 被拒绝的申请比例从 33% 降至 11.9%。

将"寻宝"过程中收集到的数据用于实验前后的对比，效果令人惊喜（见表 11-2）。

表 11-2　发现"宝藏"：实验结果

简单的护照申请	"寻宝"发现	实验结果
活动数量	95	18
附加值活动数量	10	10
附加值活动比重	10.5%	55%
行程距离	1137 米	18 米
总耗时	23 天	2 天（24 小时安全警报）
附加值时长	44 分钟	14 分钟
附加值时长比重	0.003%	0.052%
交接次数	21	5
存储地点数量	22	1
存放次数	12 668	<200

让我们开始吧

根据过去 1600 多次的"寻宝"经历和数千次的实验,我列举出了一份"宝藏"类型名单,虽然它并不完整,但可以作为你的"寻宝之旅"的参考。这些"宝藏"的发现是基于尊重员工这一基本原则的,它们都是价值流中的干扰因素。它们将焦点从个体转移到了流程中。

尽管大多数人都尽其所能,但问题总是不断从流程中冒出来,而且每一个问题的背后都有原因。我们可以通过实验进行良好的合作,了解问题背后的原因,边学习,边适应。我们需要关注流程的重要性,牢记我们的目标在于传递用户价值,强调衡量应用流程能力的指标是为了实现目标,尊重员工和开展实验则是行动方法,而价值永远是至关重要的出发点。只有用户才能够定义价值,并且价值只有变得具体时才有意义(即精确的传递频率)。然而,从客户的角度来看,虽然价值是由生产者创造的,但是由于诸多原因,生产者其实是难以定义价值的,因为他们缺乏流程视角、流程思维和流程思想——新思维件。

宝藏

- 复杂的解决方案倾向于产生更多的浪费,员工更难以对其进行管理。
- 员工采取不必要的移动和步骤。解决方法是只输入一次数据,使用共同模板。
- 产量要超过用户需求,以应对用户追加的情况。
- 员工工作目标不一致,需要对结果进行纠正。
- 为完成不必要或不恰当任务而进行的工作属于浪费。
- 员工在等待信息、会议、签字、回电、复印或电脑故障修理等的过程中会导致资源浪费。
- 所有不能产生附加值的动作,例如行走和等待。
- 任何以非最佳方案进行的工作(员工或许已经很努力,但是其实还有更好的工作方法)。

- 用于监管或监督上的精力并不能为总绩效带来可持续的、长期的改进。
- 用于赔偿和（或）纠正后果的资源与预期或典型的结果存在出入。
- 如果在不了解后果的情况下擅自改变流程，那么员工为此需要付出努力以补偿或纠正擅自变更导致的意外后果。
- 采用只针对实现短期目标的流程而导致价值遗失，同时，用户或股东并未获得附加值。
- 由最初的未知原因而导致的需要对流程后果进行纠正的行为。
- 负责某项任务的员工未采用最佳方法，导致精力浪费。
- 各类流程互相竞争。
- 为弥补安排欠妥的活动而导致的资源浪费。
- 非正式流程代替"官方"流程或与其他非正式流程相冲突，导致组织需要动用资源以创建并维护非正式流程。
- 投入于物料或信息的资源积压在不同工作站之间。
- 与监管或返工相关的工作。
- 由于失误而失效的任务需要重做。
- 流程步骤之间的数据、与主管交接的数据、模板和报告需要变更。
- 需要动用资源修正结果，或为关键数据的缺失作出补偿。
- 组织内传递信息（或物料）的工作并未完全融入正在运行的流程链中。
- 处理不必要的信息或解决由这些信息所导致的问题。
- 创造错误的信息或处理由这些信息所导致的问题。
- 产生需求前就应用于某一项服务的流程资源、尚未使用的原材料以及准备装运却被搁置的物料。
- 流程中途所消耗的且无法被流程下游环节所利用的资源。
- 与设备和建筑捆绑，无法最大化利用的资源。
- 运送物料和信息的活动，除了那些直接面向用户的产品和服务的交付活动。
- 延迟、调整时间过长，以及计划以外的设备、人力和流程的停产。
- 数据不可靠、规格不准确、信息缺失、抵达延时和培训不足。
- 无法为产品和服务带来附加值的物料或信息的移动，例如货物或数据操作重复两三次、不必要的移动和信息的重新输入。

- 不精确、不完善或滞后的信息。

- 任何一种赋闲无事（排队）——可以是直观的，也可以是隐形的——包括设备、信息、要求、员工和所有库存。

- 对设备、员工、工作站和供应点的位置的安排。

- 不可用和不适用的技术。

- 为工艺而生的技术。

- 返工、退货、损害、错误和不良品。

过去 20 多年以来，我向来自全球各地的企业发起了管理变革挑战——在所有你能够想到的商业类型中——了解流程、挖掘运营模式、完全浸入，从每一道流程和实验中发现被埋藏的"宝藏"。当企业拥有了流程思维，结果是毫无争议的，改进是令人惊叹的。因为流程是卓越的，它是激发绩效改进的动力。

让"寻宝"与日俱增，让实验始于脚下。

第 12 章
"胡萝卜节食法" 不适用于所有人

> 经济学第一定律是稀缺性，任何事物都不可能完全满足需求……政治学第一定律是忽视经济学的第一定律。
>
> ——托马斯·索维尔（Thomas Sowell）

如果容易的话，每个人都会了

借用上述托马斯·索维尔的名言，流程思维者明白，长期的可持续发展只能通过流程实现，发展总是定期遭受日常事物和"救火"行动的干扰，其背后的原因就是只关注短期目标，这一点可以从"关注月末"这一论断上看出来。看起来，只要职能组织不加以干涉，流程思维的所有因素都是有效、合理的。

不久以前，在我的协助下，首席执行官圆桌研讨会成功举办，当时，我们讨论了如何打破职能性组织的愚固思维（见第 4 章的"当务之急"部分）。弗兰克是一家位于康涅狄格州的大型公司的首席执行官，他分享了自己命名的"胡萝卜节食法"。他说自己并不了解这个说法的来源，只是从别人口中听到这个说法，但他觉得这个原则具有普适性（我对这一说法的起源进行了研究调查，但是，除了匿名信息外，一无所获）。弗兰克的一位同事投资了一个被夸得天花乱坠的绩效改进项目，但是却没有获得任何回报，这位同事因此感到挫败。为什么采用以流程为重心的方法进行绩效改进会产生意想不到的效果？故事从这里开始：商业成功就像用"胡萝卜节食法"。如果你掌握了"节食的诀窍"，那么，无论做了什么，你都将成功。

胡萝卜节食法

胡萝卜节食法是一种安全的减肥方法。它的内容很简单：每顿饭或点心前吃大约 450 克生胡萝卜，不煮熟、不加酱汁、不切成条，就是完整的、原汁原味的胡萝卜。吃完胡萝卜后，你就可以去吃任何你喜爱的食物了。你不需要计算脂肪克数或担心卡路里超标，甚至你想吃奶油冰淇淋也没问题。就是这样，就这么简单，不是吗？它不需要特别的菜单或设备，并且每一次都奏效。然而，历史经验告诉我们，很少有人能成功完成胡萝卜节食计划，他们甚至难以坚持 1 天或 2 天（类似于持续改进计划中记录的成功率）。人的意志最终败下阵来，只因为他们不了解胡萝卜节食法的诀窍，没有诀窍，这个方法就难以成功。接着，弗兰克向我们讲述了他的一个同为首席执行官的朋友所经历的失误案例，这位朋友试图通过"胡萝卜节食法"实现绩效改进。

最初，每个人鼓足干劲，争相支持这项名为"胡萝卜计划"的方案。每个人都蓄势待发，迫切地渴望随时响应吃胡萝卜的号召。任务很明确，所有的推行工具都已经制作完毕：胡萝卜咖啡杯、胡萝卜提醒便签纸和胡萝卜塑封卡。事情的进展十分顺利，直到员工已经装满的盘子上开始多出一根胡萝卜。现在，问题来了。在制造车间，员工抱怨没有足够的时间吃胡萝卜。他们说："我们知道吃胡萝卜很重要，但是，你究竟想要吃胡萝卜还是进行生产？我们不可能两者兼得。"他们保证，当工作稍微缓和下来，就吃胡萝卜。可工作从未缓和下来过。工程师开始研究如何改进"胡萝卜计划"。

他们发现，"胡萝卜计划"之所以起效，原因是其中的 β—胡萝卜素，因此，他们都认为，对于制造车间的工作人员来说，比实打实吃胡萝卜更有效的是，每天吃一片富含 β—胡萝卜素的药片，这样，他们就可以一次性吸收数百棵胡萝卜的营养，而不用再吃胡萝卜了。人力资源发现了"胡萝卜计划"的潜在问题。劳动合同里从未提到员工有权在工作时间吃东西，同时，喜爱吃肉的员工或许会因蔬菜过于受到重视而感到受了冒犯。因此，人力资源部建议，这项计划需要暂时搁置，要等到这些问题解决后才可以继续。他们想等待先例出现，于是，他们不吃胡萝卜，也不再提到橘色蔬菜。为了确保"胡萝卜计划"能够成功实施，信息技术部门的员工建议开发一套"胡萝卜—消费追踪系统"。这样一来，所有层级的管理者都能够对"胡萝卜节食法"进行规划并对结果进行监测。员工称，他们可以在 15 个月之内完成系统的设计和安装，花费约 35 万美元。他们建议，"胡萝卜计划"可以延后，以便等待系统完成 β 测试。初步的计算结果表明，这项计划能带来巨大利润，但是，财务部进行深入分析后发现胡萝卜并未列入预算，因此，财务系统没有单独列项，以对胡萝卜的支出进行追踪。更糟糕的是，并没有任何一条劳动法规对吃胡萝卜的时间作出具体规定。这究竟属于培训还是劳动活动？财务部建议将吃胡萝卜这一计划延后，直到这些问题得以解决。弗兰克的朋友对这个计划始终举双手支持，他在这项计划上倾注了无数时间。为了展示高层的决心，他走访了公司的每一个部门，进行动员演说；他批准员工使用胡萝卜简报、胡萝卜钢笔和胡萝卜高尔夫 T 恤衫；他将行政会议室更名为胡萝卜作战室，并在每面墙上贴满了任务说明、计划和统计数据。不幸的是，总裁无法做到全身心地关注这项计划，因为其他的业务活动同样需要他的关注。新的机会和日复一日的活动耗费了他的大部分时间，因此，他将计划负责权分配给另一名管理人员，而被分配任务的人同样非常忙碌。你可以猜到，这项计划逐步迈向了失败。尽管初衷良好，人人支持，

但是，吃掉的胡萝卜数量却不多。一年以后，"胡萝卜计划"在这
家公司留下的唯一足迹就是空荡的桌面上偶尔可见的塑胶卡。

"胡萝卜计划"的窍门

弗兰克常常被问到一个问题：公司之所以失败，究竟是不是因为"胡萝卜
计划"的失败？不。公司之所以失败并非因为想法错了，而是因为执行、部署
错了，因为管理层并不了解"胡萝卜节食法"的窍门。这是实话，你的确需要
吃下胡萝卜。然而，这却不是窍门。窍门是：吃胡萝卜没有替代方案，没有例
外情况。无论你多么聪明，你的直觉洞悉能力多么强大，或你能够十分熟练使
用计算机，这些都不是重点。无论你做什么，从量子物理学研究到组装玩具，
你必须吃胡萝卜，把它们折断，咀嚼，然后吞咽。如果有人希望有效地达成某
事，那必须清晰地界定完成过程中的基础行为，并且每天对其进行衡量。这就
是窍门。无论你多忙，或是已经饱了，每天每顿饭前都需要吃胡萝卜——尤其
是你很忙和已经饱了的时候。吃胡萝卜是唯一一个战胜职能性组织抵抗力的方
式。顺便说一句，弗兰克从朋友的经历中汲取了经验，从而成功地让自己的员
工吃上了胡萝卜。他继续解释这项变革无所不在的具体表现。他的结束语十分
适用于我们的讨论："因为知晓了胡萝卜的奥秘，我们的企业正在走一条健康的
流程思维膳食路线。"

关于"胡萝卜计划"的故事中提到了关于流程思维的一些关键要点：

- 改变我们的思维方式就好比节食，虽然这不是一件易事，但是我们可以
  做到。企业运营的长远健康也依赖于它。

- 我们需要对各个层面都加深了解，并全心投入和摆脱固有模式，才能通
  过更好的工作方法战胜愚固惰性。

- 如果例外事件影响了规则，规则就会动摇，进而崩塌。流程思维的许多阻
  碍因素都是由政策所致的，政策总是与流程思维的五项原则背道而驰：

（1）做用户重视的事；

（2）清除所有阻碍因素；

（3）使问题可见；

（4）采用严谨的方法解决问题；

（5）工作中的员工最有发言权。

- 如果不尊重员工，"节食"不可能成功。

严格遵照"胡萝卜节食法"是唯一一个将以上原则和方法相融合的途径。开启"寻宝之旅"，然后通过实验获取新知识吧。

流程思维，或胡萝卜节食法所面临的挑战之一，来自于教学方法本身。我的经验告诉我，实现绩效改进需要四种基本的教学方法，每一种方法的应用均取决于需求、环境和适度性。新思维件并不认为它们有对错之分，只有合适与不合适之分。然而，要想构建一道持续改进的流程，使得问题得以显现、员工愿意并能够解决问题，就要采用"学习—适应"方法（以下第四种）。

四种实现绩效改进的方法：

（1）**由上至下的方法**：要求企业必须以流程为重心。管理者要从自身做起。有时候仁慈的独裁专政是管用的，但是在大多数时候，这种做法难以持续。在一场战役当中，当子弹四处乱飞时，必须有一些人指导行动。在这种方法中，管理层的作用就是明确地说出"为什么是这个目标"，拆除各自为政的藩篱，尊重员工，以及管理好现金和用户价值。

（2）**非常规方法**：大型项目的实施会带来重大变革，这就是全面质量管理模型。它源于日本，当时管理层选择了一些工具，诸如质量管理小组等。它们风靡一时，但终归只是某种工具，可能会令人失望，以致信誉丧失。将类似质量管理小组这样的非常规项目嫁接到一个垂直化组织里是行不通的，因为它们只是项目，而不是商业模式。你从来没有见过质量管理小组、全面质量管理或六西格玛式的工厂或组织，但是你将会看到以流程为重心的工厂和组织。非常规方法的缺陷会从这些项目中凸显，因此一旦实施，就需要来自各个部门的员工在每周二见面进行讨论。讨论完毕后，大家再回到各自的工作岗位上。这些项目并没有真正成为集体思维件或流程的一部分，它们不过是单独的事件，如果任务内容界定明确，这些项目或许会奏效（即评估和安装新的计算机系统）。

（3）**专家方法**：邀请一名深谙专业知识和主要内容的六西格玛专家讲解什么是标准差，使员工明白其原理。在一些问题中（如200亿美元的困境），六西格玛也许能起到作用，但这就好比拿着猎枪打老鼠。很明显，一切取决于问题类型，可六西格玛的问题在于它并不强调流程。更不用说它的培训需要很长的前置时间了（如4个月的周期中占20天），其价格昂贵，并且只要使用石川馨博士总结的七大关键工具（即直方图、因果图、检核表、流程图、帕累托图、控制图、散布图），就可以解决需要用六西格玛解决的90%的问题。只要有需要的话，这些简单的技巧在4天内，或用6个20分钟学习模块，就可以学会。

（4）**"学习—适应"方法**：这个方法就是新思维件，也是持续改进的基石——实验、发现、学习、适应。在"行动—学习—反思—适应—继续前进—作出改变"之后，看看成效如何并总结如何能做得更好，这就是持续实验，实验总是成功的，因为你的知识与日俱增。这就是新思维件。这是西方文明已经使用了上千年的、用于解决问题的科学方法。通过人们不断的试错，它的可靠性也在不断地经受检验。

"学习—适应"方法是流程思维的根基。其他方法合适与否取决于具体情况，但是，要想成功，就需要身处流程之中的人摆脱固有的模式。"学习—适应"并非易事，因为人们总是倾向于去做已经构建好的事情，经理们也不希望在试错中而得到科学方法。他们中意的是基于过往经验所作出的决策，他们是商人，而非艺术家，他们不擅于接受失败，继而反思，接着再次尝试并取得改进。他们对这种思维方式感到陌生。然而，当人们了解目标就是实现流程改进，并且他们被赋予了实验和学习的权限时，流程思维就可以带来变革，并逐渐地生根发芽。接着，改进之路便再无阻碍。我的所有经历都告诉我，当经理设定目标说，"3个月内将产能提高20%"，接着，让员工开展实验，自发摸索出实现目标的方式时，结果总令人惊喜万分。

当我带领员工进行"寻宝",并要求他们提出一些亲眼目睹的问题时,我发现没有什么做法比它更能充分地阐释这个方法了。例如,他们很快指出在 42 个步骤中,只有 3 个步骤含有附加值。如果我问他们,对于 0.27% 的附加值有什么看法,通常他们会感到震惊和惭愧。我问他们是否有把握将这个百分比从 0.27% 提升至 5%,"当然可以,明天就能做到"是典型的答复。我的下一个问题是:"你还有哪些与众不同的做法?"这里从不缺少创意。有些时候,人们会相互指责,但是,我们很快地形成了一种不责难文化,因为浪费和 0.27% 的附加值就是现实,不是任何一个人的过错。我也让他们想一想如何在不花一分钱的情况下实现改进。他们会如何设计一道不含浪费因素的流程?这道流程将会是什么样的?我知道,他们明白这一点。ABC 胶水公司的员工已经这么做好多年了,他们驾轻就熟。很快,我们举行了一场集体谈话会,对话成果丰硕,大家就更优化的做事方式进行踊跃发言,会议结束后,改进成效立刻显现,接着,他们不断地重复成功经验。这就是流程创新,它是激发绩效改进的催化剂。

科技不是万灵药

大多数关于流程持续改进的讨论总避免不了旧思维件的套路,即试图用科技,尤其是商业管理软件解决能力问题。企业耗费数百万美元购买全套的综合应用软件,这些软件被用于存储和管理各个阶段的商业数据,包括销售、订购、计划、调度、建造、装运和定价。公司认为那些系统能实时提供全面的核心商业流程,它们的共享数据库由一个基于数据的管理系统进行维护,该管理系统可以追踪商业资源,如现金、原材料、产能—经营承诺(订单、采购订单和工资)。然而,耗费数百万美元、覆盖整个企业的软件系统却反映出组织条块分割的现状,它将众多环环相扣的变量视作分散的资源点,忽视了对商业流程整体的了解和改进。我们不需要对流程作报告,而是要清除其中的浪费因素。所有必要信息都可以从"寻宝"、问题解决工具和技巧中获取。过去十年,信息技术投入已经成为美国企业最大的资本支出类别。然而,它们却完全没有关注构建一道能够暴露干扰因素的流程，向员工提供必要信息以纠正干扰因素，确保受到阻碍的价值流能够最终流向用户。

从本质上来说，这些系统是另一套资源修复解决方案。它们并不总是能起作用。我之前提到过，集中式信息系统背后所蕴含的传统思维方式要求构建一道可靠的流程，然而，以流程为重心的企业追求的并非可靠性，而是构建一道具有适应性的流程，以便及时应付不断出现的偏差因素。这些管理信息系统削弱了身处流程之中的人应该具备的解决问题的能力。人们总是试图使用科技提升可靠性，然而，企业真正急需的却是更多的适应性和弹性。

科技无法替代"空中交通管制员"

为整个企业购买管理信息软件系统，并将其用于安排物流中心或工厂的日常工作这一想法不仅仅是旧思维件的体现，从根本上说，还难以实现。正如我在第 2 章中所提到的，对效力的投资和对产能的投资是截然不同的概念。我的一位同事曾与我分享了空中交通管制这样一个精妙的比喻，这些部门试图以被动的、遥远的信息系统来进行预报、日程安排以及控制多种主动、独立的变量。

空中交通管制员可以构建我们通常所说的能力规划方案，并向飞行员（即供应商）提供前置时间的各项指标，但是，由于过多的依赖因素和变量，他们无法为每时每刻都安排任务。你或许计划乘坐飞机，并于 9:02 分降落在纳许维尔（Nashville），但是这取决于芝加哥奥黑尔国际机场（O'Hara）的交通状况，还需要考虑天气、超额预订以及其他的许多因素。空中交通管制员可以任意做出其所想要的调度安排，但是其必须随时做好适应准备。物流中心也是如此。你可以对工作流程（即一周的卡车数量）进行安排，但你知道实际情况会有变动。因为流程中的各类因素错综复杂，每一天，每一小时，每一分钟，变量无处不在。所以，尝试构建一套算法或框架来预测相互依赖的种种变量是一项不可能的任务。

把你的员工想象成空中交通管制员，他们一整天都在对关键流程进行监督。

应对那些相互影响的变量的唯一方法就是深入流程，直接观察流程、了解流程，在出现变量的情况下，给予员工即刻作出决策的权力，这就好比一位思路清晰的主管对空中交通管制员所做的一样。把你的员工想象成空中交通管制员，他们一整天都在对关键流程进行监督。如果你这么做了，他们将会构建出一道比你想象中更快、更优质、更安全的流程。

我并不否认，科技对企业的重要性。IBM 公司的首席执行官弗吉尼亚·罗曼提（Virginia Rometty）称："数据构建了一种全新的自然资源，就像 18 世纪的蒸汽动力，19 世纪的电力，21 世纪的碳氢化合物一样。"现在，我们被这些数据压得喘不过气，而科技帮助我们将其整理为决策信息。现在全球有超过 1 万亿的智能构件和生物体，它们彼此依存，全世界每一个人可以拥有 10 亿个晶体管产品，目前，已经有 27 亿人正在使用互联网。毫无疑问，来势汹汹的新计算机系统正以不可思议的速度对数据进行分类和使用，人类与它不同，我们需要实时的、有情境的、可触知的、可行动的数据，我们只能借由"寻宝"过程，通过流程进行实时、直接的观察才能够搜集到这些数据。我们不仅需要新软件，也需要新思维件。

几年前，我曾与一家位于北美的家具贸易公司合作，这家公司的产品在大型连锁酒店市场上占据压倒性优势。有一次，该公司收到了 400 个房间的订单，对方说，洲际酒店集团（International Hotel Group）需要 400 个餐具柜、400 个浴室柜、400 个床头板，以及 400 个其他产品。然而，这个时候，中国企业以这家北美公司报价的一半价格完成了全套产品的供应（即制造、运输和交付）。因为他们有数量无限的低成本劳动力，低汇率以及政府为吸引外资所采取的优惠政策。为此，这家公司开始采用流程思维，并花费三年的时间建立了一个强调流程的、小批量、高速度和以客户为核心的商业模式。他们采用了"目标—指标—行动"模型，使用流程思维增加产量、降低价格、提供多样化的业务，并构建定制化的一次性产品。于是，他们的产品种类更加丰富，商业模式更加灵活，价格也更加实惠了。而此时，中国企业正逐渐丧失劳动力优势，波士顿咨询公司（Boston Consulting Group）预计，到 2015 年，中国的劳动力成本优势将从 55% 下跌至 39%。中国企业尽管仍有这项优势，但考虑到运输、关税、供应链和工业地产成本，劳动力仅占产品制造总成本的一小部分，因此北美企业成为一个具有竞争力的选项。这是真实的——如果要说问题——我们实实在在地重新设计了企业结构，将慵懒懈怠的职能部门转变为运转流畅的部门。当这家家具公司成为以流程为重心的企业，并且中国的劳务费下降，运输成本上升时，他们又从北美市场上重新夺回了大酒店项目的合同。他们已经学会如何构建小批量，而非大批量的餐具柜，并且开始一次性完成一个房间（即一个房间所需的所有物品）。他们一旦生产出一整层楼的家具，就立刻装运，这对于客户和安装承包商来说是个优势。承包商按照楼层顺序调度起重机和员工，于是，他们不需要再存储家具了，因为当家具运抵时，整层楼都已经做好了安装的准备。这个范例的关键经验就是，一家北美企业可以竞争并发展，地点因素可以忽略——如果这算是一个大的因素——是因为他们根据流程思维适应并重新设计了运营体系。

流程思维视角

表 12-1 展示了新思维件与旧思维件之间一眼望去所能观察到的根本差异。

表 12-1　观察企业思维件，从流程视角观察它是如何发生变化的

垂直化组织的股东视角	组织的思维件体系	以流程为重心的用户视角	流程思维
提供股东价值（例如，满足月末指标）	目标是……	实现用户价值（例如，满足用户需求）	利润来自于不断满足用户需求……股东价值来自于实现分析师的短期预测

（续表）

垂直化组织的股东视角	组织的思维件体系	以流程为重心的用户视角	流程思维
部门／职能（例如，销售部）	结构是……	商业流程（例如，需求挖掘流程）	产品和服务水平化流动……组织以垂直化模式设立
目标（例如，运输单位）	关注点是……	能力（例如，库存周转率）	如果流程无效，目标则无效
成本管理——单位成本（例如，规模经济）	财务计划	现金流（例如，流量经济）	现金和库存不会说谎……其余的是创造性的会计架构
操控制者（例如，避免犯错）	管理角色是……	教会人（例如，学习和适应）	……成功……更多的时候是失败
评估（例如，事后核查）	衡量成功的标准是……	引导（例如，实时的先行指标）	指标的目的是帮助了解和改进流程，接着激发流程中的行动
应用于分散资源中（例如，设备利用）	活动是……	应用于工作流程（例如，设备可用性）	对分散资源的管理导致成本上升……无一例外；管理流程导致成本下降……无一例外
从工作中分离（例如，信息工厂—计算机报告）	决策基础是……	与工作融合（例如，可视化管理——直接观察）	信息工厂提高对于已发生情况的事后说明……直接观察到的即是真相

仔细思考

我采用了胡萝卜节食法、空中交通管制员、酒店家具，以及这几章中提到的所有事例，就是为了说明本书的目的，即帮助你逐步看清流程在你的企业内的重要性和强大力量，并让你意识到，它是绩效改进的潜在助力，其效力无与伦比，并且最终将硕果累累。我已认识到流程的重要性，因此如何做到简单明了和直截了当是开发流程潜能所面临的复杂议题，然而，这两者却难以被发现，也难以应付，主要原因在于它们深藏于长达一个世纪、早已过时的无效思维件中。在我们开始介绍新思维件，并且开始脚踏实地地以不同视角观察企业之前，尚无任何实质变革发生。放眼全球，这个假说早已被证实，有力的证明比比皆是。我们需要做的不过是立即开始培养并应用流程思维。

版权声明